知识产权法官论坛

知识产权侵权纠纷法律适用研究

Study on Legal Application of Intellectual Property Infringement Disputes

◎兰丹丹 著

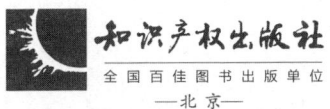

知识产权出版社
全国百佳图书出版单位
—北京—

图书在版编目（CIP）数据

知识产权侵权纠纷法律适用研究/兰丹丹著. —北京：知识产权出版社，2022.1
ISBN 978 – 7 – 5130 – 7834 – 4

Ⅰ.①知… Ⅱ.①兰… Ⅲ.①知识产权—侵权行为—法律适用—中国 Ⅳ.①D913.404

中国版本图书馆 CIP 数据核字（2021）第 231968 号

内容提要

本书通过对《专利法》《商标法》《著作权法》《反不正当竞争法》修改内容的分析和解读，结合当前司法案例中几类争议较大的前沿典型问题，紧扣立法动态，深究立法背景与目的，分析类型化疑难问题的处理方法与路径，阐释新旧法律的衔接与适用，并提出立法完善建议。

责任编辑：卢海鹰　　　　　　　**责任校对**：王　岩
封面设计：SUN 工作室　　　　　**责任印制**：刘译文
执行编辑：武　伟

知识产权侵权纠纷法律适用研究

兰丹丹　著

出版发行：知识产权出版社有限责任公司	网　　址：http://www.ipph.cn
社　　址：北京市海淀区气象路 50 号院	邮　　编：100081
责编电话：010 – 82000860 转 8122	责编邮箱：lueagle@126.com
发行电话：010 – 82000860 转 8101/8102	发行传真：010 – 82000893/82005070/82000270
印　　刷：天津嘉恒印务有限公司	经　　销：各大网上书店、新华书店及相关专业书店
开　　本：880mm×1230mm　1/32	印　　张：8.75
版　　次：2022 年 1 月第 1 版	印　　次：2022 年 1 月第 1 次印刷
字　　数：219 千字	定　　价：68.00 元

ISBN 978 – 7 – 5130 – 7834 – 4

出版权专有　侵权必究
如有印装质量问题，本社负责调换。

序

创新是引领发展的第一动力,保护知识产权就是保护创新。党中央、国务院高度重视知识产权保护。党的十九大提出"强化知识产权创造、保护、运用",党的十九届五中全会审议通过的《中共中央关于制定国民经济和社会发展第十四个五年规划和二〇三五年远景目标的建议》对加强知识产权保护工作提出明确要求。2020年11月,习近平在中共中央政治局第二十五次集体学习时强调要全面加强知识产权保护工作。2021年9月,中共中央、国务院印发的《知识产权强国建设纲要(2021—2035年)》明确提出"统一知识产权司法裁判标准和法律适用,完善裁判规则"。全面加强知识产权保护和运用已列入国家重点专项规划项目。

理论可以指导立法活动和司法实践。我国知识产权法理论研究和教学呈现出百花齐放的向荣态势。本人在2010年出版的《知识产权法总论》(北京大学出版社),提出了知识产权体系化问题和解决方案,算是给学界提供了一个靶子。知识产权的一般规定以及知识产权惩罚性赔偿等制度被写入《中华人民共和国民法典》,有力地支撑了知识产权保护工作的开展。知识产权的部门法亦在适应时代发展变化的需要,多次被修改与完善。2019年《中华人民共和国商标法》与《中华人民共和国反不正当竞争法》分别完成第四次和第二次修改,2020年《中华人民共和国专利法》与《中华人民共和国著作权法》分别完成第四次和第三次修改。兰丹丹法官撰写的《知识产权侵权纠纷法律适用研究》及时响应知识产权纠纷处理机制改革、行政保护体制机制改革及诉讼体制机制改革的国家方针政策，针对行政执法和司法审判实务的急切需要，着眼著作权、专利、商标、商业秘密四大知识产权侵权纠纷中的疑点难点问题，进行法律适用研究。

从法官视角看知识产权，风景独特。本书也是其中具有代表性的著作。本书的亮点在于实践性突出，运用大量司法实务案例，理论与实务相互交叉，阐述知识产权现有法律的理解和适用现状，新、旧法律衔接后的实践遗留问题，结合新时代发展背景下知识产权保护面临的新挑战、新问题，提出进一步完善知识产权法律的看法与建议。比如本书第二章阐述了对新增"视听作品"类型的理解与适用，人工智能生成物、体育赛事直播等新兴领域的保护规则与对策研究，以及对规范极其困扰当前审判实践的卡拉OK行业侵权问题进行了探索；本书第四章则是突出研究了商标侵权诉讼民行程序交叉时先民后行的可行性处理规则；本书第五章，更是打破传统思维，提出商业秘密侵权诉讼民刑程序交叉时先民后刑的创新审理思路。本书总体从审判实践入手，给知识产权理论及立法研究，埋下新伏笔和新思路。

"公正与效率"是法院的世纪主题，同样也是知识产权审判的最高价值追求。据统计，近年来法院受理的知识产权侵权案件数量逐年剧增，集中于著作权、商标权、专利权侵权纠纷。针对KTV企业或个体工商户侵犯音乐作品放映权等著作权侵权案件、注册商标专用权等知识产权权利主体提起的批量商业维权案件、专利技术类案件的技术事实调查等问题，法院及行政管理机关作出大量努力，大力开展全国调研，出台了《最高人民法院关于技术调查官参与知识产权案件诉讼活动的若干规定》《最高人民法院关于审理侵犯商业秘密民事案件适用法律若干问题的规定》《最高人民法院关于加强著作权和与著作权有关的权利保护的意见》《最高人民法院关于知识产权民事诉讼证据的若干规定》《最高人民法院关于审理侵害知识产权民事案件适用惩罚性赔偿的解释》等规定,引入技术调查官制度,各地法院亦出台相关规范,如《北京市高级人民法院关于侵害知识产权及不正当竞争案件确定损害赔偿的指导意见及法定赔偿的裁判标准》《广西壮族自治区高级人民法院关于引入技术调查官参与知识产权案件诉讼活动的实施意见》等文件;推行知识产权审判"三合一"制度改革,探讨知识产权民事、刑事、行政三大类诉讼案件中事实查明的衔接机制;根据国务院机构改革方案,组建国家市场监督管理总局,重新组建国家知识产权局,实现专利、商标、原产地地理标志等知识产权类别的集中统一管理,调整知识产权执法监管机制,将专利、商标等执法职能统一由市场监管执法队伍承担,加强知识产权执法监管力度等,力求协调统一行政执法与司法的法律适用标准。自上而下积极响应国家知识产权强国战略,形成了立法、司法、执法全国一盘棋的知识产权严保护大格局。

本书紧扣时代要求,案例内容丰富,法律论证翔实,为知识产权审判实务法律适用问题提供了借鉴与思考,对我国知识产权侵权纠纷法律适用问题的理论探讨提供了有益借鉴,本人获益良多。本书是一部具有创新思维的知识产权著作,有重要的司法实践参考价值和学术价值。

目　录

第一章　绪　论 ··· 1

第一节　研究背景 ··· 1
一、新时代加强知识产权保护的宏观政策理念 ············· 1
二、新时代知识产权侵权审判实务的具体视角 ············· 6

第二节　研究思路与方法 ··· 8
一、研究思路 ··· 8
二、研究方法 ··· 8

第二章　著作权侵权纠纷法律适用 ····························· 9

第一节　著作权立法动态解读 ··································· 9
一、《著作权法》第三次修改内容及解读 ··················· 9
二、与著作权侵权有关的刑法新规定 ······················· 17
三、有关著作权保护政策文件的规定与解读 ············· 20

第二节　侵权焦点问题的法律分析 ··························· 23
一、短视频的法律属性 ··· 23
二、新闻作品的内涵与外延 ··································· 32
三、人工智能生成物的法律属性 ····························· 39
四、体育赛事直播的法律属性 ································ 45

1

五、卡拉OK行业著作权使用的规范管理与保护 ………… 51
　第三节　立法完善与司法建议 ………………………………… 59
　　一、出台相关司法解释，细化作品的具体认定标准 …… 59
　　二、惩罚性赔偿制度的具体适用规则 …………………… 64
　　三、卡拉OK行业版权管理机制的建构 ………………… 67

第三章　专利侵权纠纷法律适用 ……………………………… 71

　第一节　专利立法动态解读 …………………………………… 71
　　一、《专利法》第四次修改概况 …………………………… 71
　　二、《专利法》第四次修改内容解读 ……………………… 72
　第二节　侵权焦点问题的法律分析 …………………………… 85
　　一、权利要求书的解释依据 ……………………………… 85
　　二、现有技术抗辩的审查方法 …………………………… 96
　　三、侵害方法发明专利的认定 …………………………… 100
　第三节　立法完善与司法适用建议 …………………………… 107
　　一、完善权利要求书的解释规则 ………………………… 107
　　二、完善现有技术抗辩的技术比对规则 ………………… 115
　　三、完善侵害方法发明专利纠纷案件的证据规则 ……… 117

第四章　商标侵权纠纷法律适用 ……………………………… 124

　第一节　商标立法动态解读 …………………………………… 124
　　一、《商标法》第四次修改内容解读 ……………………… 124
　　二、《商标侵权判断标准》相关内容解读 ………………… 135
　　三、《刑修（十一）》相关刑事责任的解读 ……………… 139
　第二节　侵权焦点问题的法律分析 …………………………… 144
　　一、侵害商标专用权纠纷中民行程序的先后问题分析 …… 144

二、商标混淆性的认定要素 ………………………… 149
　　三、商品、服务是否类似的判定因素 ……………… 159
　　四、商标权的权利界限及相关商业主体的权益保护 ……… 169
第三节　立法完善与司法适用建议 ………………… 184
　　一、民行程序交叉问题的解决 ……………………… 184
　　二、明确商标混淆性的认定规则 …………………… 187
　　三、确定商标权利界限的立法和司法建议 ………… 192

第五章　商业秘密侵权纠纷法律适用 ……………… 199

第一节　商业秘密立法动态解读 …………………… 199
　　一、《反不正当竞争法》第二次修改商业秘密
　　　　部分内容解读 ………………………………… 199
　　二、《最高人民法院关于审理侵犯商业秘密民事案件
　　　　适用法律若干问题的规定》内容解读 ………… 207
　　三、《刑修（十一）》商业秘密部分内容解读 ……… 212
第二节　侵权焦点问题的法律分析 ………………… 215
　　一、商业秘密认定相关问题 ………………………… 215
　　二、商业秘密保密措施的实施与认定问题 ………… 228
　　三、商业秘密刑民交叉案件问题 …………………… 235
第三节　立法完善与建议 …………………………… 247
　　一、商业秘密认定相关规定立法建议 ……………… 247
　　二、保密措施相关规定立法建议 …………………… 253
　　三、刑民交叉相关规定立法建议 …………………… 259

参考文献 ………………………………………………… 266

后　记 …………………………………………………… 270

第一章 绪 论

第一节 研究背景

一、新时代加强知识产权保护的宏观政策理念

党的十八大以来,以习近平同志为核心的党中央高度重视知识产权工作,作出了一系列重大部署。从顶层设计布局到政策实践安排,都反映出国家保护知识产权的坚定决心。2016 年 12 月,国务院印发《"十三五"国家知识产权保护和运用规划》(国发〔2016〕86 号,以下简称《规划》),知识产权规划首次被列入国家重点专项规划。《规划》明确了"十三五"知识产权工作的发展目标和主要任务,对全国知识产权工作进行了全面部署。党的十九大进一步明确"强化知识产权创造、保护、运用"的知识产权工作总基调。2017 年 12 月,习近平总书记在中共中央政治局第二次集体学习时强调,要运用大数据提升国家治理现代化水平,要加大对技术专利、数字版权、数字内容产品和个人隐私等的保护力度。紧接着党的十九届三中全会作出深化党和国家机构改革的决定,其中包括国家市场监督管理总局的挂牌和国家知识产权局的重新组建,为新时代提高知识产权治理能力和治理水平奠定了坚实的基础。2018 年 4

月，国家主席习近平在博鳌亚洲论坛 2018 年年会上指出，加强知识产权保护是完善产权保护制度最重要的内容，也是提高中国经济竞争力最大的激励。2019 年 7 月，习近平主持召开中央全面深化改革委员会第九次会议，会议强调，要着眼于统筹推进知识产权保护，从审查授权、行政执法、司法保护、仲裁调解、行业自律等环节，改革完善保护工作体系，综合运用法律、行政、经济、技术、社会治理手段强化保护，促进保护能力和水平整体提升。党的十九届四中全会具体指出，健全以公平为原则的产权保护制度，建立知识产权侵权惩罚性赔偿制度。2019 年 11 月，中共中央办公厅、国务院办公厅联合印发了《关于强化知识产权保护的意见》，强调力争到 2022 年，侵权易发多发现象得到有效遏制，权利人维权"举证难、周期长、成本高、赔偿低"的局面明显改观。2020 年 10 月党的十九届五中全会充分肯定"十三五"时期全面深化改革取得的重大成就，同时提出坚持创新在我国现代化建设全局中的核心地位，把科技自立自强作为国家发展的战略支撑，加快发展现代产业体系，推动经济体系优化升级，形成强大国内市场，构建新发展格局。

当今时代，知识产权关乎我国国际地位与竞争，关乎我国经济发展大局。保护知识产权，就是保护科技自主创新。全国已形成一盘棋，从立法、司法到制度、机制改革，全方面积极响应国家知识产权强国战略。

一是修订完善我国知识产权法律制度体系。习近平法治思想提出全面依法治国的总目标是建设中国特色社会主义法治体系。近年来，我国在不断地修订制定法律法规，陆续制定或修改的《中华人民共和国民法典》（以下简称《民法典》）、《中华人民共和国著作权法》（以下简称《著作权法》）、《中华人民共和国专利法》（以下简称《专利法》)、《中华人民共和国商标法》(以下简称《商标法》)、《中华人民共和国反不正当竞争法》(以下简称《反不正当竞争法》),以及《中华人民共和国刑法修正案(十一)》(以下简称《刑修(十一)》)对有关侵犯知识产权犯罪条款内容的修改,均是构建、完善我国知识产权法治体系的坚实法律制度基础。虽然因为立法技术问题知识产权法律规范未被纳入《民法典》,但《民法典》确立了知识产权作为基本民事权利的法律地位,通过将商业秘密列入知识产权的客体对技术创新进行全链条保护,并普遍性建立知识产权领域的惩罚性赔偿制度,将知识产权的整体保护推向了历史新高度。2018年以来,最高人民法院亦陆续修订出台《最高人民法院关于互联网法院审理案件若干问题的规定》《最高人民法院关于审理侵犯商业秘密民事案件适用法律若干问题的规定》《最高人民法院关于加强著作权和与著作权有关的权利保护的意见》《最高人民法院关于知识产权民事诉讼证据的若干规定》《最高人民法院关于审理侵害知识产权民事案件适用惩罚性赔偿的解释》《最高人民法院关于技术调查官参与知识产权案件诉讼活动的若干规定》《最高人民法院关于审理涉电子商务平台知识产权民事案件的指导意见》《最高人民法院关于审理专利授权确权行政案件适用法律若干问题的规定(一)》等相关司法解释文件,直面新发展格局的新问题,为加强知识产权保护提供全面完善的司法制度保障。

二是构建符合中国特色的专门化知识产权纠纷处理机制,打造专业化审判体系。2016年最高人民法院宣布知识产权审判"三合一"工作在全国法院全面推开,这是知识产权司法体制机制的全方位改革,是提高司法保护整体效能和综合效能的重大举措。知识产权审判"三合一"是指由知识产权审判庭统一审理知识产权民事、行政和刑事案件。"三合一"工作的推进,有利于增强司法机关和行政机关执法合力，实现知识产权的全方位救济和司法公正；有利于统一司法标准，提高审判质量，完善知识产权司法保护制度。❶例如一件侵害商业秘密纠纷中，在民事上商业秘密侵权主张不能成立的情况下，合议庭可以根据既有查明的事实，继续审查是否构成侵犯商业秘密罪，保证知识产权司法保护的全面性和统一性。2018年，中共中央批准最高人民法院设立知识产权法庭。2019年1月1日，最高人民法院知识产权法庭正式挂牌。全国范围内的发明专利、实用新型专利、植物新品种、集成电路布图设计、技术秘密、计算机软件等技术类知识产权和垄断的民事、行政上诉案件统一由最高人民法院知识产权法庭集中管辖，形成技术类知识产权和垄断案件"1+76"全新管辖格局。"1+76"指的是最高人民法院知识产权法庭+32个高级人民法院+4个知识产权法院+22个知识产权法庭+18个其他中级法院的集中管辖体系。最高人民法院知识产权法庭引领带头，围绕专利法修改、5G技术、标准必要专利、药品专利链接、中医药保护、植物新品种等重点领域，打造了一系列标杆性裁判，并建设和完善技术类知识产权裁判规则库（"知己"裁判规则库），有效增强全社会激励创新的新导向。同时最高人民法院积极推进构建技术调查官、技术咨询专家、技术鉴定人员、专家辅助人参与诉讼活动的技术事实查明机制，健全完善多元化纠纷解决机制，建立专业化的全国诉调对接平台，不断优化知识产权保护协作机制。立足国际国内新环境，不断改革创新，为加强知识产权保护提供强有力的诉讼机制保障。

三是推行行政保护体制机制改革。知识产权保护是一个系统工

---

❶ 《最高人民法院关于在全国法院推进知识产权民事、行政和刑事案件审判"三合一"工作的意见》（法发〔2016〕17号）。

程，覆盖领域广，涉及方面多，要综合运用法律、行政、经济、技术、社会治理等多种手段，从审查授权、行政执法、司法保护、仲裁调解、行业自律、公民诚信等环节完善保护体系，加强协同配合，构建大保护工作格局。在行政机关的机构改革中，我国组建国家市场监督管理总局，重新组建国家知识产权局，实现了专利、商标、原产地地理标志等类别知识产权的集中统一管理；调整知识产权执法监管机制，将专利、商标等执法职能统一由市场监管执法队伍承担，进一步加强知识产权执法监管力度。同时实施"互联网＋"知识产权保护，在全国建立知识产权保护中心，完善快速授权、快速确权、快速维权的协调联动机制，为社会提供便捷、高效、低成本的维权渠道。加强知识产权信息化、智能化基础设施建设，强化人工智能、大数据等信息技术在知识产权审查和保护领域的应用，推动知识产权保护线上线下的融合与发展。在行政法规方面，为促进知识产权行政执法标准和司法裁判标准统一，完善行政执法和司法衔接机制，国家市场监督管理总局、国家知识产权局不断加强各领域的行政法规、部门规章的立法活动。例如，国家知识产权局、国家市场监督管理总局2021年5月21日联合印发《关于进一步加强地理标志保护的指导意见》（国知发保字〔2021〕11号），国家知识产权局2021年3月11日发布施行《关于规范申请专利行为的办法》。国家市场监督管理总局在公布的2021年立法工作计划中指出，将修订《中华人民共和国专利法实施细则》（以下简称《专利法实施细则》）、《商标代理管理办法》、《关于规范专利申请行为的若干规定》、《驰名商标认定和保护规定》、《集体商标、证明商标注册和管理办法》、《商业秘密保护规定》，制定《禁止互联网不正当竞争行为若干规定》等行政法规与部门规章，促进行政执法与司法在法律适用标准上的协调统一。

二、新时代知识产权侵权审判实务的具体视角

近年来陆陆续续的知识产权法律立法修法活动凸显了我国致力打通知识产权创造、运用、保护、管理、服务全链条保护的魄力。知识产权三大基本法律《商标法》（第四次修改）、《著作权法》（第三次修改）、《专利法》（第四次修改）的一致修订和颁布施行，是对经济和社会发展需要的最直接回应。高科技信息网络时代的到来，增强了国内市场大循环，推动国内国际双循环新发展格局的到来，使得知识产权法律制度体系面临全新挑战，是迫使知识产权法律制度修订改革的内在动力。然而，法律的大幅度修改与变动，最直接考验的是司法审判实务中的裁判者。法院作为法治保障的最后一道防线，作为国家司法审判机关，担负着法律适用中的释法重任。正确理解新修法律制度，做好旧法与新法的衔接工作，确保用法与立法目的统一，成为当前亟须解决的实务问题。本书即是在调查、收集审判实务案例基础上，整理归纳近年来知识产权侵权审判实务中的疑难案件，以及备受社会关注、亟须解决法律适用标准的实务难点问题，借鉴全国各地法院在相关问题上的审判实务做法，着眼新修法律，将法律与实务问题相互融合，分析探讨我国知识产权侵权审判实务瓶颈的解决路径，以期进一步推动知识产权立法完善。

一是在全国推行知识产权审判"三合一"的改革背景下，探讨知识产权民事、刑事、行政三大诉讼案件中事实查明的衔接机制。从知识产权未被编入《民法典》，以及独立推行一套从行政确权、市场应用、行政执法、司法审判的全链条保护机制中，可见其特有属性。根据现有法律规定，实施一个知识产权侵权行为，可能会引发行政处罚、民事赔偿、刑事入刑的法律责任。然而不管何种侵权责任的承担，均是根据同一基础侵权行为给社会造成的危害程度大

小而给予的不同法律制裁。如商标侵权行为中，侵权人受到行政处罚后不服提起行政诉讼，或权利人基于侵权行为同时提起民事侵权赔偿诉讼，当两个诉讼交叉时，若按照未改革前二元分立模式两个诉讼由不同法院或不同法官审理，则可能产生对商标侵权认定结果不一致的尴尬局面。其实商标侵权中民事赔偿诉讼、对行政处罚不服的行政诉讼，侵权事实的查明均是关键性的基础问题。知识产权审判"三合一"制度有利于统一侵权事实的判定标准，避免不同法官审理不同认定的出现。然而在当前相关机制改革尚未落实到位的情况下，亟须明确该类型案件的处理规则。行政程序中（包括行政执法、行政诉讼），民事侵权事实的认定是否作为合法性审查的重要组成部分，行政裁决如何与民事侵权认定标准一致，这些均是民行交叉时需要解决的问题。本书将在商标侵权章节对构建先民后行处理机制的必要性与可行性进行探究。

　　二是着眼当前知识产权法律体系的最新立法修法动态，分析修法新规定已经解决的新问题，比如《著作权法》中"视听作品"类型的新增、权利保护边界以及短视频、人工智能生成物等新时代产物的法律规制，《专利法》中外观设计保护制度、专利申请与授权制度的完善以及药品专利相关制度的建立，《商标法》新增声音商标、商标注册审查和确权审理时限的规定以及商标侵权判定中引入"容易导致混淆"要件的规定等；结合法院司法审判案例，提炼前沿焦点问题，将实务与理论相结合论证阐述，从各地法院的裁判处理方法中整理归纳新规范的适用规则；继续探究现有法律仍无法解决的司法实务难题，在现有立法现状以及尚未解决的实务问题基础上，提出立法、司法建议。

第二节 研究思路与方法

一、研究思路

本书是对侵害著作权、专利权、商标权、商业秘密等知识产权的实务前沿问题及难点问题的研究。研究着眼于知识产权领域的最新立法动态，聚焦每类案件的典型司法实务问题，以全国各地法院已生效的司法案例为支撑，论述现有司法裁判路径的合理性和可行性，提出未来解决路径的立法完善与司法建议。在梳理既有司法裁判规则的基础上，研究主要集中于如何正确适用法律问题，突出立法与司法适用的协调与衔接。一是突出问题导向，在立足加大知识产权司法保护的大政策背景、新法新规陆续颁布、行政执法与审判诉讼机制翻新改革的环境下，回答哪些司法实务难题已解决、哪些问题需要继续完善；二是突出实践性，通过梳理相关法律法规，提取典型案例，归纳各地裁判规则，提出统一裁判标准的路径与方法。

二、研究方法

本书主要采取以下研究方法：一是比较研究法，书中有各地司法案例、裁判规则的比较研究，诉讼程序理论上的比较研究；二是逻辑分析法，本书在论述适用法律解决个案纠纷时，多用该方法解释法律概念与法律事实之间的逻辑关系、法律规范之间的逻辑关系，以及法律规范与法律规则、原则之间的逻辑关系，分析现有立法、司法的不足并提出进一步的完善建议；三是演绎归纳法，通过实务案例研究，分析具体实践做法的利弊，归纳同类问题的裁判规则，提出立法建议。

第二章 著作权侵权纠纷法律适用

第一节 著作权立法动态解读

一、《著作权法》第三次修改内容及解读

《著作权法》经过了长达11年的广泛征求意见,几经曲折,最终于1990年通过并于1991年施行。2001年,我国为加入世界贸易组织(WTO)第一次对《著作权法》进行了些许改动,后2010年又因遵守WTO针对《著作权法》第4条与《保护文学和艺术作品伯尔尼公约》(以下简称《伯尔尼公约》)和《与贸易有关的知识产权协定》(TRIPS)不符的裁决而启动了《著作权法》的第二次修改。我国《著作权法》从正式施行起,至今已经过了30余年。这30余年来,著作权制度在保护创作者、传播者、使用者等的合法权益,激励作品的创作与传播,促进我国科技文化领域的创新与繁荣等方面发挥了重要作用。与30年前相比,世界发生了翻天覆地的变化。发达国家纷纷完成了从传统工业时代向数字经济时代的转变,与此同时,我国经济、科技、文化等产业也有了跨时代的发展,以惊人的速度融入了世界潮流。随着时代的发展、经济形势的变化,社会进入新发展阶段,专利、商标和著作权等智力成果在促

进经济、社会发展方面的作用越来越大，然而科学技术令人叹为观止的更新速度也给著作权保护带来了更为严峻的挑战。社会各界纷纷提出了构建适应科学技术发展、适应我国新时代法律体系、引领国际潮流的著作权法制度变革诉求，鼓励创新和加强保护的著作权制度修订被提上了国家的重大议事日程。2012年3月国家版权局第一次公布《著作权法（修订草案）》，广泛征求社会各界意见，几经修改，修正案于2020年11月11日经第十三届全国人民代表大会常务委员会第二十三次会议审议通过，2021年6月1日正式施行。

  《著作权法》的第三次修改突出了两个目标。一是加强保护，鼓励创新。积极回应广大人民群众对美好社会文化生活的向往和社会经济发展的需求，关注社会公众利益，促进著作权保护和文化繁荣的平衡协调。二是加强对未来新兴文化产业发展的保护。紧扣高科技信息网络时代的新形态、新问题，为我国科技自主创新社会的新发展格局提供全面有力的法律制度保障，有效促进著作权人、使用者和社会公众之间的利益平衡。[1] 以下对重点修改内容进行解读。

（一）作品概念的重新定义与解读

  作品是著作权保护的客体，也是作者享有著作权的基础条件，因此，作品的界定对于著作权的保护与运用十分重要。《伯尔尼公约》规定，"文学和艺术作品"包括科学和文学艺术领域内的一切成果，不论其表现方式或形式如何。《著作权法》（2010年修正）第3条规定："本法所称的作品，包括以下列形式创作的文学、艺术和自然科学、社会科学、工程技术等作品"。在此定义下，该条

---

[1] 刘胜红. 新《著作权法》实施的意义与相关内容解读 [J]. 出版参考，2021 (3): 5-9.

采用列举式规定了作品的类型，包括文字作品，口述作品，音乐、戏剧、曲艺、舞蹈、杂技艺术作品，美术、建筑作品，摄影作品，电影作品和以类似摄制电影的方法创作的作品（以下简称"类电作品"），工程设计图、产品设计图、地图、示意图等图形作品和模型作品，计算机软件以及法律、行政法规规定的其他作品。《著作权法》在1990年颁布时，其关于作品的定义和所涵盖的作品类型在当时的社会条件看来是合理的。但社会信息技术的发展日新月异，进入大数据时代后，新兴事物的类型和形态变得更为多样，作品类型法定列举式的模式凸显出其时代局限性。为回应时代发展需求，《著作权法》（2020年修正）第3条首次以法律的形式对作品概念作出明确定义，将作品界定为"文学、艺术和科学领域内具有独创性并能以一定形式表现的智力成果"，包括"（一）文字作品；（二）口述作品；（三）音乐、戏剧、曲艺、舞蹈、杂技艺术作品；（四）美术、建筑作品；（五）摄影作品；（六）视听作品；（七）工程设计图、产品设计图、地图、示意图等图形作品和模型作品；（八）计算机软件；（九）符合作品特征的其他智力成果。"采用"概括+列举"的立法模式定义作品，使其概念更加周延，将其他作品类型的认定从严格的法定型修改为特征符合型，进一步扩大了作品的外延。同时最后的兜底条款中，强调作品独创性及可复制性等实质特征，能够对新型智力成果提供更为及时而全面的保护。

但本次修改之后又出现了新的问题，由于取消了作品类型法定化，实践适用中需要对各类作品特别是新兴领域作品的实质性特征进行认定。如何把握"独创性"和"以一定形式表现"的认定标准，很大程度上有赖于法官的主观判断，因而该问题有待于司法机关进行统一解释与适用，以避免作品类型的不当扩张，违背《著作权法》的立法初衷。

（二）新增"视听作品"类型的定义与解读

《著作权法》（2020年修正）第3条第6项中，将"电影作品和以类似摄制电影的方法创作的作品"修改为"视听作品"，这一修改并没有改变《著作权法》（2010年修正）中电影和类电作品的含义和范围，而是不再拘泥于创作方式，强调作品表现形式，顺应影视行业发展趋势。《伯尔尼公约》将视听作品定义为"电影作品和以类似摄制电影的方法表现的作品"，由此可见两个概念是可以互换的。国际上只有少数国家的法律中视听作品和电影作品的概念略有区别，如美国版权法。有学者认为由于网络短视频和网络直播的普及，以及新型视听类型的不断涌现，《著作权法》（2020年修正）中出现视听作品并非仅是对旧法中作品名称的替换，而是网络信息化时代发展的产物，视听作品所涵盖的范围应更为广泛。然而，世界知识产权组织（WIPO）编纂的《保护文学和艺术作品伯尔尼公约指南》并未表述视听作品的创作途径和方式。尽管在科技的驱动下，电影作品和类电作品能够通过越来越多的其他方式创作出来，但是无论视听作品的创作技术和手段如何，只要能被正确地归入"视听作品"范围的连续影像，比如短视频、各类直播以及网络游戏的连续画面等，都应认为属于《著作权法》（2020年修正）视听作品的保护范围，从而避免对部分不构成电影作品和类电作品智力成果的遗漏。❶

然而，该条款的修改规定仍存在一定的模糊性和局限性：

（1）视听作品的具体定义特征和实际范围的模糊性。《著作

---

❶ 吴汉东.《著作权法》第三次修改的背景、体例和重点［J］.法商研究，2012（4）：3-7.

法》（2020年修正）第17条规定了"视听作品中的电影作品、电视剧作品的著作权归制作者享有，但编剧、导演、摄影、作词、作曲等作者享有署名权，并有权按照与制作者签订的合同获得报酬"，而其他的"视听作品的著作权归属由当事人约定；没有约定或者约定不明确的，由制作者享有，但作者享有署名权和获得报酬的权利"。此外，"视听作品中的剧本、音乐等可以单独使用的作品的作者有权单独行使其著作权。"现如今，各类网络短片在创作模式和创意高度上并不逊色于传统电影作品，是否也能够被认定为符合当今时代发展水平的电影作品？具有连续性剧情的短视频、网络短剧和电视剧作品之间是否存在本质差别？搬运、切条视频和二创作品应如何区分？这些问题都将直接影响《著作权法》（2020年修正）第17条的适用。

（2）未妥善解决类电作品与录像制品的边界问题，反而因为概念更加笼统，视听作品与录像制品的边界更加模糊。《中华人民共和国著作权法实施条例》（以下简称《著作权法实施条例》）第4条第11项规定："电影作品和以类似摄制电影的方法创作的作品，是指摄制在一定介质上，由一系列有伴音或者无伴音的画面组成，并且借助适当装置放映或者以其他方式传播的作品"，第5条第3项规定："录像制品，是指电影作品和以类似摄制电影的方法创作的作品以外的任何有伴音或者无伴音的连续相关形象、图像的录制品"，可见类电作品和录像制品均由有伴音或无伴音的连续画面组成，其表现形式存在相似性，我们很难把录像制品从类电作品中区分开来。❶司法实践中，依据《著作权法实施条例》第2条关于独

---

❶ 杨幸芳，李伟民. 视听作品的定义与分类研究：兼评我国《著作权法》第三次修订中"视听作品"的修改［J］. 中国政法大学学报，2020（3）：47-59，207.

创性的规定,以独创性高低为标准区分类电作品和录像制品几乎成为学者和法官的共识。然而,审判实务多依赖于法官的个人判断,且强行形成统一量化标准亦是不现实的,因此,类电作品与录像制品应如何区分一直是悬而未决的问题。《著作权法》(2020年修正)在作品类型中将类电作品归入视听作品,而视听作品的范围不断扩大,但该法在第四章"与著作权有关的权利"中仍然保留录音录像制品,对于类电作品与录像制品的区分并未作出回应。这就导致录像制品与类电作品的界限将会愈来愈模糊。

(三) 广播权的权利扩张

广播电台、电视台获取作者就其作品享有的广播权的许可,以广播的形式,成为海量作品的使用者和传播者。《著作权法》(2020年修正)第10条第1款第11项将广播权的定义修改为"广播权,即以有线或者无线方式公开传播或者转播作品,以及通过扩音器或者其他传送符号、声音、图像的类似工具向公众传播广播的作品的权利,但不包括本款第十二项规定的权利"。此外,在《著作权法》(2010年修正)第10条规定的广播电台、电视台权益基础上,明确广播电台、电视台有权禁止未经许可将其信号"以有线或者无线方式转播"的行为,并新增广播电台、电视台有权禁止未经许可"将其播放的广播、电视通过信息网络向公众传播"的行为。

由于立法的局限性,我国《著作权法》在很长一段时间里都未能对新媒体引发的各类问题作出积极回应。体育赛事节目的实时转播问题便深陷争议的漩涡之中。近些年,异军突起的网络直播成为网络用户获取信息的重要渠道,但由于无法落入广播权、信息网络传播权的保护范围,认定为"其他权利"又极为勉强,为此,在实务界、学术界都引发大量争议,不同法院对此是否能够采用《著作权法》进行规制亦存在不同看法，一些学者和法院还提出以兜底的《反不正当竞争法》对此进行规制的路径。在此背景之下，不少学者曾建议借鉴《世界知识产权组织版权条约》（WCT）的做法，将广播权和信息网络传播权合并为范围更广的向公众传播权，采用更为上位的概念来实现对各类传播行为的规制。❶《著作权法》（2020年修正）并未采取此种做法，但其对广播权的调整很大程度上参考了向公众传播权，使之从"以无线方式公开广播或者传播作品，以有线传播或者转播的方式向公众传播广播的作品"扩大为"以有线或者无线方式公开传播或者转播作品"，以及新增通过"信息网络"向公众传播，实际上是将互联网传播模式纳入广播权中，切实解决了网络直播行为的法律定性问题。

（四）引入侵权损害赔偿中的惩罚性赔偿制度

《著作权法》（2020年修正）的另一处重要修改内容就是规定了惩罚性赔偿，提高法定赔偿金上限至500万元，并规定了法定赔偿金的下限是500元。关于惩罚性赔偿的含义，我国学术界多有论述。王利明教授认为，惩罚性损害赔偿（punitive damages），也称示范性的赔偿（exemplary damages）或报复性的赔偿（vindictive damages），是指法庭判定侵权人作出的赔偿数额超出实际的损害数额的赔偿，它具有补偿受害人遭受的损失、惩罚和遏制不法行为等多重功能。❷ 杨立新教授认为，惩罚性赔偿责任是与补偿性赔偿责任相对应的一种特殊的民事赔偿制度。它通过让加害人承担超出实际损害数额的赔偿责任，达到惩罚和遏制严重违约行为和侵权行为

---

❶ 王清. 读法笔记：新修正《著作权法》的两个思考、一个建议 [J]. 出版科学, 2021（1）：21-29.

❷ 王利明. 惩罚性赔偿研究 [J]. 中国社会科学, 2000（4）：112.

的目的。❶ 综合而言，国内学者对惩罚性赔偿含义的理解基本相同，采纳的是英美法系对惩罚性赔偿中的理解，即惩罚性赔偿是补偿性赔偿以外的赔偿，但不包括精神损害赔偿。惩罚性赔偿必须由法院作出裁决，是为惩罚、遏制不法行为，由法院依据案件具体情况作出的超出实际损害的赔偿。

著作权侵权历来是知识产权侵权重灾区，网络的便携性与高频传播性、侵权人身份的隐匿性等因素导致著作权侵权成本较低。在内容为王的互联网时代，好的作品能够带来巨大的经济价值，较低的侵权成本和极高的侵权利益刺激侵权人的投机心态，导致著作权侵权屡禁不止。《著作权法》（2020年修正）引入惩罚性赔偿制度，提高法定赔偿数额，进一步加大了对侵权行为的惩治力度，有利于妥善解决著作权侵权纠纷中侵权成本低、权利人举证难、赔偿数额低等痛点问题。《著作权法》（2020年修正）第54条规定，故意侵权，情节严重的，可按损害赔偿数额的1倍以上5倍以下予以惩罚性赔偿，赔偿数额应包含制止侵权行为所支付的合理开支。这一规定与近几年修改的《专利法》《商标法》《反不正当竞争法》保持一致，基本实现了我国知识产权体系惩罚性赔偿制度的整体建立。

《著作权法》（2020年修正）在损害赔偿计算方式上新增了权利使用费的计算方式，将法定赔偿数额上限从50万元调整到500万元，调整幅度较大，突出著作权从严从重保护的态势。值得注意的是，《著作权法》（2020年修正）新增法定赔偿数额下限，摒弃长期受人诟病的笼统适用填平原则的做法，亦是强调侵权赔偿性的表现。此次《著作权法》修改后的损害赔偿计算方式与《专利法》《商标法》保持一致，建立起知识产权领域较为系统的侵权赔偿数

---

❶ 杨立新. 侵权责任法［M］. 2版. 北京：法律出版社，2012：333.

额计算方法体系，能够有效缓解权利人因难以举证实际损失或侵权人侵权获利而导致判赔数额过低的问题。

二、与著作权侵权有关的刑法新规定

2021年3月1日《刑修（十一）》正式实施。《刑修（十一）》将《中华人民共和国刑法》（2017年修正）（以下简称《刑法》）第三章第七节侵犯知识产权罪的全部条款，即第213～215条、第217～220条，进行了修订。其中涉及侵犯著作权的条款具体为《中华人民共和国刑法》（2017年修正）第217条、第218条。❶

（1）将侵犯著作权罪（第217条）的法定刑由"三年以上七年以下有期徒刑"提高至"三年以上十年以下有期徒刑"，将销售侵权复制品罪（第218条）的法定刑由"三年以下有期徒刑或者拘役"修改为"五年以下有期徒刑"。

（2）第217条增加了第4项"未经表演者许可，复制发行录有其表演的录音录像制品，或者通过信息网络向公众传播其表演的"，以及第6项"未经著作权人或者与著作权有关的权利人许可，故意避开或者破坏权利人为其作品、录音录像制品等采取的保护著作权或者与著作权有关的权利的技术措施的"。

（3）第217条第1项的作品表述由"文字作品、音乐、电影、电视、录像作品、计算机软件及其他作品"修改为"文字作品、音乐、美术、视听作品、计算机软件及法律、行政法规规定的其他作品"。

（4）第217条第1项和第3项的侵权方式增加"通过信息网络

---

❶ 张义健.《刑法修正案（十一）》的主要规定及对刑事立法的发展 [J]. 中国法律评论，2021（1）：50–59.

向公众传播"。

上述条款修订内容,充分体现了国家对著作权的规制与保护。

(1) 新增侵权方式,有利于新技术环境下著作权的保护。"信息网络传播权"早在《著作权法》第二次修改时就已新增,在《著作权法》第三次修改时,又对该条款进行了细微的调整:"信息网络传播权,即以有线或者无线方式向公众提供,使公众可以在其选定的时间和地点获得作品的权利"。《最高人民法院关于审理侵害信息网络传播权民事纠纷案件适用法律若干问题的规定》进一步对"信息网络"做了总结性描述:"本规定所称信息网络,包括以计算机、电视机、固定电话机、移动电话机等电子设备为终端的计算机互联网、广播电视网、固定通信网、移动通信网等信息网络,以及向公众开放的局域网络。"该侵权方式的新增,与此前知识产权作品大多通过传统媒体传播,《刑法》的调整对象以实体产品为主,例如盗版光盘、图书画册、外挂性质的计算机软件等形成鲜明对照;充分回应了新媒体时代通过更加便捷的移动设备直接转发他人作品的主要侵权模式。然而权利人的维权行为往往受限于传统的民事举证责任,或维权标的额难以计算,或因果关系难以成立等诸多因素最终不了了之。

同时,将法定刑上限由原来的7年上调为10年,下限取消拘役刑,说明今后行为人被追究包括侵犯著作权罪在内的任意知识产权类犯罪主刑最低也是6个月有期徒刑,加强了刑罚力度。

(2) 新增两项入罪行为,回应了当下兴起的短视频和直播行为。新增的第217条第4项"未经表演者许可,复制发行录有其表演的录音录像制品,或者通过信息网络向公众传播其表演的",针对的是具有当下时代特色的短视频和直播形式新型犯罪行为。第217条新增第6项关于故意避开或者破坏技术措施的犯罪行为,也是一次重大调整。在《刑修（十一）》施行之前，此类纠纷一般都是由民事侵权法律关系来调整，案由包括"侵害计算机软件著作权纠纷""侵害作品信息网络传播权纠纷""不正当竞争纠纷"等；其中的争议焦点主要包括破坏技术措施进行"盗链"行为定性❶、计算机软件特定格式加密进行捆绑销售行为定性❷、破坏技术措施设置深层链接行为认定❸。但由于刑法层面没有明确的法律适用，大量盗链影视作品的行为难以被追究刑事责任。❹ 该款修订从《刑法》上规制了该类著作权侵权行为。

（3）《著作权法》第三次修改的有关内容，包括"视听作品"入法、技术措施保护的入法，均在《刑修（十一）》中有所体现。罪状表述的修改，对作品表述、保护范围等做了进一步完善；法定刑的调整，强化了法律责任。从历次刑法修正案来看，本次针对知识产权领域的调整，虽谈不上大刀阔斧的革新，但也算是把近年来的各种新增、修改的法规做了一次汇总。修缮法律规定，是国家回应了社会公众对于"精神权利"保护的迫切需求，通过民事侵权维护、行政处罚查处、刑事处罚追诉等多个维度来加大打击盗版侵权行为。但不可忽视的是，随着技术的不断迭代更新，诸如聚合平台侵权、深度盗链等现象仍存在争议，如何更好地保护版权，将是一个长久的话题。

---

❶ 北京知识产权法院（2016）京73民终143号民事判决书。
❷ 上海市高级人民法院（2006）沪高民三（知）终字第110号民事判决书。
❸ 上海市杨浦区人民法院（2017）沪0110民初21339号民事判决书。
❹ 韩轶. 企业权益刑法保护的立法更新和司法适用：基于《刑法修正案（十一）》的解读［J］. 中国法律评论，2021（1）：43-49.

三、有关著作权保护政策文件的规定与解读

（一）国版发〔2021〕1号文件的规定与解读

国版发〔2021〕1号文件，即2021年4月2日国家版权局、文化和旅游部根据《著作权法》《著作权集体管理条例》等规定，结合著作权集体管理工作实际发布的《国家版权局 文化和旅游部关于规范卡拉OK领域版权市场秩序的通知》（以下简称《通知》）。曾经是音乐行业版权侵权重灾区的卡拉OK领域，近年来版权秩序不断得到规范。《通知》的主要内容包括坚持通过著作权集体管理解决卡拉OK领域版权问题、坚持卡拉OK领域"二合一"版权许可机制、坚持"先许可后使用"原则、坚持协商合作优先机制、坚持著作权集体管理信息公开透明、坚持著作权集体管理组织非营利性原则、坚持依法监管著作权集体管理组织、坚持依法加强卡拉OK行业管理。[1]

我国有数以万计的卡拉OK场所分布在全国各地，一个卡拉OK场所使用的音乐作品和音乐电视作品的数量从十几万到几十万不等。一个权利人无法面对数万个使用者，一个使用者也无法面对十几万到几十万的权利人，因此，著作权集体管理制度是解决卡拉OK领域版权纠纷的有效途径。根据《著作权集体管理条例》规定，我国目前共成立了5家著作权集体管理组织，其中与卡拉OK行业有紧密联系的是中国音乐著作权协会（以下简称"音著协"）和中国音像著作权集体管理协会（以下简称"音集协"），分别负责管理音乐作品的相关权利和音乐电视作品的相关权利。多年来我

---

[1] 张祥志. 破解信任困局：我国著作权集体管理"信任机制"的法治关注［J］. 新闻与传播研究，2019，26（3）：51-74.

国卡拉 OK 领域实行"二合一"版权许可机制，即音著协管理的音乐作品的表演权和音集协管理的音乐电视作品的放映权，统一由音集协向卡拉 OK 经营者发放许可、收取使用费。近年来，中国音乐作品集体管理制度出现了授权作品不透明和收费标准不透明等垄断难题。音集协作为唯一的收费主体，就曾多次因收费模式不合理、收了费但无法提供正版曲库、权利垄断越位、版权费分配不透明等问题被卡拉 OK 企业起诉，虽然最终音集协胜诉，但是与卡拉 OK 行业积怨已久，境况未能改善。

《通知》是对"二合一"版权许可机制的强调重申和补充完善。对于著作权集体管理组织的权利地位问题，《通知》明确提到，音集协和音著协应当进一步强化非营利性法人定位，不得委托、支持、纵容商业机构介入卡拉 OK 领域著作权集体管理事务。其他任何组织和个人不得介入卡拉 OK 领域著作权集体管理活动，破坏"二合一"版权许可机制，扰乱版权市场秩序。未经批准擅自从事著作权集体管理活动的，由主管部门依法查处；构成犯罪的，依法追究刑事责任。而对于版权管理不透明的问题，《通知》中提到，音集协和音著协应当建立权利信息查询系统，供权利人和使用者查询其管理的权利种类、作品和录音录像制品的名称、权利人姓名或名称等信息；应当依法通过财务报告、工作报告和其他业务资料及时向有关主体通报作品许可使用情况和版权使用费相关情况，向社会公开年度报告、联系方式，接受权利人、使用者和社会各界监督。音集协应当在官方网站公布许可使用合同文本、许可流程和规范、从事许可的工作人员等信息。

卡拉 OK 行业版权问题的解决不仅是对音乐人、卡拉 OK 行业的保护，更是促进全行业健康发展的基石。此次《通知》的下发及施行，对于纠正查处著作权集体管理组织违法行为，防止著作权集体管理组织滥用权利，保障权利人和使用人的合法权益，推动建立公开、公正、规范、透明、高效的著作权集体管理秩序具有一定的指引作用。

（二）法发〔2020〕42号意见的规定和解读

法发〔2020〕42号意见，即《最高人民法院关于加强著作权和与著作权有关的权利保护的意见》（以下简称《意见》）。《意见》要求，通过提升知识产权审判质效，切实加强文学、艺术和科学领域的著作权保护，充分发挥著作权审判对文化建设的规范、引导、促进和保障作用，激发全民族文化创新创造活力，推进社会主义精神文明建设，繁荣发展文化事业和文化产业，提升国家文化软实力和国际竞争力，服务经济社会高质量发展。《意见》强调，要依法加强创作者权益保护，统筹兼顾传播者和社会公众利益，坚持创新在我国现代化建设全局中的核心地位；依法处理好鼓励新兴产业发展与保障权利人合法权益的关系，协调好激励创作和保障人民文化权益之间的关系，发挥好权利受让人和被许可人在促进作品传播方面的重要作用，依法保护著作权和与著作权有关的权利，促进智力成果的创作和传播，发展繁荣社会主义文化和科学事业。《意见》还指出，要推进案件繁简分流试点工作，着力缩短涉及著作权领域类型化案件审理周期；完善知识产权诉讼证据规则，允许当事人通过区块链等方式保存、固定和提交证据，有效解决知识产权权利人举证难问题；依法支持当事人的行为保全、证据保全、财产保全请求，综合运用多种民事责任方式，使权利人在民事案件中得到更加全面充分的救济。此外，《意见》还对全面适用署名推定规则、妥善审理新类型案件、销毁侵权复制品及材料和工具、充分填补权利人损失、准确认定侵权故意以及引导当事人诚信诉讼等问题作出了具体规定。

《意见》不仅包括著作权，还包括与著作权有关的权利，明确了创作者权益为主的原则，旨在通过明确法律适用规则，倡导诚信诉讼，遏制著作权侵权行为。

（1）降低了权利人的举证责任。《意见》确定了权属署名推定规则，对权利人关于权属的举证责任要求较低，这一规定在一定程度上解决了权利人的举证困难问题。明确多种证据收集方式的有效性，同时强调行为保全的适用，着力有效保护权利人的合法权益。

（2）关于新型作品的认定标准问题。对于现在发展看好的新产业经济，《意见》指出应回到《著作权法》现有规则去确定作品类型及认定标准。

（3）关于侵权赔偿数额较低的问题。《意见》建议权利人在主张赔偿数额时尽量多地按照具体权限、市场价值、侵权人主观过错、侵权行为性质和规模、损害后果严重程度提供证据；适用惩罚性赔偿要求较高，需要尽量提供故意侵权且损害后果严重的证据。此外，律师费应当单独计算。

（4）《意见》专门提出了目前频繁发生的不诚信诉讼问题，要求当事人要签订诚信诉讼承诺书，加强执行。

第二节 侵权焦点问题的法律分析

一、短视频的法律属性

（一）短视频构成视听作品的认定

《著作权法》（2020年修正）将"电影和以类似摄制电影的方法创作的作品"修改为"视听作品"，视听作品分为"电影作品、电视剧作品"和其他视听作品。至于视听作品的定义，《著作权法》（2020年修正）中并未明确规定。《视听作品国际注册条约》第2条规定，视听作品是指由一系列相关联的被固定着的，带有或者不带有伴音时能够被看到的和如带有伴音时能够听到伴音的图像构成的作品，其核心含义为可以被感知的连续画面。随着科技和视频产业的发展、互联网的普及，视听作品涵盖的范围逐渐扩张，包括长视频和短视频，如汽车品牌邀请代言人录制的创意广告视频、B站视频博主上传的美妆解说视频、网络红人的美食视频、抖音及快手等短视频平台上广为流传的各类短视频等。短视频因其形式新颖、内容丰富、传播迅速等特点成为广受欢迎的互联网产品，由此产生的著作权侵权纠纷亦逐渐增多。短视频作品保护中需要明确的首要问题，就是其是否具有独创性。❶ 独创性是作品的基本构成要件，也是作品区别于制品的根本特征。《著作权法》（2020年修正）未对视听作品作出定义，根据《视听作品国际注册条约》第2条对视听作品所作的定义，结合我国司法实践，可以归纳出以下几点短视频视听作品的认定要素。

1. 视频制作时间的长短不是决定短视频视听作品性质的绝对要素

《著作权法》（2020年修正）已将"电影和以类似摄制电影的方法创作的作品"修改为"视听作品"，即以摄制电影的方法或类似摄制电影方法创作的作品属于视听作品，但短视频的制作方法与摄制电影的方法不相同。一般认为，摄制电影的方法为剧本—剧本改编—分镜头剧本—实际拍摄—电影镜头拍本—剪辑成片，但随着科技和视频产业的发展，不少视频，尤其是短视频，包括司法实践中常见的动画、Flash作品，并非按照传统的电影摄制方法制作。

---

❶ 雷硕蕊. 我国短视频的著作权保护问题 [J]. 区域治理, 2019 (40): 132-134.

创作短视频的重要技术特点是快速拍摄和美化编辑,相比于文字作品、音乐作品等,短视频具有综合性的表现形式,可以充分利用各种手法完成创作。短视频的总体时长可能比一般的类电作品要短,但与需要同样时长了解其内容的文字作品、音乐作品等类型作品相比,它的容量又明显偏大,可选择空间也偏大,具备独创性的可能性也更大。

北京互联网法院2018年审理的"短视频第一案"❶ 就在一定程度上突破了公众对类电作品的认知。具体案情如下。

[基本案情] 原告北京微播视界科技有限公司为抖音平台即抖音网(域名为 douyin.com)及抖音短视频手机软件 Android 系统和 iOS 系统的运营者。2018 年 5 月 29 日,谢某(授权方)向原告(被授权方)出具授权确认书,将其在抖音账号中发布的所有内容在 2018 年 1 月 1 日~2019 年 1 月 1 日授予被授权方全球范围内、独家排他的、不可撤销的、可转授权的、通过信息网络进行传播的权利(信息网络传播权及与信息网络传播有关的权利),并授权被授权方可以被授权方之名义单独维权,授权方从程序上和实体上均不再主张权利。2018 年 5 月 12 日抖音平台上发布的"5.12,我想对你说"短视频(以下简称"'我想对你说'短视频"),系由"黑脸V"独立创作完成并上传,该短视频是在13秒的时长内,通过设计、编排、剪辑、表演等手法综合形成的作品,充分表达了对汶川地震的缅怀。被告百度在线公司为伙拍小视频手机软件 Android 系统的开发者,被告百度网讯公司为伙拍小视频手机软件 iOS 系统的开发者,二被告共同向用户提供伙拍小视频手机软件的下载、安装、运营和相关功能的更新、维护,并对伙拍小视频手机

---

❶ 北京互联网法院(2018)京 0491 民初 1 号民事判决书。

软件进行宣传和推广。原告提交的公证书显示，2018年9月6日，伙拍小视频手机软件（Android系统和iOS系统）中，昵称为"黑脸V"（ID451670）的用户页面，可以播放被控侵权短视频，被控侵权短视频播放页面未显示有水印。经比对，被控侵权短视频与"我想对你说"短视频完全一致。

[法院观点] 该案审理法院认为，"我想对你说"短视频与抖音平台其他参与同一话题的用户制作的短视频存在较大区别，没有证据证明该短视频在抖音平台上发布前存在相同或近似的短视频内容；视频长短与创作性的判定没有必然联系，"我想对你说"短视频虽然是在已有素材的基础上进行创作，但其编排、选择及呈现给观众的效果，与其他用户的短视频完全不同，体现了制作者的个性化表达，能够唤起观众的共鸣，故认定"我想对你说"短视频是由制作者独立创作完成的，具备《著作权法》的独创性要求，构成类电作品。根据修改后的法律，该作品构成《著作权法》（2020年修正）规定的视听作品。

北京市海淀区人民法院审理的北京快手科技有限公司（以下简称"快手公司"）与广州华多网络科技有限公司（以下简称"华多公司"）侵害著作权纠纷案件❶，亦做了类似认定。

[基本案情] 井某系快手APP用户，其于2015年4月在快手APP上传、发布了名为"这智商没谁了"的视频（以下称为"涉案视频"），并获较高点击量。根据《快手网（www.kuaishou.com）服务协议》《知识产权条款》等约定以及井某的授权，快手公司合法取得涉案视频在全球范围内的独家信息网络传播权。华多公司在其运营的"补刀小视频"APP安卓端和iOS端（以下简称"补刀

---

❶ 北京市海淀区人民法院（2017）京0108民初51249号民事判决书。

APP"）中上传并发布了涉案视频，且在快手公司向其发出律师函要求下线视频后仍未做处理，快手公司遂诉至法院。

[**法院观点**] 该案审理法院认为，虽然时长短的确可能限制作者的表达空间，但表达空间受限并不等于由于表达形式非常有限而成为思想范畴的产物；相反地，在十余秒的时间内亦可以创作出体现一定主题，且结合文字、场景、对话、动作等多种元素的内容表达。涉案视频虽仅持续 18 秒，但其在该时间段中所讲述的情景故事，融合了两名表演者的对话和动作等要素，且通过镜头切换展现了故事发生的场景，已构成具有独创性的完整表达。再结合涉案视频以数字化视频的形式发布在快手 APP 上的事实，涉案视频系摄制在一定介质上，由一系列有伴音的画面组成，并通过网络进行传播，因而属于类电作品。

2. 短视频视听作品必须是被感知作者思想情感表达的连续画面

关于独创性，我国《著作权法》未给出明确界定，《最高人民法院关于审理著作权民事纠纷案件适用法律若干问题的解释》（2020 年修正）第 15 条"由不同作者就同一题材创作的作品，作品的表达系独立完成并且有创作性的，应当认定作者各自享有独立著作权"亦是对独创性概念的模糊规定，表达了作品应具备独立完成和创造性两个基本要素，但又缺乏具体解释规定，这造成司法实践中不同法官形成不同理解认定的差异。然而达成共识的是创造性体现的是作者独特的智力判断与选择，展示了作者的个性，这种个性体现的是作者某种程度的取舍、选择、安排和设计等。上述案例基本明确以下两个司法裁判规则：第一，视频时间长短不是影响独创性的决定性因素；第二，素材元素的多少亦不影响独创性的有无与高低。即虽然时长确实有可能限制作者的选择空间，但选择空间受限并不能等同于由于表达形式的有限而成为思想范畴的产物，十余秒的时间亦能成为作者的个性化表达；一个视频如果结合文字、场景、对话、动作等元素的数量越多，其构成作品的可能性越大，因为作者在进行这些元素的选择时必然对各个元素中蕴含的表达进行过理解，使整个视频浑然一体，更加完整和带有作者个性。作品的实质在于作者思想与情感的外在表达，在满足独创性的前提条件之下应受著作权法保护。如世界上第一部电影作品只有一分多钟，而且只有一个摄像机位，但这并不影响其作为作品的存在。但是，只有当视频片段与片段之间相互联系并且能够彰显作者所想表达的思想或是思想的实质部分，才可以被认定为《著作权法》所保护的短视频作品。❶

（二）短视频视听作品的权属

《著作权法》（2020 年修正）第 17 条规定，短视频视听作品的著作权归属主要有三类：

（1）短视频的制作者。我国遵守《伯尔尼公约》的原则，对于著作权的取得采用自动取得原则，即不论作品是否发表或者向公众提供，作品一经完成就获得著作权。因此短视频的制作者在作品完成时即取得作品的著作权。

（2）通过委托、继承、遗赠等方式取得著作权。法人、自然人或其他组织可以通过委托、继承、遗赠或者签订协议的方式获得短视频著作权，但一般限于取得短视频著作权的财产权。

（3）按照协议（如委托合同或职务作品约定等）或者法律规定取得短视频著作权的法人或其他组织。部分短视频自媒体以及网络平台服务者（Internet Service Provider，ISP），以作品传播者身份

---

❶ 孙山. 短视频的独创性与著作权法保护的路径［J］. 知识产权，2019（4）：44–49.

出现，作者与网络平台签订协议后，通过网络平台完成发布行为，网络平台服务者即享有该短视频的著作权。❶

上述两个案例，均涉及网络平台服务者的适格诉讼主体问题，北京市海淀区人民法院与北京互联网法院均是根据授权委托书确认了原告的适格主体身份。"快手诉华多案"❷ 一案中，井某系快手APP用户，北京市海淀区人民法院认为根据井某向快手公司出具的《授权书》中的授权条款，快手公司获得涉案视频的独家信息网络传播权，有权提起该案诉讼。虽该授权系在该案诉讼后取得，但《授权书》已明确系溯及既往性质的授权，故授权时间不影响快手公司据此主张权利。"抖音诉百度案"一案中，北京互联网法院根据授权确认书，认定北京微播视界科技有限公司取得了谢某制作的短视频的信息网络传播权的专有使用权及维权的权利。

根据《著作权法》（2020年修正）第17条的规定，"视听作品中的电影作品、电视剧作品的著作权归制作者享有，但编剧、导演、摄影、作词、作曲等作者享有署名权，并有权按照与制作者签订的合同获得报酬"，而其他的"视听作品的著作权归属由当事人约定；没有约定或者约定不明确的，由制作者享有，但作者享有署名权和获得报酬的权利"，此外，"视听作品中的剧本、音乐等可以单独使用的作品的作者有权单独行使其著作权"。可见，除自动取得外，短视频视听作品的著作权归属因制作方式不同，其权属也可能存在不同，如类似电影摄制的短视频，其著作权归属类似于电影作品，若有具体的剧本作者、作曲、作词、导演、编剧、摄制等，那么这些人均享有署名权，但视频整体的著作权属于制片人，若是

---

❶ 丛立先. 论短视频作品的权属与利用［J］. 出版发行研究，2019（4）：9-12，8.
❷ 北京市海淀区人民法院（2017）京0108民初49079号民事判决书。

将其中的歌曲或剧本独立发行，那么歌曲或剧本的作者对该部分享有独立著作权。新法项下，短视频视听作品著作权的归属遵从"有约定从约定""无约定归制作者"的规则。由于短视频视听作品的复杂多样，为避免不必要纠纷，投资方、制作方应当注意在合同中对权利归属予以明确。

（三）短视频作品、类电作品与录像制品的基本区分

类电作品是指摄制在一定的介质之上，由一系列有伴音或无伴音的画面组成，并借助适当装置放映或者以其他方式传播的作品。录像制品是对表演、其他景象、形象或者声音进行简单、机械的录制产生的。由于类电作品和录像制品均是由有伴音或无伴音的连续画面组成，其表现形式存在相似性。《著作权法》（2020 年修正）在作品类型中将类电作品归入视听作品，但在第四章"与著作权有关的权利"中仍然保留录音录像制品，对于类电作品与录像制品的区分并未作出回应，导致视听作品的范围将进一步扩大，视听作品、类电作品、录像制品的界限将会愈来愈模糊。从当前司法实践中的短视频案例来看，法院的观点主要还是倾向以独创性的高低区分类电作品与录像制品。然而确定短视频独创性高度的难点有两点：一是短视频时长有限导致独创性有限；二是短视频中多个因素叠加能否直接导致独创性高度变高。❶

《2011 湖南卫视跨年演唱会》短视频案件❷，将短视频作品录像制品予以保护。具体案情如下：

---

❶ 王坤. 论作品的独创性：以对作品概念的科学建构为分析起点 [J]. 知识产权, 2014（4）：16 - 17.

❷ 湖南省长沙市中级人民法院（2018）湘 01 民初 1116 号民事判决书。

[基本案情]原告湖南广播电视台（以下简称"湖南广电"）系电视综艺节目《2011 湖南卫视跨年演唱会》的著作权人。2011 年 7 月 29 日，原告湖南广电将该节目向湖南省版权局申请版权登记并取得《作品登记证书》。根据《作品登记证书》记载，作品名称为《2011 湖南卫视跨年演唱会》，作品完成日期为 2011 年 1 月 1 日，作品登记日期为 2011 年 7 月 29 日。被告广州市千钧网络科技有限公司未经原告授权，在其经营的"56 视频"Android 手机客户端提供该作品的在线播放服务。

[法院观点]审理法院认定，《2011 湖南卫视跨年演唱会》作为电视节目，其在表现形式上与电影和类似以摄制电影的方法创作的作品（以下简称"电影作品"）相近，均由一系列有伴音或者无伴音的画面组成，并且在其摄制过程中，同样存在机位的设置、镜头的选择以及编导的参与，包含了大量的投入和辛勤的劳动，体现了一定的独创性；但作为以展现现场精彩表演为主要目的的电视节目，在对拍摄内容的选择、舞台表演的控制、相关节目的编排等方面，摄制者并非处于主导地位，而节目的编导、摄像等人员按照其意志所能作出的选择和表达也都非常有限。故《2011 湖南卫视跨年演唱会》所具有的独创性尚未达到电影作品所要求的高度，不足以构成电影作品，属于电影作品以外的有伴音或者无伴音的连续相关形象、图像的录制品，应当作为凝聚了一定智力创造的录像制品予以保护。

根据《著作权法》（2020 年修正）中对录像制品的规定，在符合相关要求的情况下，一系列连续画面如果不构成视听作品，则构成录像制品。但实际上短视频基本都符合一系列连续画面的形式要求，但并非所有不构成视听作品的短视频都可以通过录像制品获得《著作权法》保护。对于部分不具有任何独创性的短视频，例如对自然风光的简单拍摄或者对自己生活的简单记录等视频,其既不构成视听作品,也无法通过录像制品受到《著作权法》的保护。总之,关于短视频智力成果的法律属性认定,除上述司法案例归纳的几点考量要素外,实践中仍需围绕独创性思想情感外在表达的实质要件,结合个案情况具体认定。有的短视频属于视听作品,有的短视频属于录像制品,而有的短视频是不受《著作权法》保护的其他成果。

二、新闻作品的内涵与外延

(一) 时事新闻纳入新闻作品保护的情形

《著作权法》(1990 年通过)第 5 条规定:"本法不适用于:(一)法律、法规、国家机关的决议、决定、命令和其他具有立法、行政、司法性质的文件,及其官方正式译文;(二)时事新闻;(三)历法、数表、通用表格和公式。"即该条明确将时事新闻排除在《著作权法》保护范围之外,此后该项内容在 2001 年和 2010 年的两次修法中均未变动,直至 2020 年《著作权法》第三次修改,才将第 5 条第 2 项中的"时事新闻"修改为"单纯事实消息"。❶ 新闻界一直以来都有观点认为《著作权法》对于不受保护的"时事新闻"概念没有明确界定是实践中侵权现象频发的主要原因,几乎所有时事新闻侵权类案件中的被告都会将时事新闻不受《著作权法》保护作为抗辩理由。《著作权法实施条例》第 5 条规定:"时事新闻,是指通过报纸、期刊、广播电台、电视台等媒体报道的单纯事实消息。"《最高人民法院关于审理著作权民事纠纷案件适用法律若干问题的解释》第 16 条规定:"通过大众传播媒介传播的单纯

---

❶ 卢海君. 著作权法中不受保护的"时事新闻"[J]. 政法论坛,2014,32(6):48-58.

事实消息属于著作权法第五条第（二）项规定的时事新闻。传播报道他人采编的时事新闻，应当注明出处。"全国人大常委会法制工作委员会民法室在其组织编写的《著作权法解释》中指出，时事新闻是反映一种客观事实的存在，它不属于作品的范围，单纯报道在某时某地发生了某种事情，无需付出什么创造性劳动，只要如实地反映时事即可，从而时事新闻不适用《著作权法》保护；但如果时事新闻中报道者夹述夹议地对时事新闻进行了整理、加工，以综述、评论等表达形式进行报道，这样的报道，报道者付出了自己的创造性劳动，应当享有著作权，受《著作权法》保护。将上述法律规定结合立法部门的相关说明理解，可以得出一直以来不受《著作权法》保护的是单纯事实消息，而时事性文章可以成为《著作权法》保护的对象。例如，北京市东城区人民法院审理的新京报时事新闻案❶中法院就认定涉案文章应受《著作权法》保护。具体案情如下。

[基本案情] 原告从新京报处获得授权，对新京报中的新闻报道享有著作权。被告经营的手机报定期向手机用户发送新闻。原告发现被告发送的手机报中有侵犯其著作权的作品，遂向法院提起诉讼。被告则认为新京报文章属于时事新闻，不应受到《著作权法》保护。即便其可以受到《著作权法》保护，被告的使用行为亦属于合理使用行为。此外，被诉侵权文章中与新京报文章中相同的部分均系对他人在先作品的使用，据此，被告认为其行为并未构成对原告著作权的侵犯。

[法院观点] 审理法院认为，通常情况下，如果报道者对新闻事件的报道仅涉及该事件的基本构成要件，且使用的是最为简明的

---

❶ 北京市东城区人民法院（2015）东民（知）初字第7634号民事判决书。

语言或文字，他人对该事件的报道必然会使用相同或基本相同的语言或文字，则该新闻报道属于《著作权法》第 5 条规定的时事新闻，不受《著作权法》保护。因涉案新京报文章并非仅仅使用了最简洁的语言文字，亦不仅仅涉及该事件的基本要素，而是对该事件进行了相应整理、加工（包括依据不同标准对公益慈善组织的测评结果进行分类总结，对测评机构负责人的采访等），该文章已不属于单纯事实消息，不构成《著作权法》第 5 条所规定的时事新闻。

江苏省高级人民法院审理的北京字节跳动科技有限公司（上诉人，原审被告，以下简称"字节跳动科技公司"）与江苏现代快报传媒有限公司（被上诉人，原审原告，以下简称"现代快报公司"）、江苏现代快报传媒有限公司无锡分公司（被上诉人，原审原告，以下简称"现代快报无锡分公司"）等著作权权属、侵权纠纷一案[1]，创下了转载新闻作品文字判赔的最高记录。具体案情如下。

[**基本案情**] 两原告与涉案记者薛某、朱某、陈某签订《职务作品创作合同》，该合同载明前述记者为现代快报公司聘用的记者，受现代快报公司指派，接受现代快报无锡分公司的领导与指示，在江苏省无锡地区负责新闻采编等工作，前述记者创作的新闻作品是为完成现代快报公司、现代快报无锡分公司的工作任务，双方确认在前述记者任职期间为完成现代快报公司的工作任务，创作出与现代快报公司、现代快报无锡分公司工作性质相关的，且代表现代快报公司、现代快报无锡分公司意志的新闻作品（包括但不限于新闻报道、新闻评论、新闻纪实等）属于职务作品，其著作权归现代快报公司、现代快报无锡分公司共同享有；该作品除署名权以外的其

---

[1] 江苏省高级人民法院（2018）苏民终 588 号民事判决书。

他著作权权能在作品完成之日起归现代快报公司、现代快报无锡分公司共同所有。字节跳动科技公司与北京字节跳动网络技术有限公司未经许可，擅自在"今日头条"手机新闻客户端中大量使用原告享有著作权的新闻作品，并加入相关阅读、评论等功能，使公众可以在其个人选定的时间和地点获得涉案作品，侵害了两原告享有的信息网络传播权。

[**法院观点**] 审理法院认为，涉案的6篇文章属于《著作权法》意义上的作品。具体理由为，涉案的6篇文章是由记者采访、撰写并经编辑后发表在《现代快报》的书面语言表达形式，无证据显示其内容与他人已有作品相同或实质性相似，亦无其他证据表明存在其他作者，故涉案6篇文章系从无到有的独立创作，符合作品的要件要求。时事新闻是指通过大众传播媒介传播的单纯事实消息，对新闻事件的简短描述因不满足独创性的要求故不构成作品。涉案6篇文章虽是对客观事实的描述，但其文字表达中不仅包含单纯事实情况，还含有以文艺创作手法创作的新闻评论，该表达属于作者的独创性智力劳动，故并非时事新闻。

总之，司法实践中多数法院认为具有独创性的时事新闻，不同于单纯事实消息，其属于新闻作品，应受《著作权法》保护。如时事报道文章中作者加入了独创性内容或写法，既包含事实报道，又包含采访报道，作品具有深度访谈、人物报道作品等特征，并非就相关事实进行直观的、唯一的表达，则该文章构成新闻作品。

（二）新闻作品认定要件的争议

通过前面的分析可知，全国各地法院经过多年的审判实践，已经在一定程度上形成了不保护单纯事实消息的共识，以及以涉案新闻作品是否具备"独创性表达"作为区别单纯事实消息与受保护的时事新闻以及其他新闻作品的重要标准之一；对于单纯事实消息的认定标准亦基本一致,即以最简单的表达对事件的时间、地点、人物、原因、方式等进行平铺直叙的描写。而如果记者对新闻事实进行了扩充,在其中加入了自己的选择、取舍、评论、综述等独创性表达的内容,则该新闻就不再是单纯事实消息,而是可能构成受《著作权法》保护的作品。尽管存在以上共识,但是全国各地法院除了文字类新闻的独创性认定标准较为一致之外,对于其他类型的新闻内容是否应当受《著作权法》的保护,认定标准仍不统一。可以从以下典型案例中予以探究。

乔某诉华龙网案❶说明了图片类型新闻是否应当结合所配发的文字进行作品认定。具体案情如下。

[**基本案情**] 2012年2月3日,原告发现被告在其经营的华龙网(www.cqnews.net)上使用了原告的摄影作品96幅,共使用101次,其中部分作品未署名。上述作品系由原告创作完成并享有完整的著作权,被告使用上述作品,应事先取得原告许可、为原告署名并向原告支付相应的报酬。原告认为被告未履行前述义务,被告擅自使用的行为侵犯了原告对前述作品享有的署名权、信息网络传播权、获得报酬权,遂诉至法院。被告华龙网共使用了原告乔某95幅图片,其中在4篇时事新闻中使用了原告拍摄的37幅现场图片。

[**法院观点**] 一审法院和二审法院对于图片是否属于时事新闻产生了截然不同的看法。重庆市第一中级人民法院认为,在图片是文章配图的情形下,应当与文字部分作为整体进行考量。涉案文章是对相关事件的时间、地点、人物、发生过程等客观事实的叙述,不含作者的情感表达、新闻评论等内容,属于单纯的事实消息,而

---

❶ 重庆市第一中级人民法院(2013)渝一中法民初字第00579号民事判决书,重庆市高级人民法院(2013)渝高法民终字第00261号民事判决书。

该4篇文章所配的37幅相关图片也是以图片的形式表达事件现场的客观事实,与文字部分共同反映出事件现场的原貌。因而,相关图片属于时事新闻的一部分,均不应当受《著作权法》保护。

重庆市高级人民法院认为,由单纯事实构成的时事新闻虽然不排除图片新闻,但确实应该以文字新闻为主,因为除非图片画面为唯一性表达,否则任何图片都可以体现摄影记者独立的构思,从确定拍摄主题、设计画面、调整角度到捕捉拍摄时机等,都包含了拍摄者一系列精神创作活动,是极有可能具有独创性的。判断图片新闻是否单独为单纯事实消息并不以其所配发的文字是否为单纯事实消息为标准,而应单独审查其独创性,因为一张图片的独创性并不会因其所配文字的变化而发生任何实质性改变。涉案的37幅图片与一审判决中确认具有独创性的59幅图片在性质上、风格上基本相同,不能仅因其所配发的文字是单纯事实消息就否定其自身的独创性。该37幅图片均是原告借助数码相机、利用光线条件等记录客观景象创作而成,从取图的画面、取图的角度、画面的亮度、局部的光彩等都凝聚了其创造性的劳动,属于具有独创性的作品。虽然所配文字属于单纯事实消息,但图片具有独创性,属于把单纯事实进行了独创性的表达,是时事新闻作品,可以成为受《著作权法》保护的作品。

但是,对于图片的独创性认定,不同的法院也有不同的意见。宁波市海曙区人民法院在其审理的"宁波日报报业集团诉雅昌文化(集团)有限公司案"❶中认为文章所附图片,除涉案文章《宁波考古走过2018》所附图片外,其他图片均系拍摄静态文物,照片表达的内容主要是客观、真实地再现文物原貌,缺少拍摄者的独特

---

❶ 宁波市海曙区人民法院(2020)浙0203民初1034号民事判决书。

表达，不宜认定为摄影作品。因此，对于图片类型新闻来说，司法实务认定中未形成统一标准，有待出台相关司法解释进一步指导实践。

《正午30分》电视节目案❶说明了视频类新闻的作品类型。

[基本案情] 原告系知名电视节目《正午30分》的著作权人，依法享有该电视节目的著作权。任何第三人在未取得原告授权的情况下，不得对该电视节目进行传播。原告经查证发现，被告在未取得原告授权的情况下，在其经营的网站PPTV（http://www.pptv.com/）上持续播放原告享有著作权的作品《正午30分》，并通过上述侵权行为获取非法收益。原告认为，被告在未取得原告授权的情况下，擅自将原告制作的电视节目上传于经营的网站播放的行为侵犯了其著作权，遂诉至法院。

[法院观点] 审理法院认为，《正午30分》的一期名为《两名冒用失窃护照登机乘客身份确认》的电视节目是对新闻事件的介绍，主题、被采访人等都是客观事实的组成部分，且画面均非原告自行拍摄，在新闻中没有明显的思想、情感、修辞、评论成分，基于新闻报道的真实性要求，报道者只能按照时间、地点顺序对客观事实进行叙述，制作者没有发挥的余地，也没有个性表达的空间，因此，该电视节目属于单纯事实消息。而另一个电视节目《日本自卫队驻扎菲律宾》并非日常新闻或纯属报刊消息性质的社会新闻，而是围绕一个有热度的时事话题，选择性地编排相关新闻事件，穿插了主持人介绍、Flash动画和电话采访专家，属于专题性的电视节目。其独创性主要体现在对同一话题新闻的选取、编排、解说，以及专家的聘请和独特观点、Flash动画制作等方面，属于录像

---

❶ 深圳市罗湖区人民法院（2016）粤0303民初10398号民事判决书。

制品。

可见，司法实务中对于视频类新闻属性的判断，有几类可能：一是构成新闻作品，从新闻是否具备编排、主持人或者专家的评论或解说内容是否具备独创性来认定；二是构成视听作品，从电影作品和类电作品所要求的独创性高度来认定；三是构成录像制品，从摄制过程的选取、编排来认定摄制行为的一定独创性，作为有伴音的连续相关形象、图像的录像制品予以保护。总之，《著作权法》（2020年修正）中新增了视听作品，尽管对于独创性的认定和作品的判断标准仍具有不确定性，但至少能够说明《著作权法》（2020年修正）对新型视频的重视程度。对于视频类新闻的保护，可在新闻作品与视听作品的构成要件中予以审查认定。

三、人工智能生成物的法律属性

（一）人工智能生成物是否应受《著作权法》保护

随着云计算、大数据等新兴技术的发展，人工智能不再像从前那般简单地执行指令，利用人工智能生成报告、新闻、诗歌等现象愈来愈常见，人工智能明显拥有了更多的自主性。❶ 人工智能内容的产出大多是沿着"收集数据—深度学习—编辑语言—生成内容"的过程进行的。随着人工智能生成物的大量产出，人工智能生成物的定性问题以及是否应当归入《著作权法》作品保护的问题成为人们广泛关注的热点问题。2017年，微软设计的人工智能"小冰"创作出了诗歌集《阳光失了玻璃窗》就曾引起广泛讨论。学术界中，王迁认为人工智能生成物的产出离不开人工智能研发者预先设

---

❶ 邓社民，靳雨露. 以狭义著作权保护人工智能生成物之辩［J］. 北华大学学报（社会科学版），2019，20（1）：73-79.

立的算法程序，从某种程度上而言，人工智能所谓的"创作行为"本质就是以数据为"源头活水"，以算法为"机械手臂"的"计算行为"。❶ 吴汉东提出对于人工智能生成物而言，无论其目前的创作空间是否受限，无论其有何用途，受何评价，只要创作的内容具备独创性，就应将其认定为作品。❷《著作权法》保护的是具有独创性的智力成果，独创性包含独立完成与创作行为两个特征，独创性是区分创作行为与抄袭行为的重要标准，也是衡量人工智能生成物是否构成作品的关键因素。下面通过一些典型案例来探究司法实务中的观点，例如北京菲林律师事务所与北京百度网讯科技有限公司著作权权属、侵权纠纷一案❸。具体案情如下。

[基本案情] 原告北京菲林律师事务所于 2018 年 9 月 9 日首次在其微信公众号上发表涉案文章。2018 年 9 月 10 日，"点金圣手"未经许可在被告北京百度网讯科技有限公司经营的百家号平台上发布被诉侵权文章，删除了涉案文章的引言、检索概况、电影行业案件数量年度趋势图和结尾的"注"部分，并删除了涉案文章的署名。原告认为被告的行为侵害了其信息网络传播权、保护作品完整权和署名权，遂诉至法院。

[法院观点] 审理法院认为，威科先行库自动生成的分析报告，经历了选定相应关键词、使用"可视化"功能自动生成的过程，其内容涉及对电影娱乐行业的司法分析，符合文字作品的形式要求，涉及的内容体现出针对相关数据的选择、判断、分析，具有一定的

---

❶ 王迁. 论人工智能生成的内容在著作权法中的定性 [J]. 法律科学（西北政法大学学报），2017（5）：148－155.
❷ 马临芳. 人工智能时代的制度安排与法律规制 [J]. 中小企业管理与科技，2020（22）：91－92.
❸ 北京知识产权法院（2019）京 73 民终 2030 号民事判决书.

独创性。但是，具备独创性并非构成文字作品的充分条件，根据现行法律规定，文字作品应由自然人创作完成。虽然随着科学技术的发展，计算机软件智能生成的此类"作品"在内容、形态，甚至表达方式上日趋接近自然人，但根据现实的科技及产业发展水平，若在现行法律的权利保护体系内可以对此类软件的智力、经济投入予以充分保护，则不宜对民法主体的基本规范予以突破。故自然人创作完成仍应是《著作权法》上作品的必要条件。

另一典型案例是深圳市腾讯计算机系统有限公司与上海盈讯科技有限公司著作权权属、侵权纠纷及不正当竞争纠纷案[1]。具体案情如下。

[基本案情] Dreamwriter 计算机软件系由原告深圳市腾讯计算机系统有限公司的关联企业腾讯科技（北京）有限公司自主开发的一套基于数据和算法的智能写作辅助系统，于 2015 年 8 月 20 日开发完成，是满足规模化和个性化内容业务需求的高效助手。2019 年 5 月 9 日，腾讯科技（北京）有限公司取得由国家版权局颁发的《腾讯 Dreamwriter 软件 [简称：Dreamwriter] V4.0》计算机软件著作权登记证书（编号：软著登字第 3868479 号）。腾讯科技（北京）有限公司已将 Dreamwriter 计算机软件著作权许可给原告使用。原告于 2018 年 8 月 20 日在腾讯证券网站上首次发表的标题为"午评：沪指小幅上涨 0.11% 报 2671.93 点 通信运营、石油开采等板块领涨"的财经报道文章（以下称为"涉案文章"）也是原告主持创作人员使用 Dreamwriter 智能写作助手完成的，故原告在官网发表涉案文章时采用末尾注明"本文由腾讯机器人 Dreamwriter 自动撰写"的方式表达文章属原告法人意志创作。被告上海盈讯科技有

---

[1] 广东省深圳市南山区人民法院（2019）粤 0305 民初 14010 号民事判决书。

限公司未经原告许可在原告文章发表当日复制了原告涉案文章（以下简称"侵权文章"），并在被告运营的"网贷之家"网站通过信息网络向公众传播。侵权文章的内容与原告享有著作权的涉案文章内容完全相同。原告认为被告的行为侵犯了其信息网络传播权，遂诉至法院。

[**法院观点**] 审理法院认为，涉案文章由原告主创团队人员运用 Dreamwriter 软件生成，其外在表现符合文字作品的形式要求，其表现的内容体现出对当日上午相关股市信息、数据的选择、分析、判断，文章结构合理、表达逻辑清晰，具有一定的独创性。原告主创团队相关人员的上述选择与安排符合《著作权法》关于创作的要求，应当将其纳入涉案文章的创作过程。从整个生成过程来看，如果仅将 Dreamwriter 软件自动生成涉案文章的这 2 分钟时间视为创作过程，确实没有人的参与创作过程，仅仅是计算机软件运行既定的规则、算法和模板的结果，但 Dreamwriter 软件的自动运行并非无缘无故或具有自我意识，其自动运行的方式体现了原告的选择，这也是由 Dreamwriter 软件这一技术本身的特性所决定的。因此，从涉案文章的生成过程来分析，该文章的表现形式是由原告主创团队相关人员个性化的安排与选择所决定的，其表现形式并非唯一，具有一定的独创性，涉案文章属于我国《著作权法》所保护的文字作品。

综上分析可知，关于人工智能生成物是否应当作为《著作权法》中的作品保护，认定中是否应当将创作主体及创作过程作为首要考量因素，司法实践中的裁判标准需要进一步明确统一。

（二）人工智能生成物纳入作品保护的困境

我国现行知识产权制度历来是以保护"人"的权利为核心，这

就导致了人工智能生成物在法律保护上面临诸多困境。❶

1. 现行许可成本规定的障碍

人工智能内容的产出大多是沿着"收集数据—深度学习—编辑语言—生成内容"的过程进行。与人们逐篇阅读的习惯不同,人工智能的"深度学习"过程可对海量的作品进行阅读、分析,这一过程必然会对大数据中的现有作品进行改编,其生成内容也具有快速、高产的特性。例如,在深圳市腾讯计算机系统有限公司与上海盈讯科技有限公司著作权权属、侵权纠纷及不正当竞争纠纷一案中,Dreamwriter 智能写作助手每年可以完成大约 30 万篇作品,涉案文章是由腾讯机器人 Dreamwriter 经历数据服务、触发和写作、智能校验和智能分发 4 个环节,在 2 分钟内自动生成的。根据《著作权法》(2020 年修正)的规定,人工智能的使用者需要获得人工智能在"深度学习"过程中借鉴的作品的权利人的许可并支付许可费用,从而降低侵权风险。但是,我们知道,人工智能所阅读与创作的作品是海量的,实践中很难明确所涉借鉴作品的数量。即使能够对作品数量进行明确,在海量作品基数下,人工智能使用者所需付出的许可成本无疑是巨大的。人工智能作品既凝结了人工智能研发者的投入,也凝结了软件使用者的投入,具备传播价值。反过来,人类作者若是借鉴人工智能作品,也需付出许可成本。因此,批量产出的人工智能作品又会反过来为人类作者的创作设立难以逾越的许可成本障碍。可见,在人工智能环境下,高昂的许可成本将严重影响知识的传播与新作品的产生,从而阻碍生成物的流通使用,这又与《著作权法》促进知识传播与利用的立法初衷相矛盾。

---

❶ 王迁. 论人工智能生成的内容在著作权法中的定性 [J]. 法律科学(西北政法大学学报), 2017 (5): 148–155.

2. 人工智能生成物与法人作品的交叉

《著作权法》（2020年修正）规定了"著作权人包括：（一）作者；（二）其他依照本法享有著作权的自然人、法人或者非法人组织"（第9条）、"由法人或者非法人组织主持，代表法人或者非法人组织意志创作，并由法人或者非法人组织承担责任的作品，法人或者非法人组织视为作者"（第11条第3款）、"在作品上署名的自然人、法人或者非法人组织为作者，且该作品上存在相应权利，但有相反证明的除外"（第12条第1款）等法人作品相关制度。法人作品一般都体现了法人集体的意志，《著作权法》给予法人作品保护体现了集体利益高于个人利益的社会价值追求。原作者除享有署名权外，其他著作权都可归属于单位。同时，现实生活中还存在需要法人署名并享有全部著作权的作品类型，如政府工作报告等，法人作品制度也正是源于此。然而，我国立法的缺陷在于没有对法人作品作出明确规定，其范围过于宽泛且边界范围过于模糊，导致了司法实践中法人作品的边界不断扩张，其中便包含了人工智能创作物。例如，在前述深圳市腾讯计算机系统有限公司与上海盈讯科技有限公司著作权权属、侵权纠纷及不正当竞争纠纷一案中，法院认为涉案文章是在原告的主持下，由包含编辑团队、产品团队、技术开发团队在内的主创团队运用Dreamwriter软件完成，并未提及涉案文章还有其他参与创作的主体。涉案文章是由原告主持的多团队、多人分工形成的整体智力创作，整体体现原告对于发布股评综述类文章的需求和意图。涉案文章在由原告运营的腾讯网证券频道上发布，文章末尾注明"本文由腾讯机器人Dreamwriter自动撰写"，其中"腾讯"署名的指向结合其发布平台应理解为原告，说明涉案文章由原告对外承担责任。法院在无相反证据的情况下，最终认定涉案文章是原告主持创作的法人作品。但是，人工智能作品具有特殊性,人工智能生成物在产出之前,包括人工智能设计者、使用者在内的所有人员对人工智能产出的具体内容都是无法预测的。❶ 现有的法人作品制度初衷是保护法人权益,一篇连内容都无法预知的作品又将如何达到法人作品所要求的体现法人集体意志呢?据此可以看出人工智能生成物的特殊性与法人作品属性存在不兼容之处,是否可纳入法人作品保护,尚有待研究。

四、体育赛事直播的法律属性

(一)体育赛事直播属于著作权抑或邻接权客体

足球赛等体育赛事的直播节目,其制作拍摄的目的是为观众呈现真实、客观的比赛全过程,在赛事直播进行时,各摄影师操控摄像机进行摄制,电视导播对不同机位拍摄的画面进行取舍、剪辑,均服务于上述目的。在直播过程中,赛事直播者往往安排多个机位对相关赛事进行直播,在直播过程中要通过不同的角度对画面进行取舍,比如出现争议判决时,要通过近距离的慢镜头回放,使得球迷能够第一时间作出自己的判断;在出现进球时,会将两队教练席不同反应的画面拼接到一起,使观众能够体会到足球场上"几家欢喜几家愁"的魅力所在。此外,为了使广大观众能更好地欣赏比赛,直播者都会安排至少一名解说员对赛事进行解说,解说随着赛事的进程而不断变化。

《著作权法》保护的客体是作品,一个智力成果是否构成《著作权法》所保护的客体,则需要判断该智力成果是否具有独创性。实务中,对于某类视频画面争议较大的问题之一就是作品与录像制

---

❶ 曹源.人工智能创作物获得版权保护的合理性[J].科技与法律,2016(3):495.

品的判定。作品能够成为著作权的客体,而录像制品只能够成为邻接权的客体。录像制品与作品最核心的区别在于是否具备独创性。如果某个录像在录制的过程中,只是对录制对象机械、简单地录制,未能够体现录制人的取舍、安排的,不认为是作品,而是单纯的录像制品。具体到足球赛等体育赛事的直播画面,由于立法上并未规定体育赛事节目的性质和独创性标准,在实务中对于此类画面属于《著作权法》上的作品还是录像制品的问题争议较大,不同的法院的认定也有所不同。❶

例如,被称为"体育赛事直播第一案"的北京新浪互联信息服务有限公司(以下简称"新浪公司")与北京天盈九州网络技术有限公司(以下简称"天盈九州公司")等不正当竞争纠纷一案❷,所经历的一审、二审和再审分别是不同的判决结果。具体案情如下。

[**基本案情**] 新浪公司经合法授权,获得在授权期限内在门户网站领域独家播放中超联赛视频的权利。新浪公司认为,中超联赛赛事节目构成类电作品,天盈九州公司未经其许可,在其网站设置中超频道,非法转播2012年3月至2014年3月两个赛季的中超联赛直播视频,严重侵害了新浪公司享有的著作权,故诉至法院。

[**法院观点**] 北京市朝阳区人民法院一审判决认为,从赛事的转播、制作的整体层面上看,赛事的转播、制作是通过设置不确定的数台或十几台或几十台固定的、不固定的录制设备作为基础进行拍摄录制,形成用户、观众看到的最终画面,但固定的机位并不代

---

❶ 张惠彬,刘迪琨. 如何认定体育赛事节目的独创性?:以体育赛事节目的制作为中心 [J]. 体育科学,2018,38 (6):76-83.

❷ 北京知识产权法院 (2015) 京知民终字第1818号民事判决书。

表形成固定的画面。用户看到的画面，与赛事现场并不完全一致，也非完全同步。这说明了其转播的制作程序，不仅包括对赛事的录制，还包括回看的播放、比赛及球员的特写、场内与场外、球员与观众、全场与局部的画面，以及配有的全场点评和解说。上述画面的形成，是编导通过对镜头的选取，即对多台设备拍摄的多个镜头的选择、编排的结果。而这个过程，不同的机位设置、不同的画面取舍、编排、剪切等多种手段，会导致不同的最终画面，或者说不同的赛事编导会呈现不同的赛事画面。从涉案转播赛事呈现的画面看，满足上述分析的创造性，即通过摄制、制作的方式形成画面，以视听的形式给人以视觉感应、效果，构成作品。

北京知识产权法院二审判决从我国《著作权法》的体系化角度、国际著作权与邻接权制度历史发展以及司法实践的现有做法角度进行分析，认为应当以独创性的高低作为区分作品与录像制品的标准。在此基础上，北京知识产权法院进一步分析了涉案体育赛事是否符合固定要求和独创性要求，最终认为以涉案体育赛事公用信号所承载的连续画面"随摄随播"的状态既不符合电影作品的固定要件，亦未达到电影作品的独创性高度，因此，涉案赛事公用信号所承载的连续画面不应认定为《著作权法》保护的作品。二审法院否定了一审法院对体育赛事直播节目性质的认定，引发了学术界和实务界对体育赛事节目法律性质及规制方式的热议。2018年4月20日，北京市高级人民法院发布《北京市高级人民法院侵害著作权案件审理指南》，该指南中解释了体育赛事节目的性质认定，确立了体育赛事节目如果符合作品构成要件的，应受《著作权法》保护。

北京市高级人民法院再审[1]认为电影类作品与录像制品的划分标准应为有无独创性，而非独创性程度的高低，从而否定了二审法院的独创性高低的判断标准。关于涉案赛事节目是否达到电影类作品的独创性要求，再审法院认为，新浪公司在该案中明确其请求保护的涉案赛事节目内容为涉案赛事公用信号所承载的连续画面，该部分内容是通过广播电视、网络直播等方式远程欣赏赛事的观众能够看到的中超赛事节目的主要部分，为向观众传递比赛的现场感，呈现足球竞技的对抗性、故事性，包含上述表达的涉案赛事节目在制作过程中，大量运用了镜头技巧、蒙太奇手法和剪辑手法，在机位的拍摄角度、镜头的切换、拍摄场景与对象的选择、拍摄画面的选取、剪辑、编排以及画外解说等方面均体现了摄像、编导等创作者的个性选择和安排，故具有独创性，不属于机械录制所形成的有伴音或无伴音的录像制品，符合电影类作品的独创性要求。对于涉案赛事节目是否满足电影类作品定义中"摄制在一定介质上"的要求，再审法院认为，新浪公司请求保护的涉案赛事节目的内容为涉案赛事公用信号所承载的连续画面，属于以类似电影的方法表现的作品。

综上分析可知，由于现行法律及司法解释的滞后，均未明确规定体育赛事节目的性质及侵权行为的认定标准，因此上述案例的一审、二审与再审呈现出截然不同的判决结果和判决理由。关于体育赛事节目的法律属性，需要进一步综合考量法学理论、法律规范、司法判例、技术发展及赛事行业整体需求等方面进行立法完善，为体育赛事节目提供更切合实际、更全面有效的司法保护。

---

[1] 北京市高级人民法院（2020）京民再 128 号民事判决书。

（二）广播权的扩张保护争议

体育赛事直播节目在《著作权法》上的性质问题，主要与那些拿到了体育赛事转播权的广播组织有关。《著作权法》第三次修改对广播权的重新定义以及为广播组织增加信息网络传播权，都是为了解决这个问题。《著作权法》（2010年修正）第10条第1款第11项对广播权的定义是："广播权，即以无线方式公开广播或者传播作品，以有线传播或者转播的方式向公众传播广播的作品，以及通过扩音器或者其他传送符号、声音、图像的类似工具向公众传播广播的作品的权利"。《著作权法》（2020年修正）对广播权的定义作出了调整，规定："广播权，即以有线或者无线方式公开传播或者转播作品，以及通过扩音器或者其他传送符号、声音、图像的类似工具向公众传播广播的作品的权利，但不包括本款第十二项规定的权利"。规定中的"本款第十二项"即为信息网络传播权，即以有线或者无线方式对公众提供。这一调整，一方面扩大了广播权的调整范围，另一方面明确将信息网络传播权与广播权进行分界，即能够用信息网络传播权调整的范围，不应纳入广播权的调整范围。此外，《著作权法》（2020年修正）还在《著作权法》（2010年修正）第47条规定的广播电台、电视台权益基础上，明确广播电台、电视台有权禁止未经许可将其信号"以有线或者无线方式转播"的行为，并新增广播电台、电视台有权禁止未经许可"将其播放的广播、电视通过信息网络向公众传播"的行为。具体到体育赛事直播节目上，由于体育赛事既不是《著作权法》意义上的作品也不是表演，赛事组织者对体育赛事并不享有任何《著作权法》意义上的权利或权益，广播组织也不是赛事组织依《著作权法》可能享有的任何权利或者权益的受让人或被许可人。❶ 广播组织之所以不得不支付巨资获得转播权,是因为赛事组织对赛事现场及相关的信号采集设备享有物理意义上的控制权,广播组织实际上获取的是进入赛事现场拍摄及获得能够满足电视转播需要的赛事信号的权利。随着互联网的兴起,体育赛事电视转播的再转途径不再仅限于电视,通过网络平台进行转播的形式越来越普遍。❷ 而网络传播是交互式传播,不为传统的广播权和广播组织权所覆盖。《著作权法》(2020年修正)将广播组织转播的方式改为"以有线或者无线方式",这一用语与新修改的广播权和信息网络传播权定义中的"以有线或者无线方式"的用语完全相同,显然是为了明确广播组织的转播权不仅可以规制通过无线电或者有线电缆进行的转播,还可以规制通过互联网进行的转播。这一修改也将广播组织权中的转播权改造为符合技术中立要求的、可规制以任何技术手段进行转播的专有权利。2020年11月11日通过的《全国人民代表大会常务委员会关于修改〈中华人民共和国著作权法〉的决定》自2021年6月1日起施行,此后若再发生类似新浪公司与天盈九州公司侵害著作权、不正当竞争纠纷的案件,法院可以直接适用修改后的广播组织的转播权规制他人利用互联网转播赛事直播的行为,而不需要再讨论赛事直播形成的画面是否具有独创性,也不需要界定这一连续画面是否以信号为介质。但由于广播权范围的扩展,在"三网融合"等技术背景下,关于广播行为和信息网络传播行为的定性的争议仍会存在。鉴于《著作权法》(2020年修正)明确强调了广播权和信息网络传播权

---

❶ 王迁. 论网络环境中表演权的适用:兼评《著作权法修改草案(送审稿)》对表演权的定义 [J]. 比较法研究,2017(6):64-74.

❷ 王迁. 论我国《著作权法》中的"转播":兼评近期案例和《著作权法修改草案》[J]. 法学家,2014(5):125-136.

调整范围的差异，因此对于同类行为，需要审判实务中形成统一理解。

五、卡拉 OK 行业著作权使用的规范管理与保护

2021 年国家版权局、文化和旅游部联合发布的《通知》，从强化保护和规范使用两个方面提供指导意见，对加强我国知识产权保护力度、共建卡拉 OK 行业合法经营秩序、提高我国集体管理组织管理水平、维护权利人及使用者利益具有重大意义。《通知》是对近年来音乐作品权利人或管理人在全国各地大面积起诉卡拉 OK 行业侵权、卡拉 OK 经营者反映缴费标准和缴费途径混乱问题的重大回应。本书聚焦实务案例，归纳分析卡拉 OK 行业版权许可和管理使用中存在的问题，探究解决路径，以期在加大音乐作品著作权保护的同时兼顾行业经营者的利益，促进规范管理，保护文化产业的发展。

（一）卡拉 OK 著作权侵权案件呈现的特点

1. 创新使用包厢（终端）数认定侵权赔偿数额

卡拉 OK 行业著作权侵权损害赔偿责任法律制度为保障权利人合法权益，推动卡拉 OK 行业健康发展而制定，蕴含了维护社会公平、完善创新机制、确立审判标准的重要价值目标。目前，我国关于卡拉 OK 行业著作权侵权赔偿责任如何承担尚无相关法律制度予以规定，司法实践中，全国各地法院一般通过指导意见或案例的形式，结合各地经济发展水平及卡拉 OK 行业保护需求，自行确定调整辖区内的侵权赔偿标准。

音集协与山西啤咔餐饮管理有限公司侵犯著作权纠纷一案❶创

---

❶ 山西省太原市中级人民法院（2018）晋 01 民初 1231 号民事判决书。

新性地参照国家版权局公布的《卡拉 OK 经营行业版权使用费标准》(每包房每天 10 元)确定侵权赔偿数额。

[基本案情] 原告音集协于 2013 年 11 月 11 日与北京海蝶音乐有限公司(以下简称"海蝶公司")签订《音像著作权授权合同》,约定海蝶公司同意将其依法拥有的音像节目的放映权、复制权、广播权信托原告音集协管理,以便上述权利在其存续期间及在该合同有效期内完全由音集协行使。2018 年 11 月 9 日,山西省太原市城西公证处工作人员以普通消费者的身份进入被告山西啤咔餐饮管理有限公司的经营场所 V003 包厢,在包厢里点播了《X》《江南》《突然累了》《只对你说》《不死之身》等 10 首歌曲,并全程进行摄像。原告提交的《流行歌曲经典中国音像著作权集体管理协会会员作品精选集(第三辑)》所附附件曲目录可以证明涉案 10 部音乐电视作品的著作权人为海蝶公司。结合著作权人与原告所签的授权合同,可以认定原告依授权取得涉案 10 部音乐电视作品在卡拉 OK 经营场所享有独家许可放映权、复制权,为该案的适格原告。

[法院观点] 审理法院认为,被告在未获得相关授权且未支付相关许可使用费的情况下,在其经营场所的点歌设备中复制《X》《江南》《突然累了》《只对你说》《不死之身》等 10 部涉案音乐电视作品并提供放映服务的行为,侵犯了原告对涉案音乐电视作品在卡拉 OK 经营场所享有的独家许可放映权、复制权。关于具体的赔偿数额,《山西省高级人民法院关于审理卡拉 OK 著作权纠纷案件的指导意见》第 4 条规定,对卡拉 OK 经营者明知使用作品应当缴纳著作权使用费无正当理由拒不缴纳、且拒绝协商解决的,侵权赔偿数额可在 6~12 元每包房每天范围内酌定。结合该案,被告已因相关事由于 2017 年 8 月被该院判决赔偿原告经济损失,且原告于 2018 年 11 月向被告发出律师函要求与被告协商著作权使用费缴纳

事宜，被告应当明知其不缴纳著作权使用费构成侵权而拒绝缴纳，且不配合协商，原告按包房数 18×10 元/（天·包房）×365 天 = 65700 元计算赔偿金，符合上述规定。

关于以包房为基数的判赔思路，《山西省高级人民法院关于审理卡拉 OK 著作权纠纷案件的指导意见》早已明确，同时率先提出卡拉 OK 场所恶意侵权可适用惩罚性赔偿的裁判方式。无独有偶，浙江省高级人民法院于 2019 年 9 月发布的《关于统一涉 KTV 著作权侵权纠纷案件裁判标准的通知》，亦明确认定 KTV 侵权成立和确定损害赔偿时，应综合考虑著作权集体管理组织的收费标准。福州市鼓楼区人民法院 2020 年 4 月 21 日发布的《鼓楼法院知识产权司法保护状况（2018—2019）白皮书》中，开创性使用包厢数判赔的音集协诉福州市鼓楼区红派娱乐有限公司侵犯作品放映权纠纷案入选十大典型案例。经调查，甘肃省、湖南省等地人民法院均亦支持了以包厢数量为依据的判赔标准。

总之，在法律法规对 KTV 行业歌曲版权收费标准没有规定的情况下，上述法院依据《卡拉 OK 经营行业版权使用费标准》，结合经营者包房数量、当地经济发展水平等多种因素，合理确定侵权歌曲赔偿数额，一定程度上解决了长期以来法院对侵权歌曲赔偿标准认定缺乏客观标准的司法难题，同时适当减轻了权利人的举证负担，解决知识产权权利人"举证难"问题。

2. 小权利人商业维权与音集协商业维权呈现不同的司法保护标准：音集协提起维权诉讼的判赔标准往往高于小权利人维权诉讼的判赔标准

入选 2019 年南昌市知识产权典型案件的音集协诉"动感量贩

式 KTV"著作权纠纷案❶具体案情如下。

[**基本案情**] 滚石国际音乐股份有限公司（以下简称"滚石公司"）于 2012 年 3 月 6 日与音集协签订音像著作权授权合同，将其依法拥有的音像节目的放映权信托音集协管理，音集协有权以自己的名义向侵权使用者提起诉讼。中国唱片总公司出版了《流行歌曲经典（第二辑）》（20 碟装），光盘收入署名著作权人为滚石公司的《彩虹》《活着便精彩》《可否冲破》等 67 部涉案音像作品。2018 年 4 月 17 日，音集协发现动感歌厅（动感量贩式 KTV）收录并擅自在其经营场所内营业性公开放映上述 67 部音像作品。音集协认为动感歌厅侵犯其著作权，遂起诉至法院。

[**法院观点**] 审理法院认为，被告向消费者提供点播放映 67 部涉案音像作品，其未举证该等音像作品具有合法来源及经过相关权利人的直接许可或原告授权，构成对原告权利的侵犯，依法应承担停止侵害、赔偿损失的民事责任。因音集协不能提供其因被告侵权所受实际损失或被告违法所得的证据，法院根据侵权行为性质、主观过错程度、涉案音像作品数量等侵权情节，酌定被告赔偿原告经济损失 40200 元并对其为制止侵权行为进行的调查取证的合理费用予以支持。

而在深圳市声影网络科技有限公司诉河南歌迷文化娱乐有限公司侵害著作权纠纷案件中，最高人民法院维持河南省高级人民法院二审判决，已付费歌厅被小权利人诉讼后，每首歌曲判赔金额不超过 100 元，符合利益平衡原则；福州中久华飞文化传播有限公司与播州区万金芒果娱乐城侵害作品放映权纠纷案中，贵州省高级人民

---

❶ 江西省南昌高新技术产业开发区人民法院（2018）赣 0191 民初 1443 号民事判决书。

法院从实践出发，分析小权利人商业诉讼泛滥的弊端，提出小权利人提起诉讼的赔偿标准应低于音集协提起诉讼的赔偿标准，对已与音集协签订相关歌曲使用许可和没有签订许可使用的 KTV 经营者，赔偿标准应有所区别。2019 年 9 月 20 日，浙江、福建、江西、山东、北京、河南、湖南等多地人民法院，亦均对小权利人商业诉讼与音集协维权诉讼做了如上区分处理。

3. 引入 KTV 行业协会有利于有效化解纠纷

天津沐松音乐文化发展有限公司与柳州市柳南区音乐汇量贩式歌城等 27 家被告著作权侵权纠纷系列案❶中，广西壮族自治区柳州市中级人民法院在广西壮族自治区率先引入 KTV 娱乐行业协会参与协调，成功化解该批系列案件，既维护了原告的合法权益，也引导了卡拉 OK 全行业经营者重视知识产权保护，规范行业经营行为。

[**基本案情**] 原告天津沐松音乐文化发展有限公司以柳南区音乐汇量贩式歌城等 27 家 KTV 经营者侵犯其著作权为由，于 2020 年 10 月 23 日向法院提起系列维权诉讼。原告主张其是专辑《POP-SONGS 流行歌曲群星汇（一）》的著作权人，该专辑收录了涉案的《花样般年华》《回不去》《回忆的毒》《会遇到》等 50 首歌曲及音乐电视作品。原告经公证取证发现，柳州市柳南区音乐汇量贩式歌城等 27 家 KTV 经营者未经其合法授权，亦未向其支付费用，在经营场所的点唱机中收录了上述涉案作品，并为公众提供点播服务，侵害了其涉案音乐作品的放映权，给其造成了严重的经济损失，请求法院判令柳州市柳南区音乐汇量贩式歌城等 27 家 KTV 经营者立即停止通过经营场所向公众放映《花样般年华》《回不去》《回忆

---

❶ 广西壮族自治区柳州市中级人民法院（2020）桂 02 民初 447 号民事裁定书。

的毒》《会遇到》等 50 部涉案歌曲及音乐电视作品，并删除全部上述涉案作品；各自赔偿其经济损失 12500 元及为维权支付的合理费用 2500 元，承担案件全部诉讼费用。审理过程中，柳州市柳南区音乐汇量贩式歌城等 27 家 KTV 经营者对侵权行为予以认可，但辩称，受新型冠状病毒肺炎（以下简称"新冠肺炎"）疫情影响，KTV 等娱乐场所未能全面经营，上述权利作品实际使用点播率较低，涉案作品市场商业价值并不高，侵权人因侵权行为获利也较少，在计算赔偿数额时应当对此予以充分考虑。

[法院观点] 经广西壮族自治区柳州市中级人民法院引入 KTV 娱乐行业协会参与调解，引导双方当事人达成合理赔偿数额，27 家 KTV 经营者均及时支付了赔偿金，权利人撤回了起诉。

然而近年来，因不同歌曲的小权利人针对卡拉 OK 行业经营者进行重复起诉，人民法院受理的卡拉 OK 行业经营者侵害他人音乐电视作品著作权侵权纠纷案件数量呈"井喷"式增长，不仅浪费了有限的司法资源，也不利于娱乐行业的健康发展。音集协作为由国家版权局批准成立专门从事音像作品和音像制品管理的集体管理组织，应承担起管理人的责任与义务。实践中应有效发挥音集协与行业协会的作用，两头管理推进，引导众多小权利人加入集体管理组织，明确收费渠道和标准，从源头上引领卡拉 OK 行业健康有序发展。

（二）卡拉 OK 行业侵权案件大幅增长的原因

众所周知，著作权具体应用中存在使用者无法获得海量授权、权利人无法对数以万计的使用者一一许可的实际情况，致使《著作权法》中规定的诸如复制权、表演权、放映权、广播权、信息网络传播权等权项在实践中很难有效地应用。我国《著作权法》借鉴国际上通行的著作权集体管理制度，意在用集体管理组织这个桥梁优化权利人授权和使用者获得授权的成本,让纸面上的权项变成鲜活的看得见的利益,从而实现著作权人的获酬权,让市场进入良性循环,作品得到广泛传播,造福社会公众。音集协的创设目的就是让小权利人加入该组织,由该组织对音像作品和音像制品进行统一管理。自2008年起,音集协卡拉OK经营行业版权许可使用工作在全国各地陆续展开,其成立十余年来,已在包括西藏在内的31个省(自治区、直辖市)建立许可业务办公室。然而良好的立法目的并未得以落到实处,我国目前针对卡拉OK行业的商业维权诉讼频发,卡拉OK行业呈"病态"发展,出现作品权利人在全国大面积不当维权的极端局面。笔者认为有以下原因。

1. 著作权集体管理组织的运行机制不科学

2008年,音集协经国家版权局批准设立,作为我国唯一的音像集体管理组织,其基本职能是统一集中行使权利人的有关权利并以自己的名义进行许可使用、收取使用费以及参与仲裁、诉讼等活动。然而经过十多年的运行,音集协的内部管理、作品使用收费标准、收费服务、工作效率等方面一直饱受诟病,出现了权利人与音集协、权利人与使用人、使用人与音集协相互之间的严重矛盾。部分权利人故意避开或退出音集协,不愿加入音集协授权其管理。另外一些卡拉OK经营企业在向音集协缴纳许可费后,仍被小权利人起诉的重要原因在于,音集协未向卡拉OK经营企业提供其实施集体管理的作品曲库,导致后者仍在使用之前来自非正规渠道的曲库,引发该类诉讼。❶ 音集协作为管理组织,应正当履行职责,整理规范已有权利曲库,保证向缴费的卡拉OK经营者提供正版作

---

❶ 张洪波. 我国著作权集体管理制度的建立与发展 [J]. 中国出版,2020(21):17-22.

品；对向经营者提供曲库的视频点播供应商，则应从供方市场正版化入手，通过授权或合作的方式，由具备资质的视频点播供应商将已授权集体管理的作品制作成视频点播系统，向已缴费的卡拉OK经营企业提供安装设备及日常维护服务。从供需两头入手，从根本上防止该类诉讼的产生。

2. 部分小权利人有以诉讼维权谋取高额利益的倾向

一些未加入著作权集体管理组织的小权利人在握有大量侵权歌曲证据的情况下，以向法院起诉部分作品的方式试探判赔尺度不断进行诉讼。又由于各地法院判赔的标准不一，一些法院的高额赔偿判决往往导致大量商业维权诉讼在该区域爆发。小权利人意图绕开著作权集体管理，通过商业诉讼，谋取高额利益的现象不利于卡拉OK领域版权的健康发展。❶

3. 视频点播设备源头权利的缺失

目前，卡拉OK著作权侵权案件的表象背后所显现的正是向经营者提供视频点播系统的供应商。这些供应商向卡拉OK经营企业提供的点播系统中录入的音乐电视，绝大多数都是未经授权的侵权作品。作为卡拉OK经营者，对外经营必然需要使用视频点播系统，而对于著作权集体管理组织而言，其对外授权也必须将集体管理的音乐作品转化成点播视频才能实现。因此音像作品集体管理组织应积极构建中间环节，形成集体管理与市场需求的良性循环，真正根治其管理作品被大面积侵权的严重问题，把其重心放在如何科学规范管理上，即放在事前预防风险而非事后的维权诉讼上。

---

❶ 梁兴国. 卡拉OK版权收费之争与知识产权中的公权问题 [J]. 上海财经大学学报（哲学社会科学版），2008，10（1）：46–52，94.

第三节 立法完善与司法建议

一、出台相关司法解释,细化作品的具体认定标准

(一)明确作品概念表述中"表现"的内涵及其外延

《著作权法》(2020年修正)首次对作品的概念进行了规定,将《著作权法实施条例》中规定的"能以某种有形形式复制"修改为"能以一定形式表现",既延续了《著作权法实施条例》中的做法,又对作品的概念进行了完善。这一改动,是基于"能以某种有形形式复制"的表述含义不明的原因,学术界和实务界对这一表述做了不同的解释,但至今也未形成统一的意见。《著作权法》(2020年修正)采取"能以一定形式表现"的表述,更能体现《著作权法》的立法目的,《著作权法》保护的作品是内心思想的外在表达,而非内心思想,因此必须要呈现出一定的表现形式。然而,"能以一定形式表现"中的"表现"代表的是什么,《著作权法》(2020年修正)并未给出明确定义,"表现"二字是否能用"固定"或者"表达"代替?有学者认为这一表述中的"能"字是多余的,因为它表现的是一种可能性,而不是现实的要求,例如作者对小说的构思亦"能"以文字形式表现出来,只是未表现出来而已。从这一角度而言,"能"字的存在使《著作权法》(2020年修正)对作品的表述与立法原意有些偏离。因此笔者认为,删除"能"字更为适宜,并且应对"表现"的内涵及其外延进一步作出解释,以保证法律的正确适用。

(二)完善作品的具体认定标准

《著作权法》(2020年修正)在作品类型兜底条款中删除法定

性表述，改为"符合作品特征的其他智力成果"，强调作品独创性及可复制性等实质特征，能够对新型智力成果提供更为及时而全面的保护。❶ 但是，在当今时代，人类对于文学、艺术或科学作品的表达无非通过文字、声音、图形或图像等方式加以表现，它们分别对应着人类的视觉和听觉。人类虽然可能通过其他感觉（如味觉或嗅觉）元素进行创新或创造，但相应的成果是否属于文学、艺术或科学领域的成果，是否属于《著作权法》的范畴，则需辨析。作品兜底条款的存在，赋予法官更大的自由裁量权，难免会造成司法实践的不统一。根据"符合作品特征"判定，在个案中将《著作权法》未明确罗列的表现形式认定为作品给予保护，一定程度上会出现作品类型不当扩张的可能。因此，笔者建议对作品类型的认定标准进行细化。笔者认为认定标准至少包含以下两点。

1. 适当提高作品的认定标准

明确"独创性"内涵的同时，依据区分原则，适当提高新型作品的认定标准，将价值性作为新型智力成果的独创性判断标准，并通过形式审查与实质审查相结合的方式，对其蕴含的思想内核及其审美价值进行综合考量。以人工智能生成物为例，人工智能生成的新闻作品其内容须属于在第一性新闻事实的基础上分析形成的第二性文字内容，并且文章涵盖了人物、时间、地点、事件、原因、发生过程六个要素时，才应被认定为受《著作权法》保护的新闻作品。审慎行使因"兜底条款"所获得的强大自由审判权，避免为了创新而创新，导致作品的不当扩张。

---

❶ 孙山.《著作权法》中作品类型兜底条款的适用机理 [J]. 知识产权，2020 (12)：53-66.

2. 明确视听作品的内涵与外延

《著作权法》(2020年修正)并没有对视听作品的定义作出规定,而是在第17条中将视听作品分为"电影作品、电视剧作品"和"其他视听作品"。对于视听作品的具体定义和实质特征,《著作权法》(2020年修正)并未给出明确的答案,导致视听作品实际范围不明。笔者认为,应当从以下两个方面进行完善。

(1) 明确视听作品的具体定义和实质特征

根据《著作权法》(2020年修正)第3条之规定,即音乐、戏剧、曲艺、舞蹈等作品与视听作品并列,换言之,即使音乐、戏剧、曲艺、舞蹈等特殊作品符合"视听"要素的内容,也不能作为视听作品予以保护。司法实践中,具有较大争议性的几种作品类型是否能够作为视听作品予以保护,仍存在不确定性,例如,体育赛事直播画面、游戏直播画面、短视频等,需要结合实际情况具体分析。❶ "电影作品""电视剧作品"的概念在《著作权法》法项下并无明确定义。就电影作品而言,在现有立法中,《中华人民共和国电影产业促进法》(以下简称《电影产业促进法》)第2条第2款规定:"本法所称电影,是指运用视听技术和艺术手段摄制、以胶片或者数字载体记录、由表达一定内容的有声或者无声的连续画面组成、符合国家规定的技术标准、用于电影院等固定放映场所或者流动放映设备公开放映的作品。"同时,该法第20条第2款规定:"未取得电影公映许可权的电影,不得发行、放映,不得通过互联网、电信网、广播电视网等信息网络进行传播,不得制作为音像制品;但是,国家另有规定的,从其规定。"由此可见,《电影产

---

❶ 王迁. 论平面美术作品著作权的保护范围:从"形象"与"图形"的区分视角[J]. 法学, 2020 (4): 154–165.

业促进法》中规定的"电影",并未将不需要取得公映许可权的网络电影涵盖在内。就电视剧作品而言,也存在同样的问题,对于仅在网络发行的剧目,并无法律规定明确构成电视剧。那么,仅用于网络播放的网络电影和网络剧是否属于《著作权法》(2020 年修正)保护的电影作品、电视剧作品?《著作权法》(2020 年修正)的本意是否仍然按照发布平台来区分电影、电视剧作品和其他视听作品,网络电影、网络剧是否可能因发行平台的差异而与电影、电视剧作品适用不同的权属认定规则?此外,其他视听作品首先是作品,其作品属性决定了其必须符合《著作权法》(2020 年修正)第 3 条的作品定义,即"文学、艺术和科学领域内具有独创性并能以一定形式表现的智力成果"。

鉴于其他各类作品类型的具体含义均在《著作权实施条例》中得以体现,从立法技术层面考量,新增视听作品类型的相关配套解释亦应及时到位。法律适用中,应出台相关司法解释,明确视听作品的概念及实质特征,避免视听作品范围的不当扩张;此外,所下定义又不能过于狭隘或僵化,避免随着科学技术发展而出现的新型作品不能得到保护。

(2) 明确视听作品权属的认定规则

《著作权法》(2020 年修正)法项下"制作者"取代了"制片者"成为电影作品、电视剧作品的著作权人,但是,制作者的概念并未明确。对比《著作权法修正案(草案二次审议稿)》,视听作品的权利主体为"组织制作并承担责任的制片者",但 2020 年审议通过的《著作权法修正案》未采纳这一表述,而是将"制片者"修改为"制作者",删除"组织制作并承担责任"的限定。这可能是由于立法者认为对于电影和电视剧存在制片者,但是对于短视频等其他视听作品,业内并不使用制片者的用语,制作者的包容性更广泛，能够对应更多种类的视听作品。但对于电影作品、电视剧作品之外的其他视听作品的著作权归属，《著作权法》（2020年修正）采取了"有约定按约定，无约定时归制作者"的规则。但实际适用中存在以下问题：一是《著作权法》（2020年修正）没有规定电影作品、电视剧作品和其他视听作品的区分标准，相关的著作权法修正案说明、修改情况、修改意见报告中亦未提及，实践中两类视听作品的划分标准不明，区分不同权属无从谈起。二是视听作品的交易安全问题。《著作权法》（2020年修正）将视听作品的著作权统一归属于制作者。然而，除导演、编剧、摄影等职能人员外，一部影视作品从投资、拍摄到后期制作往往涉及多方主体，其中投资方、承制方是最基本的两方，有的承制方同时也是投资方，而有的承制方则仅承担制作职责而不参与投资。视听作品往往通过多人合作创作而成，可能涉及多重制作主体，拍摄、后期等环节可能由不同的主体完成。以电影《八佰》为例，该电影片尾显示的制作主体，除影片制作主体华谊兄弟外，声音制作、视效制作共计6家公司，其中仅视效制作就有5家公司。依照《著作权法》（2020年修正），上述6家公司能否构成制作者？可见当涉及众多合作者时，视听作品的权属会面临极大的不确定性。在无法确定其他视听作品的著作权归属于制作者、全体合作者、某一合作作者还是某几位合作作者时，将会给该类视听作品的传播带来许多潜在的法律风险。

因此，在权属判定方面，需要出台相关司法解释进行明确，设定电影作品、电视剧作品和其他视听作品的区分标准，尽可能地扩大电影作品、电视剧作品的范围，缩小其他视听作品的范围，从而使权利归属的确定性较大；同时要强调适用《最高人民法院关于加强著作权和与著作权有关的权利保护的意见》中关于权利归属的推定规则。

二、惩罚性赔偿制度的具体适用规则

《著作权法》(2020年修正)沿用了原有的损害赔偿认定规则，即首先按照违法所得、实际损失予以赔偿，但第54条第1款规定，在权利人实际损失或侵权人违法所得难以计算时，可以参考权利使用费的数额确定损害赔偿数额。此前的司法实践中已经存在法院以权利使用费作为赔偿数额参考依据的情况，《著作权法》第三次修改可以说是顺应行业要求。同时，第54条第1款还规定，对故意侵犯著作权或者与著作权有关的权利，情节严重的，可以在按照上述方法确定损害数额的1倍以上5倍以下给予赔偿。这一规定与最近修改的《专利法》《商标法》《反不正当竞争法》保持一致，基本实现了我国知识产权体系惩罚性赔偿制度的整体建立。但尽管如此，《著作权法》(2020年修正)中惩罚性赔偿条款的规定仍存在一些模糊地带，包括原则性条款的规定和具体惩罚数额的问题仍待进一步完善。

(一)应合理界定"故意"的认定标准

《著作权法》(2020年修正)新增的惩罚性赔偿在何种情况适用、如何适用的问题，在司法实务中可以参考已有相同规定的《商标法》(2019年修正)。《商标法》(2013年修正)首先在知识产权领域引入了惩罚性赔偿制度，其中第63条规定，对恶意侵犯商标专用权，情节严重的，可以按照已确定赔偿数额的"一倍以上三倍以下确定赔偿数额"。而在《商标法》(2019年修正)中，惩罚性赔偿的赔偿区间被进一步扩大到已确定赔偿数额的"一倍以上五倍以下"。但是商标惩罚性赔偿的适用同样需要同时符合侵权主观的"恶意"及客观的"情节严重"两个要件，而我国目前无论是学术界还是司法实践，对于商标惩罚性赔偿适用前提中的"恶意"和

"情节严重"的内涵和外延都没有达成统一意见。立法者似乎也注意到了在《商标法》（2019年修正）的司法实践中由对"恶意"概念的分歧而导致的适用上的障碍，因此在《专利法》（2020年修正）第71条及《著作权法》（2020年修正）第54条中，均采用"故意"的表述，其目的是增强法律在适用中的可操作性，而非降低惩罚性赔偿的适用门槛。

我国相关法律的制定要结合中国的实际国情，才能真正符合中国特色社会主义法治建设的理念。对于著作权侵权而言，《著作权法》中"故意"的内涵也需要在将来的立法及司法适用规则中作出必要的细化。例如是否需要判断当事人的侵权的理由与主观故意是否一致，因为如上文所说，"故意"一词实际上是为了遏制恶意侵权的恶劣行为，但是对于很多著作权侵权的普通人来说，其可能只是出于经济现状或时间成本而疏于对著作权保护的考量，加上我国知识产权仍处于发展的初级阶段，大众的知识产权意识普遍不强。如果不考虑这些因素而只注重对著作权人一方的利益的保护，就有可能因为操之过急而产生负面的社会影响。因此，为了能够达到制止严重恶意侵权的效果，可以考虑结合不同的侵权主体，如自然人与法人，并考虑其交易的真实主观意图，对于"故意"一词配以更加明确的适用标准，要把握该条款立法的目的，即对于恶意侵权人的谴责性，这也符合相关欧美国家的立法。笔者建议最高人民法院可以在制定相关司法解释时或者在知识产权的相关审判工作会议中，对于《著作权法》（2020年修正）惩罚性赔偿制度的适用提出若干具体的标准和限定。在各个地方司法机关层面上，各高级人民法院也可以参考北京市高级人民法院对于商标惩罚性赔偿的一些关键问题作出的指南，就本区域内的著作权惩罚性赔偿在司法实践中的适用作出一些具体的指引。

(二) 细化惩罚性赔偿倍数的确定标准

《著作权法》(2020年修正)规定的惩罚性赔偿额确定中还存在缺乏对倍数确定的细化标准的问题。《著作权法》(2020年修正)第54条第1款规定:"侵犯著作权或者与著作权有关的权利的,侵权人应当按照权利人因此受到的实际损失或者侵权人的违法所得给予赔偿;权利人的实际损失或者侵权人的违法所得难以计算的,可以参照该权利使用费给予赔偿。对故意侵犯著作权或者与著作权有关的权利,情节严重的,可以在按照上述方法确定数额的一倍以上五倍以下给予赔偿。"❶ 即著作权惩罚性赔偿额的范围应该是按照实际损失或者违法所得或者权利使用费确定的赔偿基数的"一倍以上五倍以下"。"一倍以上五倍以下"在司法实践中实际上是一个很大的裁量空间,特别是在一些计算基数已经很大的著作权侵权案件中,采用不同的倍数其计算结果会大相径庭。❷

笔者建议出台相关司法解释,一是细化其中影响惩罚性赔偿数额的认定因素,诸如侵权人主观恶性程度大小、侵权后果的严重程度高低、权利人损失的填补,以及是否需额外施加制裁性措施等,形成体系化的裁判模式,出台具有操作性、较为细化的适用规则,减少"同案不同判"的现象出现。二是将惩罚性赔偿的"一倍以上五倍以下"再细分为两个区间,即"一倍以上三倍以下"和"三倍以上五倍以下"的适用区间,根据不同的著作权侵权行为情况进行适用。

---

❶ 罗莉. 论惩罚性赔偿在知识产权法中的引进及实施 [J]. 法学, 2014 (4): 22-32.

❷ 苏和秦, 庄雨晴. 商标惩罚性赔偿的司法适用及反思 [J]. 电子知识产权, 2020 (9): 67-79.

三、卡拉 OK 行业版权管理机制的建构

版权是卡拉 OK 行业发展的核心。2008 年，音集协经国家版权局批准设立、在民政部注册登记，是我国唯一的音像集体管理组织，与音著协共同执行卡拉 OK 领域"二合一"版权许可制度。[1] 实行的卡拉 OK 版权许可制度，使卡拉 OK 经营者的版权意识得到了很大提升，普遍具有了对卡拉 OK 音乐作品的使用应该付费使用的意识，这是很大的进步。但是，在司法实践中，近年来卡拉 OK 领域的版权诉讼案件不仅没有减少，反而逐年增多。国家版权局、文化和旅游部发布的《通知》，对于推动建立公开、公正、规范、透明、高效的著作权集体管理秩序具有一定的指引作用，但并未能实际解决卡拉 OK 领域的版权问题。针对卡拉 OK 领域版权保护所存在的问题，我们必须要将重点放在卡拉 OK 行业版权管理机制的构建上。

（一）优化电子管理平台，促进行业协会沟通

当前卡拉 OK 行业主要由音集协负责卡拉 OK 的许可使用收费相关事宜，音集协需要通过与数量众多的卡拉 OK 经营者签订版权缴费协议进行版权管理。具体可以通过集体管理组织加大自身科技方面的投入，在各省建立信息化 KTV 行业协会，直接对接音集协确定收费标准和管理收费，确保权利"一元化"管理。法院一方面应与相关协会保持长期、顺畅的沟通，回应其正当需求，同时在上述行业协会之间搭建平台，促进两者间的合作，这对解决卡拉 OK 案件中存在的问题很有裨益。各省 KTV 行业协会直接对接音集协，

---

[1] 唐晋伟. 我国著作权集体管理组织的自治路径：从诉讼、收费和管理职能的变迁出发 [J]. 科技与法律，2010 (4)：36 – 39, 51.

既能使企业降低日常经营中的版权风险,又能进一步推进集体管理制度,还能使得大批量的涉卡拉 OK 纠纷得以有效缓解,为形成长效的行业纠纷解决机制奠定基础。电子化管理可以使得注册、登记、授权这些基础手续通过网络化的方式来降低组织的管理成本,更重要的是促进行业协会之间,行业协会与音乐使用者、音乐作者之间的交流合作。在这个方面,我们可以借鉴电子知识产权管理较为发达的美国和日本的做法。当然,我们同时也要应对电子化平台所带来的信息泄露、监管不力等诸多问题,这些也需要加以重视,防患于未然。

(二) 优化著作权集体管理,缓解主体矛盾

实践中,卡拉 OK 经营者和著作权集体管理组织之间时有矛盾发生。从理论上说,著作权集体管理组织本身手握大量作品的发行许可权,卡拉 OK 经营者在合适的条件下与许可组织订立了使用许可后,就应当可以合法使用和传播作品。然而出于各种原因,一些卡拉 OK 经营者在向集体管理组织缴纳许可费后,音集协无法向缴费用户提供其实施集体管理的作品曲库,导致后者仍在使用之前来自非正规渠道的曲库,从而引发该类诉讼。❶ 这也是许多使用者仍被小权利人起诉的重要原因。而 KTV 使用作品的合理条件往往以著作权集体管理组织的标准来衡量,缺乏协商机制,用户和著作权集体管理组织的不平等地位造成了更多的问题。然而,就目前的形势来看,笔者建议音集协针对上述问题,先从小处入手,一是整理规范权利曲库,向已经缴费的卡拉 OK 经营者提供正版作品。二是对于向经营者提供曲库的视频点播供应商,则应从供方市场正版化

---

❶ 张洪波. 我国著作权集体管理制度的建立与发展 [J]. 中国出版, 2020 (21): 17-22.

入手。建议音集协采取授权或合作方式,由具备资质的视频点播供应商将实施集体管理的作品制作成视频点播系统,向已缴费的卡拉OK经营者提供设备安装及日常维护服务。从供需两头入手,从根本上防止该类诉讼的产生。

(三)规范收费方式,促进公正透明

卡拉OK著作权使用费的收取是著作权集体管理组织职能的核心部分之一,随着音乐产业的快速发展,对卡拉OK经营者每年收取的著作权使用费亦在增加。音集协发布的《关于2021年卡拉OK著作权使用费收取标准的公告》中,公布了2021年全国各地卡拉OK著作权使用费的收取沿用2020年的收费标准,其中,收费最高的为每终端每天11元,收费最低的为每终端每天8元。卡拉OK行业"按包厢收费"的收费标准自2006年公布后一直未发生改变,也逐渐饱受诟病。特别需要强调的是,卡拉OK经营场所缴纳的费用总额,是从正常开始营业时间算起,按天数(一年按360天)计,而不能以实际营业的包厢数、实际点的歌作为凭证进行计算,因此建立合理的收费标准和授权制度具有重要意义。对于许可收费标准的争议解决机制,建议可在技术条件成熟的情况下,采用歌曲点播累计计数的技术手段,区分每一首音乐电视作品的实际点播量,使得著作权许可使用收费金额更加精确、合理。同时,著作权人可以在技术平台查看自己作品的点唱数据,音集协再根据数据向权利人转付使用费,从而更加公平透明地向权利人分配使用许可费。这要求信息所有者主动向著作权人、使用人,甚至是社会公众公开费用包含的具体收取和具体使用方向、项目金额和管理费用,这样才能够增强公信力。

(四)加大监管力度,防范盗版侵权

现在卡拉OK市场上没有完整的正版曲库,建议通过互联网技

术，建立大数据管理系统和经过合法授权的正版曲库，这样才能从根源上解决卡拉 OK 领域的一系列版权纠纷问题。❶ 对于制作盗版点播音乐电视的供应商，在具体案件审判中，建议根据其实际的侵权情节，适当加重其侵权成本。同时，建议有关行政部门加大行政查处力度，通过与相关行政执法部门的协作，多方协力，精准打击以制作盗版点播视频为业的供应商，净化视频点播制作行业。

除此之外，措施重心仍应当放在著作权集体管理组织上，因为该组织作为非营利性的社会服务平台，是以广大公众利益为核心宗旨的，其拥有许多音乐作品的著作权。然而目前我国对集体管理组织的监督效果并不明显，因此必须针对这一点建立网络监督机制，提高人们对其的信任度。21 世纪音乐作品著作权的内容、主体和访问者都发生了巨大的变化，这对保护我国 KTV 音乐作品著作权是一个机遇和挑战。今后很长一段时间内，KTV 音乐作品著作权保护都必须要靠集体管理组织牵头，立足中国的现实状况并借鉴国际先进经验，营造健康有序的作品传播环境，促使我国网络音乐产业不断焕发新的活力。

---

❶ 倪静. 我国著作权集体管理组织许可使用费决定机制检讨与改革［J］. 河南财经政法大学学报，2012，27（2）：87 - 94.

第三章　专利侵权纠纷法律适用

第一节　专利立法动态解读

2020年10月17日第十三届全国人民代表大会常务委员会第二十二次会议通过了《全国人民代表大会常务委员会关于修改〈中华人民共和国专利法〉的决定》。这是1984年《专利法》颁布生效以来的第四次修正。该决定于2021年6月1日施行。

一、《专利法》第四次修改概况

此次修改涉及条文内容和条文顺序，总计改动29处。修改的内容主要包括四方面：一是坚持问题导向，立足国情和创新主体的实际需要，进一步维护专利权人的合法权益，加大对专利侵权违法行为的惩治力度；二是完善激励发明创造的机制和制度，加强专利转化服务，扩大专利信息传播，促进专利实施和运用；三是规范保护，严格防止专利权滥用；四是完善专利授权制度，进一步为申请人提供便利，并为国内企业"走出去"创造有利环境。❶

---

❶ 中央财经大学成功举办《新修改专利法的理解与适用》主题研讨会［EB/OL］.（2020-11-10）［2021-04-29］. http://www.mzyfz.com/html/1657/2020-11-10/content-1446854.html.

二、《专利法》第四次修改内容解读

(一) 加强保护专利权人合法权益

1. 加大对侵犯专利权的赔偿力度

(1) 调整损害赔偿计算方式的顺序

《专利法》(2008年修正) 第65条第1款规定:"侵犯专利权的赔偿数额按照权利人因被侵权所受到的实际损失确定;实际损失难以确定的,可以按照侵权人因侵权所获得的利益确定。权利人的损失或者侵权人获得的利益难以确定的,参照该专利许可使用费的倍数合理确定。"而《专利法》(2020年修正) 第71条第1款中则规定:"侵犯专利权的赔偿数额按照权利人因被侵权所受到的实际损失或者侵权人因侵权所获得的利益确定;权利人的损失或者侵权人获得的利益难以确定的,参照该专利许可使用费的倍数合理确定。"

针对侵权赔偿数额的认定,《专利法》(2020年修正) 将"实际损失"和"侵权所获得的利益"作为同等重要的衡量因素。

(2) 引入惩罚性赔偿制度

为加大对侵权人的惩罚力度,此次修改新增了惩罚性赔偿制度。《专利法》(2020年修正) 第71条第1款中规定:"对故意侵犯专利权,情节严重的,可以在按照上述方法确定数额的一倍以上五倍以下确定赔偿数额。"《专利法》(2020年修正) 第71条第1款涉及的惩罚性赔偿的适用要件与《民法典》第1185条"故意侵害他人知识产权,情节严重的,被侵权人有权请求相应的惩罚性赔偿"的规定是一致的。而《商标法》(2019年修正) 和《反不正当竞争法》(2019年修正) 中惩罚性赔偿的适用要件为"恶意侵权、情节严重的侵权行为",与此相比,《专利法》(2020年修正)

将主观要件规定为故意,降低了主观要件的认定标准,进一步加大了对专利权的保护力度。❶

实践中,专利维权存在举证难、成本高、赔偿低等问题。近年来,习近平总书记多次强调,要加强知识产权保护,完善执法力量,加大执法力度,把违法成本显著提上去,把法律威慑作用充分发挥出来;要建立知识产权惩罚性赔偿制度。《专利法》(2020年修正)第71条的修改落实了党中央决策部署,力图解决实践中存在的问题。这显示了我国依法严格保护知识产权、提高侵权成本、让侵权者付出沉重代价、充分发挥法律的威慑力的态度和决心。

(3)调整法定赔偿上下限

《专利法》(2020年修正)第71条第2款规定:"权利人的损失、侵权人获得的利益和专利许可使用费均难以确定的,人民法院可以根据专利权的类型、侵权行为的性质和情节等因素,确定给予三万元以上五百万元以下的赔偿。"法定侵权赔偿数额大幅提高,法定赔偿数额下限由"一万元"提高至"三万元",法定赔偿数额上限由"一百万元"提高至"五百万元"。这一修改显著提高了违法成本,体现了我国实施严格的知识产权保护、加大专利保护力度、鼓励创新的导向,❷ 同时对专利权人合法权益起到了实质的保护作用,让侵权人感受到法律的震慑力。如果侵权造成严重后果,权利人将不再手软,拿起法律武器进行索赔。❸

---

❶ 王函,王则周.《专利法》修改之五大亮点[EB/OL].(2020-10-18)[2021-04-29]. https://mp.weixin.qq.com/s/NGnYK-QG1arfbZwtpqYEww.

❷ 蒲晓磊. 修改专利法决定获表决通过 新增惩罚性赔偿制度[EB/OL].(2020-10-17)[2021-04-29]. http://www.legaldaily.com.cn/index/content/2020-10/17/content_8330591.htm.

❸ 专利法修改新增诚信原则 营造尊重创新的营商环境[EB/OL].(2020-10-21)[2021-04-29]. http://hn.zhonghongwang.com/show-120-36263-1.html.

2. 引入举证妨碍规则

《专利法》（2020年修正）第71条第4款规定："人民法院为确定赔偿数额，在权利人已经尽力举证，而与侵权行为相关的账簿、资料主要由侵权人掌握的情况下，可以责令侵权人提供与侵权行为相关的账簿、资料；侵权人不提供或者提供虚假的账簿、资料的，人民法院可以参考权利人的主张和提供的证据判定赔偿数额。"

为解决专利案件的举证难问题，《专利法》（2020年修正）进一步完善了证据规则，在权利人已经尽力举证，而与侵权行为相关的账簿、资料主要由侵权人掌握的情况下，人民法院可以责令侵权人提供，从而减轻权利人的举证负担。

3. 完善诉前保全措施

《专利法》（2020年修正）第72条规定："专利权人或者利害关系人有证据证明他人正在实施或者即将实施侵犯专利权、妨碍其实现权利的行为，如不及时制止将会使其合法权益受到难以弥补的损害的，可以在起诉前依法向人民法院申请采取财产保全、责令作出一定行为或者禁止作出一定行为的措施。"《专利法》（2020年修正）第73条规定："为了制止专利侵权行为，在证据可能灭失或者以后难以取得的情况下，专利权人或者利害关系人可以在起诉前向依法人民法院申请保全证据。"

《专利法》（2020年修正）删除了《专利法》（2008年修正）中关于诉前保全的担保、裁定、驳回、复议、解除、错误赔偿等一系列具体规定，保留概括性条款，并对几处表述进行了调整。《专利法》（2008年修正）中关于诉前保全的部分是以2007年《中华人民共和国民事诉讼法》（以下简称《民事诉讼法》）为基础进行规定的，由于2007年后《民事诉讼法》分别于2012年和2017年经历了两次修正，民事诉讼保全制度有了很大的变化，《专利法》

（2008年修正）的这部分规定难以与现行民事诉讼普遍规则相衔接。为与《民事诉讼法》保持一致，便于司法实践，避免条文重复，《专利法》（2020年修正）对诉前担保进行具体规定。修改后条文增加的"依法"一词是指依照《民事诉讼法》。

从内容上来看，这一修改主要为专利领域的诉前保全制度带来了以下几点变化：

（1）在"有证据证明他人正在实施或者即将实施侵犯专利权、妨碍其实现权利的行为，如不及时制止将会使其合法权益受到难以弥补的损害"的情况下，专利权人或利害关系人可以申请的保全类型增多。《专利法》（2008年修正）只规定了其可以申请人民法院采取"责令停止有关行为"的措施；《专利法》（2020年修正）则规定其可以申请人民法院采取"财产保全、责令作出一定行为或者禁止作出一定行为"的措施，增加了积极行为保全和财产保全。

（2）保全措施有效期限从15日延长至30日。《专利法》（2008年修正）第66条第4款规定："申请人自人民法院采取责令停止有关行为的措施之日起十五日内不起诉的，人民法院应当解除该措施。"《专利法》（2008年修正）第67条第4款规定："申请人自人民法院采取保全措施之日起十五日内不起诉的，人民法院应当解除该措施。"《专利法》（2020年修正）直接适用2017年《民事诉讼法》第101条第3款："申请人在人民法院采取保全措施后三十日内不依法提起诉讼或者申请仲裁的，人民法院应当解除保全。"

4. 延长侵犯专利权的诉讼时效

《专利法》（2020年修正）第74条规定："侵犯专利权的诉讼时效为三年，自专利权人或者利害关系人知道或者应当知道侵权行为以及侵权人之日起计算。发明专利申请公布后至专利权授予前使用该发明未支付适当使用费的,专利权人要求支付使用费的诉讼时效为三年,自专利权人知道或者应当知道他人使用其发明之日起计算,但是,专利权人于专利权授予之日前即已得知或者应当得知的,自专利权授予之日起计算。"

5. 完善专利行政保护

(1) 提高假冒专利行政处罚的罚款上限

《专利法》(2020 年修正)第 68 条规定:"假冒专利的,除依法承担民事责任外,由负责专利执法的部门责令改正并予公告,没收违法所得,可以处违法所得五倍以下的罚款;没有违法所得或者违法所得在五万元以下的,可以处二十五万元以下的罚款;构成犯罪的,依法追究刑事责任。"假冒专利罚款上限由"违法所得四倍"提高为"违法所得五倍";对没有违法所得或者违法所得在五万元以下的,罚款上限由"二十万元"提高为"二十五万元"。

该条还遵循个案平衡的原则进行了修改,将《专利法》(2008 年修正)中"没有违法所得的,可以处二十万元以下的罚款"改为"没有违法所得或者违法所得在五万元以下的,可以处二十五万元以下的罚款"。这一修改避免了《专利法》(2008 年修正)可能造成的对有违法所得的假冒专利者罚款上限低于无违法所得者的不合理情况。

(2) 明确国务院专利行政部门职责

鉴于 2018 年国务院机构改革后国务院专利行政部门不再专门设"专利复审委员会",《专利法》(2020 年修正)在第四章"专利申请的审查和批准"第 41 条、第 45 条和第 46 条中,将"专利复审委员会"全部修改为"国务院专利行政部门"。

《专利法》(2020 年修正)第 70 条规定:"国务院专利行政部门可以应专利权人或者利害关系人的请求处理在全国有重大影响的

专利侵权纠纷。地方人民政府管理专利工作的部门应专利权人或者利害关系人请求处理专利侵权纠纷,对在本行政区域内侵犯其同一专利权的案件可以合并处理;对跨区域侵犯其同一专利权的案件可以请求上级地方人民政府管理专利工作的部门处理。"

（3）明确管理专利工作的部门和负责专利执法的部门各自的职权范围

根据《专利法》（2008年修正）第64条,"管理专利工作的部门"有权采取措施,查处涉嫌假冒专利行为。《专利法》（2020年修正）对职权主体进行了更改,赋予"负责专利执法的部门"全部五项职权,赋予"管理专利工作的部门"三项职权。

《专利法》（2020年修正）将对假冒专利进行查处的负责部门由"管理专利工作的部门"修改为"负责专利执法的部门"。《专利法》（2020年修正）第68条规定:"假冒专利的,除依法承担民事责任外,由负责专利执法的部门责令改正并予公告,没收违法所得,可以处违法所得五倍以下的罚款;没有违法所得或者违法所得在五万元以下的,可以处二十五万元以下的罚款;构成犯罪的,依法追究刑事责任。"

第69条规定:"负责专利执法的部门根据已经取得的证据,对涉嫌假冒专利行为进行查处时,有权采取下列措施:（一）询问有关当事人,调查与涉嫌违法行为有关的情况;（二）对当事人涉嫌违法行为的场所实施现场检查;（三）查阅、复制与涉嫌违法行为有关的合同、发票、账簿以及其他有关资料;（四）检查与涉嫌违法行为有关的产品;（五）对有证据证明是假冒专利的产品,可以查封或者扣押。管理专利工作的部门应专利权人或者利害关系人的请求处理专利侵权纠纷时,可以采取前款第（一）项、第（二）项、第（四）项所列措施。负责专利执法的部门、管理专利工作的部门依法行使前两款规定的职权时,当事人应当予以协助、配合,不得拒绝、阻挠。"

6. 新增诚实信用原则

《专利法》(2020年修正)第20条规定:"申请专利和行使专利权应当遵循诚实信用原则。不得滥用专利权损害公共利益或者他人合法权益。滥用专利权,排除或者限制竞争,构成垄断行为的,依照《中华人民共和国反垄断法》处理。"

7. 新增专利权期限补偿制度

《专利法》(2020年修正)第42条第2款规定:"自发明专利申请日起满四年,且自实质审查请求之日起满三年后授予发明专利权的,国务院专利行政部门应专利权人的请求,就发明专利在授权过程中的不合理延迟给予专利权期限补偿,但由申请人引起的不合理延迟除外。"

8. 完善药品专利相关规定

(1)建立新药专利权期限补偿制度

《专利法》(2020年修正)第42条第3款规定:"为补偿新药上市审评审批占用的时间,对在中国获得上市许可的新药相关发明专利,国务院专利行政部门应专利权人的请求给予专利权期限补偿。补偿期限不超过五年,新药批准上市后总有效专利权期限不超过十四年。"现阶段,随着我国医药产业的发展,药企对创新药品的研发投入及其创新能力逐步提高,需要相应的制度设计来保障其从事新药研发的积极性。同时,为使国外新药能够尽早在我国上市,提高药品可及性,保障公共健康,有必要立足我国国情,借鉴相关国家和地区经验,建立药品专利期限补偿制度,即为补偿新药上市审评审批占用时间,对在中国获得上市许可的新药相关发明专利,应专利权人的请求给予专利权期限补偿。补偿期限不超过5

年，新药批准上市后总有效专利权期限不超过14年。

《专利法》（2020年修正）在立法层面首次提出新药专利权期限补偿制度，从制药产业角度来看将激励药物创新，也将鼓励新药进入我国市场。华东理工大学法学院张晓东表示，药品是一个非常特殊的商品，其中存在各方利益冲突。一方面，原研药付出了巨大的研发费用和时间，非常依赖于专利制度的保护。另一方面，原研药价格昂贵，市场对仿制药又存在需求。因此，非常需要一种制度，让各方利益达成平衡，既不打击原研药的创新积极性，也能够鼓励仿制药尽快推出，同时降低价格。张晓东认为，目前比较成功的是美国的制度，其中包括仿制药的简化审批流程、原研药专利保护期的延长，以及专利链接制度等。2020年《专利法》大修已经落实了这一系列制度，只是细化规则还不明确。❶

（2）建立药品专利链接制度

《专利法》（2020年修正）第76条规定："药品上市审评审批过程中，药品上市许可申请人与有关专利权人或者利害关系人，因申请注册的药品相关的专利权产生纠纷的，相关当事人可以向人民法院起诉，请求就申请注册的药品相关技术方案是否落入他人药品专利权保护范围作出判决。国务院药品监督管理部门在规定的期限内，可以根据人民法院生效裁判作出是否暂停批准相关药品上市的决定。药品上市许可申请人与有关专利权人或者利害关系人也可以就申请注册的药品相关的专利权纠纷，向国务院专利行政部门请求行政裁决。国务院药品监督管理部门会同国务院专利行政部门制定药品上市许可审批与药品上市许可申请阶段专利权纠纷解决的具体

---

❶ 孙维维. 专家解读《专利法》大修，药品专利成为关注重点［EB/OL］.（2020 - 11 - 29）［2021 - 04 - 29］. https：//www.yicai.com/news/100856718.html.

衔接办法，报国务院同意后实施。"

此次修改新增了药品专利纠纷早期解决机制，即药品专利链接制度，以在相关药品上市前，尽早解决潜在的专利纠纷。为相关当事人提供可供选择的纠纷解决途径，可以更好地平衡专利权人、仿制药企业和社会公众利益，提高药品可及性，保障公共健康。需要说明的是，即使未在法定期限内通过这一机制解决纠纷，仍可以另行提起专利侵权诉讼。❶ 药品专利链接制度，就是药品上市的审批与其专利保护情况相链接，如果涉嫌侵犯专利权，在药品审批的过程中，仿制药就没办法获得上市的批准文号。这一制度总体上有利于加强原研药的专利权保护，但如果实行得好，也有可能鼓励仿制药去挑战专利。❷

（二）促进专利实施和运用

我国有相当一部分专利申请授权后并没有得到很好的转化和运用，还处于"沉睡"阶段。促进专利转化和运用，可以充分发挥专利无形资产的作用，实现专利的市场价值，并为实体经济创新发展提供有力支撑。❸ 从专利技术的诞生到最终实现产业化是实现专利价值的重要路径，促进专利转化和运用非常重要，只有提高专利转化和运用效率，企业才更有动力进行发明创造和技术创新，加快自

---

❶ 蒲晓磊. 修改专利法决定获表决通过 新增惩罚性赔偿制度 [EB/OL]. （2020 - 10 - 17）[2021 - 04 - 29]. http：//www.legaldaily.com.cn/index/content/2020 - 10/17/content_8330591.htm.

❷ 孙维维. 专家解读《专利法》大修，药品专利成为关注重点 [EB/OL]. （2020 - 11 - 29）[2021 - 04 - 29]. https：//www.yicai.com/news/100856718.html.

❸ 蒲晓磊. 修改专利法决定获表决通过 新增惩罚性赔偿制度 [EB/OL]. （2020 - 10 - 17）[2021 - 04 - 29]. http：//www.legaldaily.com.cn/index/content/2020 - 10/17/content_8330591.htm.

主研发的脚步。❶

1. 完善职务发明制度

《专利法》(2020年修正)将第6条第1款修改为:"执行本单位的任务或者主要是利用本单位的物质技术条件所完成的发明创造为职务发明创造。职务发明创造申请专利的权利属于该单位,申请被批准后,该单位为专利权人。该单位可以依法处置其职务发明创造申请专利的权利和专利权,促进相关发明创造的实施和运用。"

《专利法》(2020年修正)将原第16条改为第15条,增加一款,作为第2款:"国家鼓励被授予专利权的单位实行产权激励,采取股权、期权、分红等方式,使发明人或者设计人合理分享创新收益。"

职务发明法律制度是调整单位和发明人权利和利益分配的基础制度,对调动单位及其研发人员的创新积极性、促进发明成果的转让转化都起到重要作用。为积极推动知识产权的运用实施,围绕我国现阶段激励创新制度环境建设需求,此次修改新增了单位依法处置职务发明相关权利、国家鼓励被授予专利权的单位实行产权激励的相关规定,进一步鼓励发明创造的产生及其推广应用,让科技创新造福社会。

2. 新增专利开放许可制度

《专利法》(2020年修正)将第六章标题由"专利实施的强制许可"更改为"专利实施的特别许可",在原有强制许可条款的基础上又增加了5个条款,丰富了促进专利实施的专利许可类型。其中新增的第48条规定:"国务院专利行政部门、地方人民政府管理

---

❶ 专利法修改新增诚信原则 营造尊重创新的营商环境 [EB/OL]. (2020-10-21) [2021-04-29]. http://hn.zhonghongwang.com/show-120-36263-1.html.

专利工作的部门应当会同同级相关部门采取措施，加强专利公共服务，促进专利实施和运用。"该条明确有关部门应当采取有关措施，将推动发明创造的应用立法宗旨落到实处，加快将专利创新成果转化为生产力，真正实现专利价值。该条修改是为了配合新设立的专利开放许可制度的实施，希望通过政府公共服务平台解决专利技术供需双方信息不对称的问题，降低交易成本，促进专利实现市场价值。第50条规定："专利权人自愿以书面方式向国务院专利行政部门声明愿意许可任何单位或者个人实施其专利，并明确许可使用费支付方式、标准的，由国务院专利行政部门予以公告，实行开放许可。就实用新型、外观设计专利提出开放许可声明的，应当提供专利权评价报告。专利权人撤回开放许可声明的，应当以书面方式提出，并由国务院专利行政部门予以公告。开放许可声明被公告撤回的，不影响在先给予的开放许可的效力。"第51条规定："任何单位或者个人有意愿实施开放许可的专利的，以书面方式通知专利权人，并依照公告的许可使用费支付方式、标准支付许可使用费后，即获得专利实施许可。开放许可实施期间，对专利权人缴纳专利年费相应给予减免。实行开放许可的专利权人可以与被许可人就许可使用费进行协商后给予普通许可，但不得就该专利给予独占或者排他许可。"第52条规定："当事人就实施开放许可发生纠纷的，由当事人协商解决；不愿协商或者协商不成的，可以请求国务院专利行政部门进行调解，也可以向人民法院起诉。"

可见，开放许可制度作为促进专利转化实施的一项重要法律制度，其核心在于鼓励专利权人向社会开放专利权，促进供需对接和专利实施，真正实现专利价值。此次修改基于中国国情，借鉴国际成熟经验，规定了开放许可声明及其生效的程序要件、被许可人获得开放许可的程序和权利义务以及相应的争议解决路径，以期通过政府公共服务解决专利技术供需双方信息不对称问题,使任何单位和个人都可以便利地获得专利许可,降低交易成本,提高专利转化效率。此外还特别强调,开放许可实施期间,对专利权人缴纳专利年费相应给予减免,以鼓励专利权人自愿实行开放许可,促进专利实施和运用。❶

3. 加强专利信息公共服务

《专利法》(2020年修正)第48条规定:"国务院专利行政部门、地方人民政府管理专利工作的部门应当会同同级相关部门采取措施,加强专利公共服务,促进专利实施和运用。"

加强专利信息公共服务,及时发布、传播和有效利用专利信息,对提高创新起点、减少重复研发、避免侵犯他人专利权、促进创新具有重要意义。为进一步满足社会需求,对专利信息应用与服务体系从制度上予以总体安排,此次修改增加了专利信息方面的规定,明确国务院专利行政部门负责专利信息公共服务体系建设的职责,规定其提供专利基础数据,并明确地方专利行政部门加强专利公共服务、促进专利实施和运用的职责。

(三)完善专利授权制度

1. 进一步完善外观设计保护相关制度

(1)明确给予局部外观设计专利保护

《专利法》(2020年修正)第2条第4款规定:"外观设计,是指对产品的整体或者局部的形状、图案或者其结合以及色彩与形状、图案的结合所作出的富有美感并适于工业应用的新设计。"

---

❶ 蒲晓磊. 修改专利法决定获表决通过 新增惩罚性赔偿制度[EB/OL]. (2020-10-17)[2021-04-29]. http://www.legaldaily.com.cn/index/content/2020-10/17/content_8330591.htm.

(2) 延长外观设计专利保护期限

《专利法》(2008年修正)规定的外观设计专利权的保护期限为10年,此次修改将其延长至15年。《专利法》(2020年修正)第42条第1款规定:"外观设计专利权期限为十五年。"

(3) 增加外观设计专利申请国内优先权制度

《专利法》(2020年修正)第29条第2款规定:"申请人……自外观设计在中国第一次提出专利申请之日起六个月内,又向国务院专利行政部门就相同主题提出专利申请的,可以享有优先权。"

外观设计专利权保护的客体增加局部外观设计对实务工作有着积极的作用。赋予外观设计专利国内优先权并扩大保护期,符合未来高质量外观设计专利的保护要求。

2. 增加新颖性宽限期的适用情形

按照《专利法》(2008年修正)规定,发明创造符合新颖性、创造性和实用性等法定条件才能被授予专利权。新冠肺炎疫情发生以来,相关部门和创新主体出于疫情防控需要,紧急公开了一些与抗击新冠肺炎疫情相关的发明创造,对抗击疫情发挥了积极作用。由于这种公开行为不属于《专利法》(2008年修正)规定的不丧失新颖性的例外情形,相关发明创造面临不能获得专利保护的风险。为更好地应对疫情防控等紧急状态和非常情况,促进相关发明创造在疾病治疗等方面的及时应用,解决公众健康问题,回应创新主体放宽不丧失新颖性例外规定的需求,《专利法》(2020年修正)在第24条的不丧失新颖性例外的适用情形中增加"在国家出现紧急状态或者非常情况时,为公共利益目的首次公开的"。这样既能满足当前抗击疫情的实践需要,还能为今后在其他紧急状态或者非常情况下的适用留有空间。

3. 完善专利权评价报告制度

《专利法》（2020年修正）第66条第2款规定："专利侵权纠纷涉及实用新型专利或者外观设计专利的，人民法院或者管理专利工作的部门可以要求专利权人或者利害关系人出具由国务院专利行政部门对相关实用新型或者外观设计进行检索、分析和评价后作出的专利权评价报告，作为审理、处理专利侵权纠纷的证据；专利权人、利害关系人或者被控侵权人也可以主动出具专利权评价报告。"

4. 放宽发明、实用新型优先权文件副本的递交时间

《专利法》（2020年修正）第30条第1款规定："申请人要求发明、实用新型专利优先权的，应当在申请的时候提出书面声明，并且在第一次提出申请之日起十六个月内，提交第一次提出的专利申请文件的副本。"发明、实用新型专利优先权文件副本的提交期限由提出优先权申请"三个月内"改为"第一次提出申请之日起十六个月内。"

第二节　侵权焦点问题的法律分析

本节将以最高人民法院以及广西地区的典型案例为基础，举出笔者在实务中遇到的一些焦点问题，结合法律法规变迁以及最高人民法院历年发布的知识产权案件报告进行分析。

一、权利要求书的解释依据

对技术事实的认定是专利侵权诉讼案件中最核心的部分，而权利要求书的解释又是认定技术事实必不可少的环节。《专利法》（2008年修正）第59条第1款对权利要求的解释规则作出了基本规定，即"发明或者实用新型专利权的保护范围以其权利要求的内

容为准,说明书及附图可以用于解释权利要求的内容"。正确解释权利要求书有助于理解专利权人要求保护的权利内容;在确定被诉侵权技术方案时,有助于对应划分可供比对的技术特征;在比对时,有助于合理判断技术特征是否构成相同或者等同,可以结合手段、功能和效果、发明目的等对有争议的技术特征性质作出恰当的判断。❶ 本节重点分析以下三点有关权利要求书解释的实务问题。

(一) 如何划分技术特征

人民法院审理侵犯发明或者实用新型专利权纠纷案件时,应当首先确定涉案专利权的保护范围。依照我国法律规定,发明或者实用新型专利权的保护范围应当以权利要求记载的技术特征所确定的内容为准。因此,对特定权利要求进行技术特征的划分往往是侵权判定的首要环节。

关于发明或者实用新型专利侵权纠纷中权利要求所包含的技术特征应当如何定义与划分,我国法律法规并无专门明确规定。《专利法实施细则》第 20 条规定:"权利要求书应当有独立权利要求,也可以有从属权利要求。独立权利要求应当从整体上反映发明或者实用新型的技术方案,记载解决技术问题的必要技术特征。从属权利要求应当用附加的技术特征,对引用的权利要求作进一步限定。"可见,《专利法实施细则》只是对独立权利要求与从属权利要求所包含技术特征的不同要求进行了规定。

最高人民法院在张某诉烟台市栖霞大易工贸有限公司、魏某侵害专利权纠纷案❷中阐明了技术特征划分的基本规则。即划分权利

---

❶ 余朝阳. 专利侵权诉讼中权利要求解释的体系化思维 [J]. 人民司法,2020 (23):20 – 23.

❷ 最高人民法院 (2012) 民申字第 137 号民事裁定书。

要求的技术特征时，一般应把能够实现一种相对独立的技术功能的技术单元作为一个技术特征，不宜把实现不同技术功能的多个技术单元划定为一个技术特征。这一判定规则强调了一个技术特征应当能够实现一种相对独立的技术功能。

北京市高级人民法院2017年4月30日发布的地方性司法文件《专利侵权判定指南（2017）》对技术特征进行了定义。文件第8条指出，"技术特征是指在权利要求所限定的技术方案中，能够相对独立地执行一定的技术功能、并能产生相对独立的技术效果的最小技术单元。在产品技术方案中，该技术单元一般是产品的部件和/或部件之间的连接关系。在方法技术方案中，该技术单元一般是方法步骤或者步骤之间的关系。"这一判定规则清晰明确，对最高人民法院的裁判要旨进行了总结补充，对于司法实践有着重要的参考意义。

现行有效的法律及司法解释中并无明确具体的技术特征划分规则，但是《最高人民法院关于审理专利纠纷案件适用法律问题的若干规定》（法释〔2020〕19号）第13条第2款对于"等同特征"进行了定义，从中我们可以分析出"技术特征"应当包含的要点。根据此条款，等同特征是指与所记载的技术特征以基本相同的手段，实现基本相同的功能，达到基本相同的效果，并且本领域普通技术人员在被诉侵权行为发生时无需经过创造性劳动就能够联想到的特征。由此可见，一个技术特征可能包含手段、功能和效果三个要素。司法实践中，结合最高人民法院典型案例中的裁判要点，参考有关司法解释以及地方性司法文件，笔者认为，在进行技术特征的划分时，可以首先按照"一般规律"进行初步划分，再以"总体认识"比照检查。所谓"一般规律"是指，在产品技术方案中，技术特征一般是产品的部件和/或部件之间的连接关系；在方法技术方案中,技术特征一般是方法步骤或者步骤之间的关系。所谓"总体认识"是指,技术特征是指在权利要求所限定的技术方案中,能够相对独立地执行一定的技术功能、并能产生相对独立的技术效果的最小技术单元。

(二) 如何认定等同技术特征

有关等同侵权的规定首先出现在 2001 年的司法解释文件中。《最高人民法院关于审理专利纠纷案件适用法律问题的若干规定》(法释〔2001〕21 号)第 17 条规定:"专利法第五十九条第一款所称的'发明或者实用新型专利权的保护范围以其权利要求的内容为准,说明书及附图可以用于解释权利要求的内容',是指专利权的保护范围应当以权利要求书中明确记载的全部技术特征所确定的范围为准,也包括与该技术特征相等同的特征所确定的范围。等同特征是指与所记载的技术特征以基本相同的手段,实现基本相同的功能,达到基本相同的效果,并且本领域的普通技术人员无需经过创造性劳动就能够联想到的特征。"《最高人民法院关于修改〈最高人民法院关于审理专利纠纷案件适用法律问题的若干规定〉的决定》(法释〔2015〕4 号)对等同原则的规定略有修正:"……,并且本领域的普通技术人员在被诉侵权行为发生时无需经过创造性劳动就能够联想到的特征。"2020 年修正后的《最高人民法院关于审理专利纠纷案件适用法律问题的若干规定》维持了这一规定。

据此,等同技术特征的认定包含四个基本要点,第一,手段基本相同;第二,功能基本相同;第三,效果基本相同;第四,本领域的普通技术人员在被诉侵权行为发生时无需经过创造性劳动就能够联想到。

最高人民法院在宁波市东方机芯总厂与江阴金铃五金制品有限

公司侵犯专利权纠纷申诉案❶中首次适用等同原则判定专利侵权成立,并对专利中的导向板和被控侵权产品中的防震限位板为何属于基本相同的手段、实现基本相同的功能、达到基本相同的效果进行了深入细致的分析。最高人民法院指出,人民法院在认定等同物替换的侵犯专利权行为时,对被控侵权产品和方法的效果与专利的效果进行比较是必要的。但在比较二者的效果时,不应强调它们之间完全相等,只要基本相同即可。有时专利的效果要比被控侵权产品和方法的效果稍好,有时也可能是相反的情况,这都不影响对侵犯专利权行为的判断。出现被控侵权的产品和方法的效果比专利效果稍差的情形,则属于改劣的实施,改劣实施也是等同物替换的表现形式之一。该案中被控侵权的设备和方法增加了一个工件拖板来固定工件,工件不固定在防震限位板上,其防震性就不如专利的效果好。相对于专利技术来说,这样的改变只是削弱了防震效果,而不是没有防震效果或者防震效果根本不同,是一种较为典型的改劣实施。原审法院忽略了改劣实施这一情况,过于强调被控侵权产品和方法与专利在效果方面的相等性,与等同判断原则相悖。因此,最高人民法院认为,认为被控侵权产品中的防震限位板与专利中的导向板不属于等同技术的替代,没有落入专利权的保护范围,并据此判定江阴金铃五金制品有限公司未侵犯宁波市东方机芯总厂的专利权不当。

此后,最高人民法院和地方各级人民法院相继在多份判决中适用等同侵权判定原则。然而,由于等同侵权缺乏明确的判定规则和科学的方法,加上我国分散式的专利审判体制,等同原则在全国范围内的适用尺度极其不一致,有些法院仅仅套用司法解释的规定,

---

❶ 最高人民法院(2001)民三提字第1号民事判决书。

简单给出结论性意见就认定构成等同侵权,大有滥用等同原则的倾向。

针对司法实践中等同原则过度运用、错误运用的问题,最高人民法院发布一系列文件强调应当严格适用等同原则。《最高人民法院关于当前经济形势下知识产权审判服务大局若干问题的意见》(法发〔2009〕23号)明确提到了"严格等同侵权的适用条件,探索完善等同侵权的适用规则,防止不适当地扩张保护范围",体现出我国法院严格适用等同原则的倾向。《最高人民法院关于审理侵犯专利权纠纷案件应用法律若干问题的解释》(法释〔2009〕21号)贯彻上述司法政策,规定了一系列对等同原则适用的条件限制,例如其中第5条规定了"捐献原则",第6条规定了"禁止反悔原则",第7条确定了等同侵权判定的基本适用前提,即"全部技术特征原则",又称"全面覆盖原则"。《最高人民法院关于充分发挥知识产权审判职能作用推动社会主义文化大发展大繁荣和促进经济自主协调发展若干问题的意见》(法发〔2011〕18号)对等同原则的适用条件从专利创新程度和等同侵权判定要件两个方面作出了适度从严的明确要求。该文件第13条规定:"对于创新程度高、研发投入大、对经济增长具有突破和带动作用的首创发明,应给予相对较高的保护强度和较宽的等同保护范围;对于创新程度相对较低的改进发明,应适当限制其等同保护范围。"第14条规定:"等同侵权应以手段、功能和效果基本相同并且对所属领域普通技术人员显而易见为必要条件,防止简单机械适用等同侵权或者不适当扩展其适用范围。"《最高人民法院关于充分发挥审判职能作用为深化科技体制改革和加快国家创新体系建设提供司法保障的意见》(法发〔2012〕15号)强调适度从严把握等同原则的适用条件,避免不适当地扩张专利权保护范围,防止压缩创新空间和损害公共利益，促进集成创新、引进消化吸收再创新能力大幅增强。

最高人民法院每年发布的典型案例，对等同原则的法律适用问题进行了阐释，对于知识产权审判工作具有重要指导意义。以下几个要点值得注意。

1. 关于禁止反悔规则的适用

在沈某诉上海盛懋交通设施工程有限公司侵犯实用新型专利权纠纷案❶中，最高人民法院指出，禁止反悔原则是对认定等同侵权的限制，为了维持专利权人与社会公众之间的利益平衡，不应对人民法院主动适用禁止反悔原则予以限制。因此，在认定是否构成等同侵权时，即使被控侵权人没有主张适用禁止反悔原则，人民法院也可以根据业已查明的事实，通过适用禁止反悔原则对等同范围予以必要的限制，以合理地确定专利权的保护范围。

在成都优他制药有限责任公司诉江苏万高药业有限公司、四川科伦医药贸易有限公司侵犯发明专利权纠纷案❷中，最高人民法院根据专利权人在涉案专利授权和无效宣告程序中作出的意见陈述，以及涉案专利说明书中记载的有关不同工艺条件所具有的技术效果的比较分析，认定被诉侵权产品中的相关技术特征与涉案专利中的对应技术特征不构成等同，被诉侵权产品没有落入涉案专利权利要求 1 的保护范围。最高人民法院通过该案明确了专利权人在授权确权程序中的意见陈述可导致禁止反悔原则的适用。

在澳诺（中国）制药有限公司诉湖北午时药业股份有限公司、王某侵犯发明专利权纠纷案❸中，最高人民法院认为，从涉案专利

---

❶ 最高人民法院（2009）民申字第 239 号民事裁定书。
❷ 最高人民法院（2010）民提字第 158 号民事判决书。
❸ 最高人民法院（2009）民提字第 20 号民事判决书。

审批文档中可以看出，专利申请人进行的修改是针对国家知识产权局认为涉案专利申请公开文本权利要求保护范围过宽，在实质上得不到说明书支持的审查意见而进行的；被诉侵权产品的相应技术特征属于专利权人在专利授权程序中放弃的技术方案，不应当认为其与权利要求 1 中的技术特征等同而将其纳入专利权的保护范围。最高人民法院通过该案明确了为克服权利要求不能得到说明书支持的缺陷而修改权利要求可导致禁止反悔原则的适用。

在孙某诉任丘市博成水暖器材有限公司、张某、乔某侵害实用新型专利权纠纷案❶中，最高人民法院指出，等同原则的适用需要兼顾专利权人和社会公众的利益，且须考虑专利申请与专利侵权时的技术发展水平，合理界定专利权的保护范围。该案例再次强调专利申请时已经明确排除的技术方案，不能以技术特征等同为由在侵权判断时重新纳入专利权的保护范围。

2. 关于普通技术特征和功能性技术特征的区分

在陆某诉临海市利农机械厂、吴某、李某、张某侵害实用新型专利权纠纷案❷中，最高人民法院指出，《最高人民法院关于审理专利纠纷案件适用法律问题的若干规定》第 17 条规定的"等同特征"与《最高人民法院关于审理侵犯专利权纠纷案件应用法律若干问题的解释（二）》（法释〔2016〕1 号）第 8 条第 2 款规定的"相应技术特征与功能性特征……等同"的认定在适用对象、比对基础以及认定标准方面存在重要区别，不可混淆，强调了普通技术特征等同与功能性特征等同的区别。

---

❶ 最高人民法院（2015）民申字第 740 号民事裁定书。
❷ 最高人民法院（2017）最高法民申 1804 号民事裁定书。

3. 关于判断方法专利等同侵权时步骤顺序的作用

在 OBE－工厂·翁玛赫特与鲍姆盖特纳有限公司诉浙江康华眼镜有限公司侵犯发明专利权纠纷案❶中,最高人民法院认为,在方法专利侵权案件中适用等同原则判定侵权时,可以结合专利说明书和附图、审查档案、权利要求记载的整体技术方案以及各个步骤之间的逻辑关系,确定各步骤是否应当按照特定的顺序实施;步骤本身和步骤之间的实施顺序均应对方法专利权的保护范围起到限定作用。

在陈某诉浙江乐雪儿家居用品有限公司、何某、温某侵害发明专利权纠纷案❷中,最高人民法院指出,方法专利的步骤顺序是否对专利权的保护范围起到限定作用,从而导致发生步骤顺序改变时限制等同原则的适用,关键在于所涉步骤是否必须以特定的顺序实施以及这种顺序改变是否会带来技术功能或者技术效果的实质性差异。

(三) 如何判断主题名称的作用

发明或者实用新型技术方案的主题名称依法应当在独立权利要求的前序部分写明。根据《专利法实施细则》第 21 条以及《最高人民法院关于审理侵犯专利权纠纷案件应用法律若干问题的解释(二)》第 5 条的明确规定,独立权利要求的前序部分与特征部分合在一起,限定发明或者实用新型要求保护的范围。也就是说,在人民法院确定专利权的保护范围时,独立权利要求的前序部分记载的技术特征具有限定作用。而关于具体专利侵权案件中主题名称限定作用的判断,我国立法和司法解释并未给出进一步规定。

---

❶ 最高人民法院(2008)民申字第 980 号民事裁定书。
❷ 最高人民法院(2013)民提字第 225 号民事判决书。

最高人民法院在具体审判中参考了专利审查指南相关规定。在哈尔滨工业大学星河实业有限公司诉江苏润德管业有限公司侵犯发明专利权纠纷案❶中,最高人民法院指出,权利要求记载的主题名称对权利要求保护范围的实际限定作用取决于其对权利要求所要保护的主题本身产生何种影响。这一裁判主旨与《专利审查指南2010》(2013年修订)中第二部分第二章第3.1.1节有关规定相类似。《专利审查指南2010》(2013年修订)第二部分第二章第3.1.1节指出,对于主题名称中含有用途限定的产品权利要求,其中的用途限定在确定该产品权利要求的保护范围时应当予以考虑,但其实际的限定作用取决于对所要求保护的产品本身带来何种影响。例如,主题名称为"用于钢水浇铸的模具"的权利要求,其中"用于钢水浇铸"的用途对主题"模具"具有限定作用;对于"一种用于冰块成型的塑料模盒",因其熔点远低于"用于钢水浇铸的模具"的熔点,不可能用于钢水浇铸,故不在上述权利要求的保护范围内。然而,如果"用于……"的限定对所要求保护的产品或设备本身没有带来影响,只是对产品或设备的用途或使用方式的描述,则其对产品或设备例如是否具有新颖性、创造性的判断不起作用。例如,"用于……的化合物X",如果其中"用于……"对化合物X本身没有带来任何影响,则在判断该化合物X是否具有新颖性、创造性时,其中的用途限定不起作用。

最高人民法院在孙某诉湖南景怡生态科技股份有限公司侵害发明专利权纠纷案❷中确立了另一裁判要点,即判断权利要求主题名称的限定作用时,应当重点考虑其对权利要求所确立的整体技术方

---

❶ 最高人民法院(2013)民申字第790号民事裁定书。
❷ 最高人民法院(2019)最高法知民终657号民事判决书。

案的影响。最高人民法院指出，如果权利要求主题名称记载的效果、功能，不是该权利要求特征部分记载的结构、组分、步骤、条件或其之间的关系等能够实现的效果、功能，却是专利技术方案与现有技术方案的区别之所在，那么权利要求主题名称所记载的效果、功能对该权利要求的保护范围具有实质限定作用。

可见，依照我国法律明文规定以及司法实践经验，权利要求主题名称对该权利要求的保护范围具有限定作用。在考察其到底起到何种程度的限定作用时，应当尤其注意主题名称对所要求保护的产品或方法本身带来何种影响，应当仔细判断主题名称对于主题是起到了实际缩小限定范围的作用还是解释说明方法或者用途的作用，辨别主题名称记载的效果、功能是否专利技术方案与现有技术方案的区别所在。

有关主题名称具体限定作用的判断在广西壮族自治区高级人民法院审理的深圳市朗科科技股份有限公司（以下简称"朗科公司"）诉北京旋极信息技术股份有限公司（以下简称"旋极公司"）等侵害发明专利权纠纷案❶（以下简称"朗科公司案"）中有所分析。该案中，朗科公司明确以涉案专利权利要求1和权利要求14作为主张权利的依据。涉案专利权利要求1被分解出的第一点技术特征"一种快闪电子式外存储方法"即涉案发明的技术主题。法院认为，从旋极公司的自述及其出具的"ComyiKEY220产品技术说明"看，被诉ComyiKEY220产品属于在智能卡背景技术上的一种创新产品，扩充卡片功能不再需要读卡器，是使用USB接口、提供密码算法应用的一款更具简洁性和高安全性的智能密码钥匙产品，主要是构筑网上交易安全大门，由此认定被诉侵权技术方案的

---

❶ 广西壮族自治区高级人民法院（2018）桂民终720号民事判决书。

主要功效在于开发产品的安全性，并非实现数据信息的交换与数据存储功能。而涉案发明系开发一种能够替代现有软盘、硬盘存储技术缺陷的更简单、轻便、易携带、易使用、大容量的高速数据存储方法及装置。从技术创新领域看，被诉侵权技术方案与涉案发明完全不属于同一技术领域，两者所要解决的技术问题、目的以及所开发的产品均不相同。虽然被诉产品亦含有芯片，具有存储客户数字证书、客户密钥和中间软件等功能，但这仅是被诉产品部分的结构与功能。作为方法发明专利，实现相同功能并不意味着必然采取了相同的技术步骤和方法，应当比对具体步骤方法的每一项技术特征；存储数据功能仅是被诉产品实现其最终实际效果的其中一个环节或步骤，因此两者的技术发明主题不相同。至于其中涉及的数据存储方法是否相同，要结合权利要求1的其他技术特征进行比对。

二、现有技术抗辩的审查方法

最高人民法院在盐城泽田机械有限公司诉盐城市格瑞特机械有限公司侵犯实用新型专利权纠纷案❶（以下简称"泽田机械案"）中指出，在专利侵权诉讼中设立现有技术抗辩制度的原因在于专利权的保护范围不应覆盖现有技术，以及相对于现有技术而言显而易见、构成等同的技术。在侵权诉讼中对被诉侵权人有关现有技术抗辩的主张进行审查，有利于及时化解纠纷，减少当事人诉累，实现公平与效率的统一。

根据我国法律规定，现有技术是指申请日以前在国内外为公众所知的技术。在专利侵权纠纷中，被控侵权人有证据证明其实施的技术属于现有技术的，不构成侵犯专利权。人民法院在认定被诉侵

---

❶ 最高人民法院（2012）民申字第18号民事裁定书。

权人实施的技术是否属于现有技术时，应当将被诉落入专利权保护范围的全部技术特征与一项现有技术方案中的相应技术特征进行比对分析。若被诉落入专利权保护范围的全部技术特征，与一项现有技术方案中的相应技术特征相同或者无实质性差异的，人民法院应当认定被诉侵权人实施的技术属于现有技术。关于现有技术抗辩的具体审查方法，我国法律法规并无明文规定。最高人民法院在典型案例中总结提炼了一系列裁判规则。

（一）如何选择比对对象

在被诉侵权人提出现有技术抗辩的场合，存在三项彼此相关的技术方案：涉案专利、被诉侵权技术以及现有技术。这三项技术方案之间应当如何进行比对，法律及相关司法解释并没有作出具体的规定，但最高人民法院在相关案例中表明了一些裁判意见。

在泽田机械案以及北京搜狗科技发展有限公司、北京搜狗信息服务有限公司诉北京百度网讯科技有限公司侵害发明专利权纠纷案[1]中，最高人民法院指出，在审查现有技术抗辩时，比较方法应是将被诉侵权技术方案与现有技术进行比对，而不是将现有技术与专利技术方案进行比对。审查方式则是以专利权利要求为参照，确定被诉侵权技术方案中被指控落入专利权保护范围的技术特征，并判断现有技术中是否公开了相同或者等同的技术特征。现有技术抗辩的成立，并不要求被诉侵权技术方案与现有技术完全相同，毫无区别。对于被诉侵权产品中与专利权保护范围无关的技术特征，或者对认定是否落入权利要求所限定的保护范围没有实质性影响的特定技术特征，在判断现有技术抗辩能否成立时应不予考虑。在认定被诉落入专利权保护范围的技术特征与现有技术方案的相应技术特

---

[1] 最高人民法院（2020）最高法民再 82 号民事判决书。

征是否相同或者无实质性差异时，应当围绕涉案专利所要解决的技术问题以及权利要求中争议技术特征在专利技术方案中的功能和技术效果，对二者在手段、功能、效果等方面的差异及其影响程度作出认定。被诉侵权技术方案与专利技术方案是否相同或者等同，与现有技术抗辩能否成立亦无必然关联。因此，即使在被诉侵权技术方案与专利技术方案完全相同的情况下，只要其与现有技术有所差异，亦有可能认定现有技术抗辩成立。

（二）怎样确定审查流程

现有技术抗辩的审查流程可以简单总结为：首先，被诉侵权人应当举出据以主张现有技术抗辩的比对对象；其次，法院对被诉侵权人提出的比对对象的公开方式和时间进行审查，判断其是否符合现有技术的要求；最后，法院应当以涉案专利权利要求为参照，确定被诉侵权技术方案中被指控落入专利权保护范围的技术特征，并判断现有技术中是否公开了相同或者等同的技术特征。相关案例如下。

[**基本案情**] 在毛某、桂林市康华机电技术有限公司诉史某、桂林华冶机械制造有限公司侵害实用新型专利权纠纷案[1]中，一审法院重点对现有技术抗辩进行了审查，审查思路基本与上述总结相同。该案判决在二审[2]中得到了维持。

[**法院观点**] 法院首先对被诉侵权产品技术方案是否落入涉案专利权利要求保护范围进行了认定。法院认为，该案中被诉侵权产品与涉案专利产品属同类产品。根据现场勘验被诉侵权产品的情况，将被诉侵权产品技术方案的技术特征与涉案专利权利要求1的

---

[1] 广西壮族自治区柳州市中级人民法院（2018）桂02民初345号民事判决书。
[2] 最高人民法院（2019）最高法知民终146号民事判决书。

技术特征进行比对得知，被诉侵权产品具有涉案专利权利要求1的全部技术特征，被诉侵权产品技术方案应当落入涉案专利权利要求1的保护范围。

在这一判断的基础上，法院对被告所主张的现有技术抗辩进行了评述。法院认为，依照我国法律规定，一项技术无论以何种方式公开，只要使其内容在申请日之前在国内外为公众所知晓，就构成现有技术，其包括在申请日之前在国内外出版物上公开发表、在国内外公开使用或者以其他方式为公众所知晓的技术。首先，被告产品有关技术在公开方式和时间上均符合现有技术的要求。根据广西壮族自治区灌阳县公证处（2018）桂灌证字第474号公证书的内容，以及经现场勘验该公证封存的矿山绳锯机，该矿山绳锯机铭牌记载：桂林市康华机电技术有限公司，产品名称矿山绳锯机，型号LKH-45，出厂日期2016年8月。其次，毛某、桂林市康华机电技术有限公司在其民事起诉状中亦载明：桂林市康华机电技术有限公司自2013年起就采用毛某发明的技术生产和销售金刚石绳锯机，并在行业内获得广泛认可；毛某于2017年11月28日向国家知识产权局申请实用新型专利，并于2018年4月20日取得实用新型专利证书。有鉴于此，因桂林市康华机电技术有限公司制造的矿山绳锯机在涉案专利的申请日2017年11月28日之前已经处于对外公开销售状态，有关技术内容处于公众可以得知的状态，故桂林市康华机电技术有限公司制造的矿山绳锯机有关技术应当构成了使用公开，认定上述产品有关技术在公开方式、时间上均符合现有技术的要求。其次，被告据以主张现有技术抗辩的比对对象适当。经释明，史某、桂林华冶机械制造有限公司确定以广西壮族自治区灌阳县公证处公证封存的上述矿山绳锯机作为现有技术抗辩比对的对象。如前所述，上述公证封存的矿山绳锯机是桂林市康华机电技有限公司于 2016 年 8 月制造并对外公开销售的产品。通过现场勘验可整体地获知桂林市康华机电技术有限公司在涉案专利申请日之前制造该产品时的技术方案,且其与被诉侵权产品为同类产品,故认定该产品可以作为现有技术抗辩的比对对象。最后,可以认定被诉侵权产品所实施的技术属于现有技术。根据现场勘验的情况,并以涉案权利要求 1 为参照,将被诉侵权产品落入涉案专利权利要求 1 保护范围的技术特征与上述公证封存的矿山绳锯机相应的技术特征进行比对,可以确定两者的技术方案构成相同,故认定被诉侵权产品实施的是现有技术。综上所述,在毛某、桂林市康华机电技术有限公司未提交相反证据证明上述公开使用并不存在或者有其他不能被认定为使用公开的情况下,法院认定史某、桂林华冶机械制造有限公司主张现有技术抗辩成立,不构成对涉案专利权的侵害。

三、侵害方法发明专利的认定

侵害方法发明专利的认定在司法实践中是一个重点问题。由于方法发明专利本身与产品发明专利存在诸多差异,我国法律法规中关于方法发明专利的规定并不详尽,司法实践中常常出现各类难题。本节重点关注以下三点问题。

(一) 方法发明专利的种类

在方法发明专利侵权案件的审判中,应当首先判断涉案方法发明专利的具体种类。根据我国法律法规所赋予的保护程度的不同,可以将方法发明专利分为三类:第一类,新产品制造方法发明专利;第二类,已知产品的制造方法发明专利;第三类,非制造方法发明专利。❶ 第一类与第二类，即制造方法发明专利，其排他权包括"使用其专利方法"，或使用、许诺销售、销售、进口"依照该专利方法直接获得的产品"。而第三类非制造方法发明专利的排他权只包括"使用其专利方法"。对于第一类新产品制造方法发明专利，《专利法》（2008年修正）第61条第1款［《专利法》（2020年修正）第66条第1款］通过规定举证责任倒置，为新产品制造方法发明专利提供了更强的保护。

（二）如何正确适用证据规则

1. 非制造方法专利侵权的证据规则

非制造方法专利侵权案件举证责任适用"谁主张，谁举证"的民事诉讼一般规则。朗科公司案中，二审法院在审查被诉侵权技术方案是否落入涉案 ZL99117225.6 号发明专利权利要求 1 的保护范围时，首先明确了一审原告朗科公司的举证责任。法院认为，根据涉案专利权利要求书内容、说明书的相应记载及专利权人朗科公司的陈述，权利要求 1 是一种快闪电子式外存储活动的方法专利，由原料、活动步骤、处理过程等部分组成，并未限定产品制造或产品使用的方法。朗科公司一审起诉亦明确被诉产品进行数据处理时使用了涉案专利所保护的快闪电子式外存储方法，并未主张被诉产品是使用涉案专利方法直接获得的产品。涉案权利要求 1 应当属于非制造方法专利，根据"谁主张，谁举证"原则，朗科公司应对被诉产品进行数据处理时使用了权利要求 1 记载的全部技术特征承担举证责任。

2. 已知产品制造方法专利侵权的证据规则

已知产品制造方法专利侵权案件的举证责任分配仍然适用"谁

---

❶ 张丽霞. 方法发明专利侵权诉讼举证责任分配探析［J］. 知识产权，2014（1）：66-70，77.

主张,谁举证"的一般规则。在此基础上,为解决权利人举证困难等问题,司法解释对此类案件中的证据规则进行了特别规定。《最高人民法院关于知识产权民事诉讼证据的若干规定》(法释〔2020〕12号)第3条明确规定:"专利方法制造的产品不属于新产品的,侵害专利权纠纷的原告应当举证证明下列事实:(一)被告制造的产品与使用专利方法制造的产品属于相同产品;(二)被告制造的产品经由专利方法制造的可能性较大;(三)原告为证明被告使用了专利方法尽到合理努力。原告完成前款举证后,人民法院可以要求被告举证证明其产品制造方法不同于专利方法。"相关案例如下。

[**基本案情**] 李某诉唐山宝翔化工产品有限公司(以下简称"宝翔公司")侵害发明专利权纠纷案❶(以下简称"宝翔公司案")的审结日期与《最高人民法院关于知识产权民事诉讼证据的若干规定》发布实施日期相同。宝翔公司案中虽然没有适用《最高人民法院关于知识产权民事诉讼证据的若干规定》,但是给出了与其第3条相一致的裁判。

[**法院观点**] 最高人民法院在宝翔公司案的判决中,指出使用专利方法获得的产品不属于新产品,专利权人能够证明被诉侵权人制造了同样产品,经合理努力仍无法证明被诉侵权人确实使用了该专利方法,但根据案件具体情况,结合已知事实以及日常生活经验,能够认定同样产品使用专利方法制造的可能性很大,可以不再要求专利权人提供进一步的证据,而应由被诉侵权人就其制造方法不同于专利方法举证。

最高人民法院认为,涉案发明专利名称为"萘酚生产中母液、

---

❶ 最高人民法院(2020)最高法民再183号民事判决书。

亚硫酸钠溶液的处理方法",权利要求1记载:"一种萘酚生产中母液、亚硫酸钠溶液的处理方法,萘酚生产包括磺化、中和、液固分离、碱熔、酸化、煮沸分离、干燥蒸馏、结晶工艺过程,其特征在于:A. 碱熔过程后的稀释过程采用中和、液固分离后的母液做稀释剂,或者采用一煮沸分离、冷却压滤后的亚硫酸钠溶液做稀释剂,或者采用二煮沸洗涤水做稀释剂;B. 在稀释、酸化过程中间设有过滤洗涤过程;所述的过滤洗涤过程是将稀释后的物料送入过滤机,进行液固分离,用压滤后的亚硫酸钠溶液洗涤滤饼,分离出固体盐类;分离出液体主要成份为萘酚钠盐溶液,萘酚钠盐溶液和洗涤液一同去酸化。"涉案专利保护的实质上是一种制备工艺,涉案生产的产物萘酚是化工领域的已知化合物,不是新产品,不能适用新产品制备方法举证责任倒置的相关规则。该案中,为证明宝翔公司在萘酚生产工艺中对亚硫酸钠溶液的处理落入了涉案专利权的保护范围,李某提交了亚硫酸钠提取记录、手写的书面记录、2-萘酚原始记录、交接班记录表、书面记录本(无签名)、班会录音及有关对应文字、参保人员个人账户确认表等。宝翔公司对上述证据的真实性、关联性和证明目的不予认可,认为其实际生产工艺与在河北省环境保护厅备案的工艺一致,未落入涉案专利权的保护范围。

最高人民法院认为,首先,李某提交的亚硫酸钠提取记录、手写的书面记录、2-萘酚原始记录、交接班记录表为原件,均有卢某等人签名,在再审询问时由李某出示,结合参保人员个人账户确认表,可以认定上述证据相互印证形成证据链,能够真实反映宝翔公司的实际制备工艺,可予采信。李某再审提交的书面记录本(无签名)、班会录音及有关对应文字从内容上与上述证据相互印证,可以认定具有关联性。其次,根据生产记录(包括亚硫酸钠提取记录、手写的书面记录、2－萘酚原始记录）中记载的信息"稀释锅加亚钠"、"亚钠提取锅加液体亚钠"、在稀释工艺中有"提取亚钠"，以及交接班记录中"提取亚钠与稀释结合好，污水母液即时回稀释配底水，提取亚钠"，与宝翔公司在河北省生态环境厅备案工艺在稀释工艺中仅添加水稀释明显不同，可以证明宝翔公司的生产工艺中有以亚硫酸钠溶液作为稀释剂和在碱溶稀释后提取亚硫酸钠的步骤，分别对应于涉案专利步骤 A 和 B，该两项步骤也是涉案专利方法相对于说明书中记载的传统工艺方法的改进之处。因此，李某提交的证据可以初步证明宝翔公司实际生产中使用涉案专利。最后，在李某进一步取证困难，且宝翔公司掌握其生产工艺流程和生产记录情况下，宝翔公司应负有举证其生产方法不同于涉案专利方法的责任，否则应承担不利后果。在二审法院和再审法院再审询问期间，法院均要求宝翔公司提交生产记录或工艺操作流程等，宝翔公司称该公司没有任何文字记载的生产记录或操作手册，该陈述与目前法律法规对化工企业安全生产的要求明显不符。化工企业的生产记录或操作手册应由该公司记录并保管，在法院多次要求其提交而拒不提交的情况下，根据《最高人民法院关于民事诉讼证据的若干规定》（法释〔2001〕33 号）第 75 条"有证据证明一方当事人持有证据无正当理由拒不提供，如果对方当事人主张该证据的内容不利于证据持有人，可以推定该主张成立"的规定，宝翔公司应承担不利后果，即推定李某关于宝翔公司在萘酚生产工艺中对亚硫酸钠溶液的处理落入了涉案专利权的保护范围的主张成立，宝翔公司侵害了李某涉案专利权。李某该项再审请求成立，最高人民法院予以支持。

3. 新产品制造方法专利侵权的证据规则

我国法律明确规定在新产品制造方法专利侵权案件中应当适用举证责任倒置规则，这是为了弥补新产品制造方法专利权利人的举证不利地位。《专利法》（2008 年修正）第 61 条第 1 款［《专利法》（2020 年修正）第 66 条第 1 款］规定："专利侵权纠纷涉及新产品制造方法的发明专利的，制造同样产品的单位或者个人应当提供其产品制造方法不同于专利方法的证明。"

关于新产品的判断，《最高人民法院关于审理侵犯专利权纠纷案件应用法律若干问题的解释》第 17 条规定："产品或者制造产品的技术方案在专利申请日以前为国内外公众所知的，人民法院应当认定该产品不属于专利法第六十一条第一款规定的新产品。"

（三）如何进行侵权比对

方法专利具有一定的抽象性，人民法院在对方法专利侵权进行认定时常常难以把握比对的重点以及方法。由于我国法律法规并未针对方法专利民事侵权案件中的具体比对方法进行规定，法院在审理时可以参考适用《专利审查指南 2010》中的相关规定。朗科公司案二审判决即采取了这一思路。具体案情如下。

［基本案情］在朗科公司案中，各方当事人针对被诉侵权产品是否落入涉案专利权利要求 1 "一种快闪电子式外存储方法"的保护范围从而构成方法专利侵权存在争议，这一问题作为审理焦点贯穿朗科公司案的整个诉讼过程。

［法院观点］首先，二审法院准确判断了涉案专利权利要求 1 所限定保护的技术方案并非制造方法专利。其次，法院确定了双方的举证责任，朗科公司应对被诉产品进行数据处理时使用了权利要求 1 记载的全部技术特征承担举证责任。再次，法院对具体应当比对的技术特征进行了说明。二审中各方当事人对一审判决就权利要求 1 所含技术特征的划分没有异议，上诉人一审已认可被诉产品进行数据处理时使用了技术特征（4）、（5）、（6），故二审围绕双方争议的技术特征（1）、（2）、（3）进行比对分析。最后，法院对技

术特征依次进行详细的比对分析。其中重点内容为技术特征（1）、（2）的比对分析方法：第一，技术特征（1）"一种快闪电子式外存储方法"属于涉案发明专利的主题名称，该专利所要保护的技术方案是一种快闪电子式外存储方法，因此与之相比较的被诉侵权对象也应当是一种快闪电子式外存储方法。该案中朗科公司未提交相关直接证据证明上诉人旋极公司实施了权利要求1所要求保护的方法。从旋极公司的自述及其出具的"ComyiKEY220产品技术说明"等，可以认定被诉侵权技术方案的主要功效在于开发产品的安全性，并非实现数据信息的交换与数据存储功能，不属于一种快闪电子式外存储方法。第二，涉案技术特征（2）"在外存储装置内装用快闪存储介质，同时设置控制其存取数据和实现接口标准功能操作请求的固化软件"的发明点应在于"设置控制其存取数据和实现接口标准功能操作请求的固化软件"及固化软件的具体功能和运行方法。虽然被诉产品相对于用户主机属于外存储装置，产品亦含有快闪存储介质和固化软件，但被诉产品Flash中所存储数据是在生产线上嵌入，产品下线后Flash中存储的数据不能更改或者删除，被诉产品固化软件的运行方法与涉案专利之固化软件不相同，涉及的数字证书生成、下载及数据传输等，均是发生在银行主机系统与被诉产品之间的功能操作，亦并非技术特征（2）所保护的用户主机与外存储装置之间快闪存储操作的方法。故被诉产品的相应技术特征与涉案专利权利要求1技术特征（2）既不相同也不等同。

在朗科公司案中，涉案发明专利"用于数据处理系统的快闪电子式外存储方法及装置"属于20世纪计算机存储领域的全球领先技术，该发明打破了以往主流软盘存储技术的局限，开创了全球闪存科技先河，是20年来计算机存储领域唯一一个我国原创性的发明专利成果。近年来，朗科公司陆续对侵害其涉案专利技术的闪存盘产品提起大量维权诉讼，而针对该案银行系统销售使用的 USBkey 类产品提起侵权诉讼属于全国首例。该案因问题新颖、专业技术性强、诉讼标的大、社会牵涉面广而备受关注。法院在审理过程中明确发明专利的保护范围应以权利要求书为依据，权利要求书的解释则应以说明书为支撑，方法专利应体现活动步骤的全部过程，实现相同功能并不意味着必然采取了相同的技术步骤和方法，在对涉案专利权的技术特征与被控侵权的技术方案逐一比对的基础上，依法认定旋极公司的创新技术与涉案专利不构成相同或等同，肯定了创新技术的市场价值。该案的处理，较好地体现了法院依法保护科技创新的基本原则，厘清了专利权保护的法律边界，既保护权利的正当权益，又鼓励发明创造，避免专利权不适当扩张，借保护专利权之名阻碍技术的创新发展，压缩再创新空间和损害公共利益、他人合法权益，进一步彰显了司法裁判对科技创新的导向作用，为激励自主创新和科技跨越提供有力的司法保障。

第三节 立法完善与司法适用建议

一、完善权利要求书的解释规则

在发明和实用新型专利侵权诉讼中，人民法院必须通过解释涉案专利的权利要求书以确定专利权保护范围，划定权利边界。权利要求书解释的原则、方法、参考因素等都对最终侵权判定结果有着重要的影响。

对我国现行法律法规中关于权利要求书解释规则的规定进行分析，可以发现，相关规定较为分散，比较抽象，在司法实践中法院很难根据这些规定对权利要求作出准确的解释。对于权利要求书解释的一些关键性的问题，例如权利要求解释的性质、权利要求解释的主体、权利要求解释的具体依据以及以什么人的角度来解释权利要求等没有具体明确的规定，因此，现有法律规定尚不能有效地指导司法审判实践活动。

　　人民法院在审查判断被诉侵权技术方案是否落入涉案专利权利要求保护范围时，大致需要经过图 3-1 所示几个步骤。提起诉讼的权利人必须明确其以涉案专利哪一个或者哪些权利要求为主张权利的依据；假设权利人以涉案专利权利要求 A 为依据提起专利侵权诉讼，则人民法院需要首先将权利要求 A 划分为 X 个技术特征。进而，将被诉侵权技术方案与全部 X 个技术特征逐个比对，判断是否构成相同或者等同。若被诉侵权技术方案包含与权利要求 A 记载的全部 X 个技术特征相同或者等同的技术特征，则可以认定被诉侵

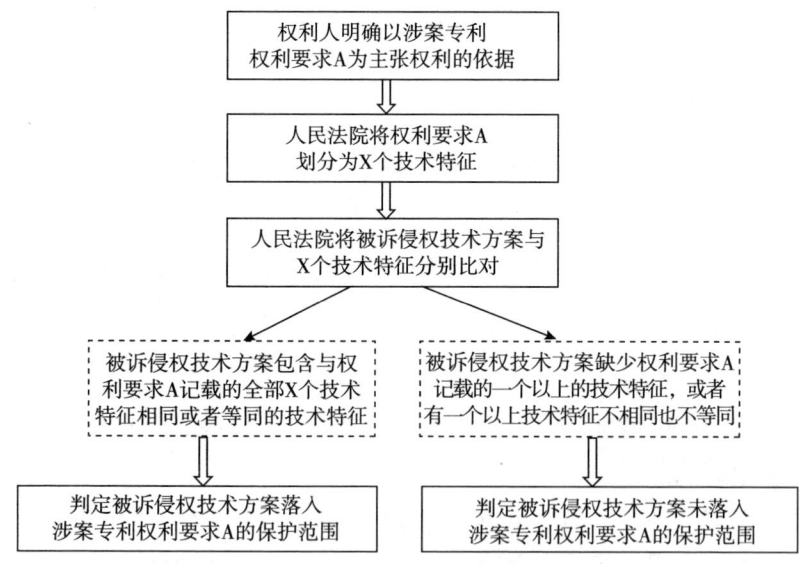

图 3-1　判断专利侵权与否的基本步骤

权技术方案落入涉案专利权利要求 A 的保护范围；若被诉侵权技术方案缺少权利要求 A 记载的 1 个以上的技术特征，或者有 1 个以上技术特征不相同也不等同的，则认定被诉侵权技术方案未落入涉案专利权利要求 A 的保护范围。

与图 3-1 步骤相对应，权利要求书的解释规则应当至少包括技术特征的划分规则、解释规则、比对规则。以及权利要求书解释的指导性原则，立法应对这方面进行完善。

北京市高级人民法院发布的地方司法性文件《专利侵权判定指南（2017）》对于权利要求书解释规则的立法化研究具有重要的参考意义。该文件前两部分规定了发明和实用新型专利保护范围的确定与侵权判定规则，其中重点解释了确定保护范围的解释原则、解释对象、解释方法以及技术特征的比对原则及比对方法。笔者在已有立法和司法实践的经验基础上，对专利权利要求书解释规则提供以下立法与司法建议。

（一）立法层面

1. 权利要求书解释原则

在对权利要求书进行解释以确定保护范围时，应当遵循如下四个原则。

第一，专利权有效原则。它是指专利权人请求保护的必须是一项受《专利法》保护的有效专利权。专利权有效原则包括两方面基本含义：一是涉案专利权是依据我国《专利法》及其相关法律法规，由国家专利行政主管部门授予的，并且仍然在专利有效保护期内存续的有效专利；二是权利要求的解释不能使被解释的专利权无效，即必须用确保被解释专利权有效的方式或者条件来解释权利要求。也就是说，被解释过的专利权根据我国的《专利法》及其相关法律法规的规定仍然是有效的。《专利侵权判定指南（2017）》第 1

条就规定了专利权有效原则,其具体规定为:"在权利人据以主张的专利权未被宣告无效之前,其权利应予保护,不得以该专利权不符合专利法相关授权条件、应被宣告无效为由作出裁判。但是,本指南另有规定的除外。专利登记簿副本,或者专利证书和当年缴纳专利年费的收据可以作为证明专利权有效的证据。"

第二,公平原则。它是指人民法院在解释权利要求时,不仅要充分考虑专利对现有技术所作的贡献,合理界定专利权利要求限定的保护范围,保护权利人的利益,还要充分考虑权利要求的公示作用,兼顾社会公众的信赖利益,不能把不应纳入保护的内容解释到权利要求的范围当中。在这一原则下应当列举明确不应纳入保护范围的内容。

第三,折中原则。解释权利要求时,应当以权利要求记载的技术内容为准,根据说明书及附图、现有技术、专利对现有技术所作的贡献等因素合理确定专利权的保护范围。既不能将专利权的保护范围拘泥于权利要求书的字面含义,也不能将专利权的保护范围扩展到本领域普通技术人员在专利申请日前通过阅读说明书及附图后需要经过创造性劳动才能联想到的内容。折中原则实际上是把周边限定原则和中心限定原则,结合在一起来解释权利要求。

第四,符合发明目的原则。这一原则是指,在确定专利权保护范围时,不应将不能实现发明目的、效果的技术方案解释到权利要求的保护范围中,即不应当将本领域普通技术人员在结合本领域的技术背景的基础上,在阅读了说明书及附图的全部内容之后,仍然认为不能解决专利的技术问题、实现专利的技术效果的技术方案解释到专利权的保护范围内。

2. 权利要求书解释对象

首先，未来立法应当明确专利侵权案件中权利要求书解释的逻辑链条。即人民法院在审理侵犯发明或者实用新型专利权纠纷案件时，应当首先确定专利权的保护范围。专利权保护范围的确定，应当以权利要求记载的技术特征所确定的内容为准，也包括与所记载的技术特征等同的技术特征所确定的内容。

其次，这一部分应当对权利人主张不同类型权利要求时人民法院相应的审理方法进行规定。现行法律法规中，如《最高人民法院关于审理侵犯专利权纠纷案件应用法律若干问题的解释》第 1 条的规定可以归入这一部分。该条规定："人民法院应当根据权利人主张的权利要求，依据专利法第五十九条第一款的规定确定专利权的保护范围。权利人在一审法庭辩论终结前变更其主张的权利要求的，人民法院应当准许。权利人主张以从属权利要求确定专利权保护范围的，人民法院应当以该从属权利要求记载的附加技术特征及其引用的权利要求记载的技术特征，确定专利权的保护范围。"

最后，这一部分应当包含对技术特征的定义以及划分规则的规定。由前述案例分析可知，技术特征的划分是权利要求书解释中重要的一环。专利所涉及的知识领域本就多种多样，纷繁复杂，法官在不了解相关领域专业知识的情况下，难以快速高效准确地进行技术特征的划分。现行立法及司法解释中并无对技术特征的明确定义，这更增加了法官司法审判的困难，使技术特征的划分及权利要求书的解释存在很大的任意性。未来立法中应当尝试给出技术特征的定义以及划分规则。《专利侵权判定指南（2017）》第 8 条已经率先作出实践尝试，根据该条的规定，"技术特征是指在权利要求所限定的技术方案中，能够相对独立地执行一定的技术功能、并能产生相对独立的技术效果的最小技术单元。在产品技术方案中，该技术单元一般是产品的部件和/或部件之间的连接关系。在方法技术方案中，该技术单元一般是方法步骤或者步骤之间的关系。"类似规定可以为司法审判实践提供较为明确的依据，为法官判案减少阻碍。

（二）司法层面

1. 权利要求书解释方法

参考《专利侵权判定指南（2017）》第 11～34 条的规定，在权利要求书解释方法部分，可以规定以下内容。

（1）权利要求书解释的依据

权利要求书解释的依据，即解释权利要求书应当和/或可以作为证据的材料。例如《专利侵权判定指南（2017）》第 11 条首先规定了所依据文本的问题："确定专利权的保护范围时，应当以国务院专利行政部门公告授权的专利文本或者已经发生法律效力的无效宣告请求审查决定及相关的确权行政判决所确定的权利要求为准。权利要求存在多个文本的，以最终有效的文本为准。"

相关证据材料可以分为基础证据和辅助证据。基础证据是指被解释的权利要求本身；辅助证据包括内部证据和外部证据，其中内部证据主要包括专利说明书及其附图、权利要求中的其他权利要求、专利审查文件等；外部证据主要包括专家证人的证言、专利行政部门证据、字典以及相关学术论文等。各种证据对权利要求解释的作用不一样：基础证据可用来确定专利权保护范围的核心内容；内部证据，特别是说明书，对解释权利要求的内容起着重要的作用；而外部证据作用较小。

（2）权利要求书解释的角度

《最高人民法院关于审理侵犯专利权纠纷案件应用法律若干问题的解释》（法释〔2009〕21 号）第 2 条、《最高人民法院关于审理侵犯专利权纠纷案件应用法律若干问题的解释（二）》（法释〔2020〕19号）第4条等条文都强调了"本领域普通技术人员"的重要性。

未来司法解释中应当明确规定解释权利要求应当从本领域普通技术人员的角度进行，并对本领域普通技术人员进行准确定义。例如《专利侵权判定指南（2017）》第12条中规定："本领域普通技术人员，是一种假设的'人'，他能够获知该领域中所有的现有技术，知晓申请日之前该技术领域所有的普通技术知识，并且具有运用该申请日之前常规实验手段的能力。所属本领域普通技术人员，不是指具体的某一个人或某一类人，不宜用文化程度、职称、级别等具体标准来参照套用。当事人对本领域普通技术人员是否知晓某项普通技术知识以及运用某种常规实验手段的能力有争议的，应当举证证明。"

（3）权利要求书解释的形式

对权利要求的解释，包括但不限于澄清、弥补和特定情况下的修正三种形式：当权利要求中的技术特征所表达的技术内容不清楚时，澄清该技术特征的含义；当权利要求中的技术特征存在瑕疵时，弥补该技术特征的不足；当权利要求中的技术特征之间存在矛盾等特定情况时，修正该技术特征的含义。

（4）方法发明专利权利要求中步骤顺序的考察

结合《最高人民法院关于审理侵犯专利权纠纷案件应用法律若干问题的解释（二）》第11条的规定，未来司法解释应当对方法发明专利权利要求中步骤顺序的考察进行细致的规定。

第一，方法专利权利要求对步骤顺序有明确限定的，步骤本身以及步骤之间的顺序均应对专利权的保护范围起到限定作用；第二，方法专利权利要求对步骤顺序没有明确限定的，不应以此为由，不考虑步骤顺序对权利要求的限定作用，而应当结合说明书及附图、权利要求记载的整体技术方案、各个步骤之间的逻辑关系以及专利审查档案，从本领域普通技术人员的角度出发，确定各步骤是否应当按照特定的顺序实施。

（5）特殊类型技术特征的限定作用的判断

未来司法解释应当对以制备方法界定产品的技术特征、实用新型专利权利要求中的非形状及非构造技术特征、使用环境特征等具有特殊性质的技术特征进行特别规定，明确在侵权纠纷案件中人民法院在什么情况下能够认定这些技术特征具有限定作用。

（6）具体术语含义确定的基本方法/原则

这一部分应当包含类似《专利侵权判定指南（2017）》第27～29条的规定。

说明书对技术术语的解释与该技术术语的通用含义不同的，以说明书的解释为准。被诉侵权行为发生时，技术术语已经产生其他含义的，应当采用专利申请日时的含义解释该技术术语。

对于专利权人在专利文件中的自定义词，应当依据说明书中的特定含义进行解释。说明书中没有明确定义的，应当根据说明书中与该自定义词相关的上下文加以理解，将其解释为最为符合发明目的的含义。专利权人在说明书中未对其自定义词的含义作出定义，同时本领域普通技术人员结合权利要求、说明书的上下文也无法予以清楚解释，导致无法确定权利要求的保护范围的，可以判决驳回原告诉讼请求。

在一份专利文件中，通常情况下相同的术语应当解释为具有相同的含义。不同的术语推定具有不同的含义，除非根据说明书的记载或本领域普通技术人员的惯常理解可以确定不同的术语具有相同含义的除外。

(7) 说明书各部分的具体作用

这一部分的规定应当包含说明书附图的作用、说明书附图标记的作用、说明书或者附图公布的实施例的作用、摘要的作用等。

(8) 其他问题

这一部分包括其余相关规定,例如:当专利文件中的印刷错误影响到专利权保护范围的确定时,可以依据专利审查档案进行修正。权利要求、说明书及附图中的语法、文字、标点、图形、符号等存有明显错误或歧义,但通过阅读权利要求书、说明书及附图可以得出唯一理解的,应当根据该唯一理解予以认定。

2. 技术特征的比对原则及方法

技术特征的比对原则应当明确为"全面覆盖原则"。全面覆盖原则是判断一项技术方案是否侵犯发明或者实用新型专利权的基本原则,具体含义是指,在判定被诉侵权技术方案是否落入专利权的保护范围时,应当审查权利人主张的权利要求所记载的全部技术特征,并以权利要求中记载的全部技术特征与被诉侵权技术方案所对应的全部技术特征逐一进行比较。被诉侵权技术方案包含与权利要求记载的全部技术特征相同或者等同的技术特征的,应当认定其落入专利权的保护范围。此外,还应当规定技术特征的具体比对方法,应当注意对相同侵权和等同侵权判定规则分别进行规定。

二、完善现有技术抗辩的技术比对规则

《最高人民法院关于审理侵犯专利权纠纷案件应用法律若干问题的解释》第14条第1款中关于认定现有技术的总括性规定较为笼统,建议对现有技术抗辩的技术比对规则进行完善。完善内容至少包含以下两点。

(一) 完善比对对象选择规则

在当事人提出一项现有技术之后,首要的问题是选择涉案专利还是被诉侵权技术与之进行比对。如果将涉案专利视为专利诉讼的中心,可以将选择涉案专利与现有技术进行比对视为一种直接比对的方式,而选择被诉侵权技术与现有技术进行比对被视为一种间接比对的方式。❶

笔者认为,首先,间接比对方式更符合我国现行专利法体制。最高人民法院多次在裁判意见中表示,现有技术抗辩只能针对被诉侵权技术而不是涉案专利提起,相应地现有技术的比对对象也应当是被诉侵权技术而不是涉案专利。❷ 其次,我国司法解释中也应当增加新规定,允许将涉案专利与现有技术进行直接比对。允许直接比对有利于从源头上解决问题,有效遏制专利权滥用的现象。❸

(二) 规定技术比对顺序

新司法解释应当明确规定侵权比对的顺序优先于现有技术比对。所谓的侵权比对即被诉侵权技术与涉案专利的技术比对,这是专利侵权判定的基础。被诉侵权技术与涉案专利的侵权比对应处于优先地位,如果经过比对后认为被诉侵权技术落入专利权保护范围,则需进一步进行被诉侵权技术与现有技术的比对,以判断现有技术抗辩是否成立,反之则无进一步比对的必要。

这一比对顺序的合理性在于现有技术抗辩针对的是专利侵权指

---

❶ 汪赛飞,赵刚. 论中国新产品制造方法专利侵权诉讼中举证责任减轻规则的适用 [J]. 专利代理,2020 (2): 18 - 28.
❷ 最高人民法院 (2013) 民申字第1220 号民事裁定书。
❸ 颜峰. 现有技术抗辩的技术对比规则探析 [J]. 科技与法律,2018 (2): 58 - 63.

控,客观上要求首先将被诉侵权技术与涉案专利进行比对,在此基础上再与被诉侵权人提出的现有技术进行比对,即使裁判文书的表述对于比对顺序存在不同,但实际上在专利侵权诉讼的庭审中必须按照这种顺序进行。这一比对顺序符合专利侵权诉讼的实际运作顺序,具有可操作性。更重要的是,专利侵权判定是以"专利权利要求"为中心的诉讼活动。如果在比对被诉侵权技术与涉案专利之前,先进行现有技术比对,则偏离了专利侵权诉讼的中心,有漠视专利权之嫌疑。

三、完善侵害方法发明专利纠纷案件的证据规则

如前所述,方法发明专利可以分为新产品制造方法发明专利、已知产品的制造方法发明专利以及非制造方法发明专利。这三类方法发明专利侵权纠纷案件的举证责任制度各不相同。虽然现行法律法规以及最高人民法院历年案例报告给出了针对举证责任制度的规定,但是司法实践中仍存在认定的难点,新的司法解释规则应当给出相应的适用方案。由于非制造方法发明专利侵权纠纷案件的举证责任制度这一部分的规定较为简单,直接适用民事诉讼"谁主张,谁举证"的一般规定即可,在此不再论述。

(一) 完善已知产品制造方法发明专利侵权纠纷案件的证据规则

对于已知产品制造方法发明专利侵权纠纷案件的举证责任分配,立法以及历年来案例判决观点分歧较大。多数观点认为其适用"谁主张,谁举证"的一般规定,只是对被诉侵权一方应当分配较重的提供证据的责任,这与败诉风险负担意义上的证明责任的规定不同。少数观点认为其适用有条件的举证责任倒置规则,如前所述,《最高人民法院关于知识产权民事诉讼证据的若干规定》对已

知产品的制造方法发明专利侵权纠纷案件的证据规则进行了专门规定。结合《最高人民法院关于知识产权民事诉讼证据的若干规定》第 3 条，新的司法解释规则应当对原告需要举证的三个方面作出更细致的规定。

1. 被告制造的产品与使用专利方法制造的产品属于相同产品

一般来说，按照专利方法所制造的产品，在方法专利的说明书中都有详细的记载。对于权利人而言，获取被告方制造的产品通常是比较容易的。因而，原告可以通过直接比对技术特征的方式，必要时，可通过专业机构的鉴定、检验等方式，证明被诉侵权方制造的产品与使用专利方法制造的产品属于相同的产品。

2. 被告制造的产品经由专利方法制造的可能性较大

新司法解释应当明确界定"可能性较大"的判断标准，可以用"正面清单"的方式从以下几个角度来规定。

（1）从诉讼程序角度来看，原告积极申请证据保全

在专利侵权纠纷案件中，申请证据保全尤为重要。专利侵权纠纷案件的审理，通常需要对各个技术特征进行比对来判定是否侵权。而知识产权案件本身专业性较强，尤其是方法专利侵权的证据具有一定的隐蔽性和易逝性，权利人在无法直接证明对方使用的方法是专利方法时，通过申请保全固定现有证据是一项必不可少的措施。然而，对于被申请保全的一方而言，证据保全往往会产生较为不利的后果，故被申请方可能会存在隐匿证据或不配合执法的行为。这种行为有时不仅达不到隐匿、逃避目的，也会使法官内心确信其很可能存在侵权行为。❶

---

❶ 龚建华，李昊哲. 方法专利侵权案件中的举证责任分配［EB/OL］. (2020 – 12 – 22)［2021 – 06 – 17］. https：//mp.weixin.qq.com/s/_D4ZohqzxMhrsHxTD8Ckbw.

例如，最高人民法院的典型判例——宜宾长毅浆粕有限责任公司（以下简称"宜宾长毅公司"）诉潍坊恒联纸浆有限公司等侵犯发明专利权纠纷案❶中，宜宾长毅公司是方法专利的权利人，起诉被告潍坊恒联纸浆有限公司制造的产品使用了其专利方法。权利人通过产品检验等方式证明了涉案产品是相同产品，并且提供了拍摄有被告的生产车间、相关设备以及原材料投放过程的视频证据，同时向法院申请证据保全。在法院对被告掌握的制造方法进行证据保全时，被告两次不予配合，致使法院未能调取到相关证据。法院认为，根据该案事实和日常生活经验，被告侵权的可能性很大。与之类似，在上海凯赛生物技术股份有限公司诉山东瀚峰生物科技有限公司侵害发明专利权纠纷案❷中，被告同样存在拒不配合法院证据保全的行为，法院因此将举证责任转移给被告。

（2）从技术鉴定的角度来看，鉴定机构经原告申请就被诉侵权产品可能的制造方法出具了支持意见

对于一些具有较强专业性的制造方法专利侵权纠纷案件，权利人如果申请鉴定被告产品的制造方法或申请有专门知识的人出具专业意见，鉴定结果及意见可以作为认定"侵权可能性较大"时考虑的关键因素。

在赵某诉中国文化遗产研究院侵害专利权纠纷案❸中，原告赵某为方法专利的权利人，对被告制作安远庙天花的方法申请了鉴定，鉴定结论显示，被告制作的安远庙天花与原告使用涉案专利方法制作的天花采用了同一种印刷方式。被告虽对鉴定结论不予认

---

❶ 最高人民法院（2013）民申字第309号民事裁定书。
❷ 最高人民法院（2019）最高法知民终157号民事判决书。
❸ 北京市高级人民法院（2017）京民终402号民事判决书。

可，但并未提交证据证明鉴定结论存在明显依据不足的情形，或者提交其他有效证据推翻鉴定结论。因此，法院认为，上述司法鉴定结论可以初步证明被告制作安远庙天花有较大可能使用了与涉案专利相同的方法。

（3）从被诉侵权人和专利权人的关系角度来看，可以考虑被诉侵权人曾接触过或者有条件接触到专利方法的完整技术资料这一事实

方法专利在授权后已经公开，社会公众都能通过公开渠道获取到专利文献。而且，根据法律要求，专利申请人应当在说明书中对该方法进行清楚、完整的披露。但是仅仅依靠说明书公开的内容，想要重现出该方法并不是件容易的事情。因此，如果被诉侵权人曾通过商业合作或者不法途径接触过或者有条件接触到专利权人的完整技术资料，并且双方制造的产品是相同的，可以判断被诉侵权人很可能使用了专利方法。

在亚什兰许可和知识产权有限公司（以下简称"亚什兰公司"）、北京天使专用化学技术有限公司（以下简称"天使公司"）诉北京瑞仕邦精细化工技术有限公司（以下简称"瑞仕邦公司"）、苏州瑞普工业助剂有限公司（以下简称"瑞普公司"）、魏某等侵害发明专利权纠纷案[1]中，原告亚什兰公司是"水包水型聚合物分散体的制造方法"发明专利的专利权人，天使公司为该专利在中国大陆境内的受许可人。被告魏某曾在天使公司担任高管，后离职成为被告瑞仕邦公司和瑞普公司的董事。瑞仕邦公司和瑞普公司生产制造并销售了与涉案方法专利所生产的产品相同的完全水性聚合物

---

[1] 最高人民法院发布知识产权保护典型案例［EB/OL］．［2020-03-02］．http://gongbao.court.gov.cn/Details/401f6fd5c5fa409f95bc27551cabd2.html．

浓缩液。原告亚什兰公司和天使公司通过申请法院采取证据保全等方法均未获得证明被告完整生产方案的全部证据。但是，由于魏某、瑞普公司主要技术人员均来自原告天使公司，有机会接触到涉案专利方法的完整生产流程，结合已知事实以及日常生产经验，法院认定被告使用专利方法的可能性较大。与之类似，湖北省高级人民法院判决的李某诉深圳光明创博生物制品有限公司等侵犯发明专利权纠纷案❶中，原告李某为方法专利的权利人，其与被告曾订立《专利实施许可合同》，但合同终止后被告依然制造相同产品，故法院认定被告仍然使用原告专利方法的可能性很大。

3. 原告为证明被告使用了专利方法尽到合理努力

对于"合理努力"的判定标准，现行法律法规及司法解释并未作出具体的规定。从该条款的立法目的来看，意为考量权利人是否在能力范围内尽可能地完成了对被告使用了专利方法的举证。因此，法院应当依照该条款对权利人是否作出合理努力进行全面判断，综合考虑前述的相同产品及侵权可能性较大标准，并结合权利人提交的证据、是否及时通过公证认证或申请证据保全等措施固定相关证据等因素进行判断。

（二）完善新产品制造方法发明专利侵权纠纷案件的证据规则

这一规定的立法依据在于《专利法》（2020 年修正）第 66 条第 1 款的规定。专利侵权纠纷涉及新产品制造方法的发明专利的，制造同样产品的单位或者个人应当提供其产品制造方法不同于专利方法的证明。尽管实行了举证责任倒置，然而专利权人并非不承担任何举证责任。根据上述规定，新产品制造方法专利侵权诉讼举证

---

❶ 湖北省高级人民法院（2010）鄂民三终字第 36 号民事裁定书。

责任倒置需要满足两个前提，即专利权人需要证明依据专利方法制造的产品为新产品，以及被诉侵权人制造的产品与该新产品为同样产品。此后，举证责任才发生转移，由被诉侵权人证明其产品制造方法不同于专利方法。

司法解释应当对该条款适用中的争议点作出回应，至少包含以下两点。

1. 明确"新产品"的判断标准

关于何为"新产品"，《最高人民法院关于审理侵犯专利权纠纷案件应用法律若干问题的解释》第 17 条规定："产品或者制造产品的技术方案在专利申请日以前为国内外公众所知的，人民法院应该认定该产品不属于专利法第六十一条第一款规定的新产品。"该规定仅是从反面对新产品进行了排除式定义，未从正面定义何为新产品。

《专利侵权判定指南（2017）》从正反两方面进行了更为明确的定义，其第 112 条第 1 款从正面规定："专利法第六十一条规定的'新产品'，是指在国内外第一次生产出的产品，该产品与专利申请日之前已有的同类产品相比，在产品的组分、结构或者其质量、性能、功能方面有明显区别。"第 2 款与上述司法解释中的规定相同。在 2018 年上海艾尔贝包装科技发展有限公司诉义乌市贝格塑料制品有限公司等侵害发明专利权纠纷案❶（以下简称"艾尔贝公司案"）中，最高人民法院使用了与《专利侵权判定指南（2017）》同样的文字表述，表明最高人民法院的态度与北京市高级人民法院对新产品的上述定义是一致的。

新司法解释首先应当明确"新产品"的定义，即在国内外第一

---

❶ 最高人民法院（2018）最高法民申 4149 号民事裁定书。

次生产出的,且与专利申请日之前的同类产品相比在产品的组分、结构及其质量、性能、功能方面存在明显区别的产品;其次,应当进一步规定"明显区别"的判断标准。

2. 对"新产品"的举证作出规定

现有的法律法规、司法解释并没有规定何种证据符合依据专利方法制造的产品为新产品的证明要求。在艾尔贝公司案的裁定中,最高人民法院认为权利人提交初步证据证明该产品属于专利法规定的新产品的,应当认定其已经尽到举证义务。《专利侵权判定指南(2017)》第112条第3款的规定与此一致。

上述规定比较笼统,何为初步证据,法院对此适用标准并不统一。新司法解释应当对此作出统一规定。应当注意的是,在证明新产品的过程中,专利说明书体现了发明创造的本质,起着很重要的作用。此外,专利权人提供例如科技查新报告、检索报告、其他机构或者协会作出的鉴定书或证书等证据也具有一定的参考价值。[1]

---

[1] 谢有成. 新产品制造方法专利侵权纠纷中的举证责任之案例分析 [EB/OL]. (2021-02-25)[2021-06-17]. https://mp.weixin.qq.com/s/LWbDO1zGzdXQJ1_n8AiD4Q.

第四章　商标侵权纠纷法律适用

第一节　商标立法动态解读

一、《商标法》第四次修改内容解读

2019年4月23日，第十三届全国人民代表大会常务委员会第十次会议通过《全国人民代表大会常务委员会关于修改〈中华人民共和国建筑法〉等八部法律的决定》，其中包括《商标法》第四次修改的新修条款于2019年11月1日实施。为了更好地把握《商标法》修改的立法精神，梳理分析商标侵权纠纷案件实务中的问题，以下将对此次《商标法》修改的主要条款及其适用作细致的介绍和解读。

（一）修法背景

自1983年《商标法》正式实施以来，出于各种需要和现实状况，对《商标法》进行了4次修改。1993年，在中国相继加入《保护工业产权巴黎公约》《商标国际注册马德里协定》等国际多边条约的背景下，为了保持与条约义务要求的做法相一致，我国对《商标法》进行了第一次修改，也是为回应我国改革开放后以经济发展为中心的政策要求。2001年前后，我国《著作权法》《专利

法》《商标法》都经历了修改,其中《商标法》是第二次修改,修法的主要时代背景和根本动因是为了配合我国加入 WTO 的历史进程,履行完善我国知识产权立法保护制度的义务。2013 年,我国已经成为全球第二大经济体,经济发展面临转型,为了解决我国内部需要,进一步加大商标保护力度,保障我国经济由高速发展向高质量发展的过渡,对《商标法》进行了第三次修改,在驰名商标保护、商标注册审查期限等方面做了较大改动,取得了良好效果。2019 年,面对日趋复杂的国际环境和国内改革发展稳定任务的需求,党中央作出了一系列决策部署❶,强调优化营商环境,加强知识产权保护,进一步贯彻新发展理念,解决实践中出现的突出问题,加大商标专用权保护力度。为配合政府职能转变和深化"放管服"改革,推进商标注册便利化,顺应中国经济转型升级,从重视速度到强调质量,引导品牌建设,加强商标权保护,倡导诚实守信的经营理念,营造优良的市场营商环境❷,2019 年 4 月 23 日第十三届全国人民代表大会常务委员会第十次会议决定对《商标法》进行修改,此次修改涉及的条文共 6 条。同时,为充分保障此次《商标法》修改内容顺利实施,国家知识产权局、法院等有关部门相继研究出台了相关部门规章和审判规则。

(二) 修改内容

1. 加强对恶意注册行为的规制

随着商标注册制度不断完善,商标注册程序不断优化,商标注册时间大幅缩短,注册成本不断降低,当事人获得注册商标更加便

---

❶ 参见《中共中央 国务院关于营造更好发展环境支持民营企业改革发展的意见》。
❷ 杜颖.《商标法》第四次修改的问题面向和基本思路 [J]. 中国发明与专利,2018,15 (8):87 - 91.

捷。与此相对应的是，部分商标注册人产生"傍名牌""搭便车""不用先囤"等不良行为，恶意注册他人未注册的正在使用的商标、知名商标、驰名商标，或侵犯他人在先权利的商标。如"今日油条""火神山""雷神山""丁真"等均有恶意注册的记录，此类恶意注册现象严重侵害他人的合法权益，极大破坏了市场经营秩序，严重损害公共利益。《商标法》等有关法律关注到了这类现象的频发及危害，加大对该类行为的规制力度。《商标法》（2019年修正）第4条第1款规定："不以使用为目的恶意商标注册申请，应当予以驳回"，其主要目的就是对日益严重的恶意注册行为予以回应。2020年4月25日，在国家知识产权局召开的新闻发布会上，国家知识产权局副局长何志敏表示，2018～2020年，累计驳回恶意抢注和囤积商标注册申请超过15万件。❶《商标法》（2019年修正）第4条的修改禁止不以使用为目的和恶意的商标注册，准确把握了商标立法精神和商标制度内涵，将"不以使用为目的的恶意商标注册申请，应当予以驳回"置于《商标法》（2019年修正）总则的位置，有利于从源头上制止恶意申请注册行为，提高不同部门对恶意注册行为的重视程度，使商标申请注册回归到"以使用为目的"的制度本源。

自《商标法》第四次修正决定公布以来，为保障配合《商标法》（2019年修正）的顺利实施和落地，有关司法机关和执法机关陆续出台了若干规定和指南，用于指导下级单位具体适用《商标法》新修改的内容。如于2019年4月24日发布的《北京市高级人

---

❶ 周程程. 国家知识产权局：2018～2020年累计驳回恶意抢注和囤积商标注册申请超过15万件［EB/OL］.（2021-04-25）［2021-06-21］. https://baijiahao.baidu.com/s? id=1697984121563152453&wfr=spider&for=pc.

民法院商标授权确权行政案件审理指南》(以下简称《指南》)第7.1条规定:"商标申请人明显缺乏真实使用意图,且具有下列情形之一的,可以认定违反商标法第四条的规定:(1)申请注册与不同主体具有一定知名度或者较强显著特征的商标相同或者近似的商标,且情节严重的;(2)申请注册与同一主体具有一定知名度或者较强显著特征的商标相同或者近似的商标,且情节严重的;(3)申请注册与他人除商标外的其他商业标识相同或者近似的商标,且情节严重的;(4)申请注册与具有一定知名度的地名、景点名称、建筑物名称等相同或者近似的商标,且情节严重的;(5)大量申请注册商标,且缺乏正当理由的。前述商标申请人主张具有真实使用意图,但未提交证据证明的,不予支持。"再如国家市场监督管理总局于2019年10月11日公布了《规范商标申请注册行为若干规定》(以下简称《若干规定》),其中第8条规定:"商标注册部门在判断商标注册申请是否属于违反商标法第四条规定时,可以综合考虑以下因素:(一)申请人或者与其存在关联关系的自然人、法人、其他组织申请注册商标数量、指定使用的类别、商标交易情况等;(二)申请人所在行业、经营状况等;(三)申请人被已生效的行政决定或者裁定、司法判决认定曾从事商标恶意注册行为、侵犯他人注册商标专用权行为的情况;(四)申请注册的商标与他人有一定知名度的商标相同或者近似的情况;(五)申请注册的商标与知名人物姓名、企业字号、企业名称简称或者其他商业标识等相同或者近似的情况;(六)商标注册部门认为应当考虑的其他因素。"北京市高级人民法院和国家市场监督管理总局在《商标法》新修条款颁布后先后发布《指南》和《若干规定》,指导下级单位在司法和执法中如何准确把握适用有关法律精神和规定,具有非常重要的积极意义和模范作用。这些文件的发布,不仅彰显了司法机关和执法机关对《商标法》(2019年修正)实施的高度重视,而且有助于不同机关从不同角度更好地适用《商标法》(2019年修正)第4条的规定。同时,不同司法机关和执法机关颁布不同指导文件的现象,也从另一个侧面表明《商标法》(2019年修正)第4条所增加的新规范的适用,会面临新的情况和更高质量的要求,对该条的法律适用必须高度重视。

2. 提高商标侵权的赔偿数额上限和惩罚性赔偿数额计算倍数上限

2018年11月5日,习近平总书记在中国国际进口博览会开幕式上明确提出"引入惩罚性赔偿制度,显著提高违法成本",体现了党中央、国务院对知识产权保护的高度重视。随着我国对知识产权的运用、保护愈发重视,企业和个体的知识产权意识逐步提升,为了适应市场发展现状,进一步提高侵权成本,打击商标侵权行为,惩罚性打击恶意侵权人,加大对商标专用权的保护力度,给予权利人更加充分的补偿,《商标法》(2019年修正)参考了《专利法修正案草案》关于赔偿数额规定的修改,提高了商标侵权的赔偿数额上限以及恶意侵犯商标专用权的赔偿数额计算倍数上限。

2013年《商标法》进行了第三次修改。修改后的第63条首次确定《商标法》的惩罚性赔偿制度,对保护商标专用权人权益有重要意义。《商标法》(2019年修正)又对第63条做了修改,该条第1款、第3款规定,将"恶意侵犯商标专用权,情节严重"的侵权赔偿数额计算倍数由原来的"一倍以上三倍以下"提高到"一倍以上五倍以下",并将"因被侵权所受到的实际损失、侵权人因侵权所获得的利益、注册商标许可使用费用难以确定的"法定赔偿数额由原来的"三百万元以下"提高到"五百万元以下"。可以说,上述修改内容一定程度上解决了我国侵权成本低、维权成本高的难题，准确抓住了侵权人"不怕坐牢怕赔钱"的心理动向，有助于保证司法机关办案的法律效果和社会效果，提高了被侵权人对判决结果的满意度。有些侵犯他人知识产权的人表示，相较于几百万元的赔偿，自己宁可蹲上几年监狱。这在一定程度上可以反映出有理有据地"提高"损害赔偿数额，将是遏制侵权行为非常有效的路径。依据现有法律规定，侵犯知识产权的损害赔偿数额的计算方式包括原告损失、被告获益、许可使用费的合理倍数和法定赔偿四种。这四种计算方式都需要原告提交相应证据。然而现实是，原告能提交的证明损失的证据是极为有限的，因此判决被告承担的赔偿数额可能难以产生"杀一儆百"的效果。在这种情况下，此次修改的《商标法》将法定赔偿数额的上限提升至500万元，并将惩罚性赔偿额提升至最高5倍，对商标侵权人起到更大的教育和训诫作用，更大程度地剥夺商标侵权人所获不正当利益，甚至让侵权行为人"赔了夫人又折兵"。要实现加大商标侵权保护、提高违法侵权成本的目标，就需要适当提高损害赔偿数额，合理配置侵权举证责任，充分运用举证责任移转规则，充分发挥举证妨碍制度的作用，并充分发挥诉前财产保全、证据保全、诉中禁令等救济措施的作用。虽有立法文本作为依据，但司法实务仍存在认定恶意侵权的标准模糊、不同地区认定标准不统一、判决赔偿数额与原告诉求赔偿数额相差较大等问题，导致制度适用情况不理想。

为了正确实施知识产权惩罚性赔偿制度，依法惩处严重侵害知识产权行为，2021年3月2日最高人民法院发布了《最高人民法院关于审理侵害知识产权民事案件适用惩罚性赔偿的解释》（以下简称《赔偿解释》）。《赔偿解释》针对侵害知识产权的故意的认定、侵害知识产权情节严重的认定、惩罚性赔偿计算基数确定、惩罚性赔偿的诉讼程序等问题做了细化规定。《赔偿解释》第3条第2款规定了六种可以认定为故意的情形,这六种情形明确了《商标法》(2019年修正)第63条所规定的"恶意"包括:"(一)被告经原告或者利害关系人通知、警告后,仍继续实施侵权行为的;(二)被告或其法定代表人、管理人是原告或者利害关系人的法定代表人、管理人、实际控制人的;(三)被告与原告或者利害关系人之间存在劳动、劳务、合作、许可、经销、代理、代表等关系,且接触过被侵害的知识产权的;(四)被告与原告或者利害关系人之间有业务往来或者为达成合同等进行过磋商,且接触过被侵害的知识产权的;(五)被告实施盗版、假冒注册商标行为的;(六)其他可以认定为故意的情形。"《赔偿解释》第4条第2款还明确了《商标法》(2019年修正)第63条所规定的"情节严重"的情形包括:"(一)因侵权被行政处罚或者法院裁判承担责任后,再次实施相同或者类似侵权行为;(二)以侵害知识产权为业;(三)伪造、毁坏或者隐匿侵权证据;(四)拒不履行保全裁定;(五)侵权获利或者权利人受损巨大;(六)侵权行为可能危害国家安全、公共利益或者人身健康。"《赔偿解释》经过大量的实证考察、案例情况文本分析,结合各级法院实践经验,对司法机关具体认定"恶意侵犯商标专用权,情节严重"的情形有重要意义,其确保正确适用商标惩罚性赔偿条款的积极作用值得肯定。《赔偿解释》的亮点在于首次明确了人民法院应通过侵权人与被侵权人之间的特殊关系、被侵权人事先维权措施、侵权人侵权后行为、侵权人获利数额等情况,综合判断侵权人是否构成故意侵犯商标专用权。《赔偿解释》完善了故意侵权商标专用权的认定规则,为司法审判部门、司法行政部门提供参考,为各部门形成合力保护知识产权提高了法律适用基础。

3. 其他修改内容

《商标法》(2019年修正)第19条、第33条、第44条和第68

条的部分款项也属于此次修改内容，主要还是涉及对恶意注册行为的规制。《商标法》（2019年修正）第19条涉及商标代理机构的义务，规定商标代理机构不得接受恶意商标申请人的委托。《商标法》（2019年修正）第68条第4款涉及恶意注册行为的行政处罚，规定对恶意申请商标注册的，根据情节给予警告、罚款等行政处罚。《商标法》（2019年修正）第33条和第44条涉及恶意注册行为当事人的两种救济途径，第33条规定任何人认为违反《商标法》（2019年修正）第4条规定的，可以向商标局提出异议，第44条规定违反《商标法》（2019年修正）第4条规定的，由商标局宣告该注册商标无效，其他单位或者个人可以请求商标评审委员会[1]宣告该注册商标无效。

可以说，《商标法》（2019年修正）对第4条、第19条、第33条、第44条、第68条的修改，体现了立法机关严厉打击恶意注册行为的坚定决心，特别是扩大了商标代理机构的义务范围，增加了商标代理机构的合理注意和审查义务。现实生活中，商标代理机构虽然是专业机构，但法律意识还有待增强。实践情况中，商标代理机构出于利益或者人情因素，帮助委托人恶意注册商标的行为时有发生，甚至有为了追求业绩为委托人恶意注册出谋划策的情况。《商标法》（2019年修正）第19条从商标代理的角度，扩大商标代理机构义务，进一步切断不以使用为目的恶意注册商标的途径，有利于打击不以使用为目的的恶意注册商标申请行为，同时也进一步规范了商标代理行为，净化商标代理市场秩序，促进商标代理行业

---

[1] 根据中央机构改革部署，原国家工商行政管理总局商标局、商标评审委员会、商标审查协作中心整合为国家知识产权局商标局，不再保留商标评审委员会、商标审查协作中心。

的良性发展。此外，《商标法》（2019 年修正）对恶意注册行为的行政责任和救济途径都作了规定，完善了我国规制恶意注册商标行为的立法体系和制度，使打击恶意注册商标行为进一步有法可依。

（三）如何理解和适用《商标法》（2019 年修正）第 4 条"不以使用为目的"

明确《商标法》（2019 年修正）第 4 条规定"不以使用为目的"的理由及背后所反映的理念，有助于对该条内容的认定与适用。自商标制度诞生以来，商标作为一项财产权利，其所能带来的经济效益导致恶意注册商标的行为愈来愈多。立法机关也深知恶意注册商标行为会极大打击市场主体的积极性和主动性，希望可以通过立法方式，抓住商标使用制度的核心，加大对恶意抢注行为的打击力度。《商标法》（2019 年修正）明确了注册商标的核心内涵应以使用为最终目的，在第 4 条增加了"不以使用为目的的恶意商标注册申请，应当予以驳回"。有学者认为❶，《商标法》（2019 年修正）通过在总则中对第 4 条的法律地位的确立和立法精神的指引，从立法的体系化，多方位多角度加大了对商标恶意注册的立法规制，不仅完善了商标确权程序，加强了对恶意注册行为在行政和司法保护程序中的打击力度，而且有助于提升商标注册质量，节约行政司法资源，提高效率，从而更好地实现《商标法》规制商标恶意注册的修法目标。

其实早在《商标法》第三次修改时，立法机关就已经认识规制恶意注册商标行为的必要性和紧迫性，也完善了相关商标使用的规制。如《商标法》第三次修改就新增了第 48 条，明确商标使用是用于识别商品来源的行为，明晰了注册商标连续 3 年不使用的法律

---

❶ 王莲峰. 新《商标法》第四条的研究 [J]. 政法论丛, 2020 (1): 102-112.

后果，吸纳了外国商标立法及司法的成功经验，规定成为通用名称的注册商标因丧失其显著性的，不能继续享有商标专有权；新增注册商标连续3年不使用不得请求赔偿救济的理念和规则。《商标法》第三次修改对规制恶意注册商标行为起到了一定作用，但是还未能达到立法最初的预期效果，无法从根本上杜绝这种行为，或者说未收到"治标又治本"的效果。为了进一步完善商标使用制度，确保市场经济秩序，保障商标实际使用人的权益，避免恶意抢注人利用商标制度赚取不当利益，营造良好营商环境，立法机关启动了对《商标法》的第四次修改工作。和《商标法》第三次修改相比，《商标法》第四次修改通过对第4条"不以使用为目的"不得申请商标注册的规定，不仅鲜明地向全社会昭示了申请商标的目的在于使用，进一步倡导和强化商标使用的理念，防止注而不用，而且为实践中企业因自保需要申请防御商标预留了空间，即将那些不以使用为目的的善意商标注册申请排除在外；同时，在制度的设计上完善了规制恶意商标注册的申请程序，将不以使用为目的的恶意商标注册申请作为禁止注册的绝对理由加以规定，并适用于异议和无效程序中，体现了立法的进步。

"不以使用为目的"是恶意商标申请注册的条件之一，也是驳回申请的绝对条件，但尚未出台相关立法解释和司法解释对不以使用为目的的认定作细致规定。实践中应当从哪几个角度去认定不以使用为目的已经成为困扰行政管理机关和司法审判机关的疑难问题。笔者考虑实务案例中的共性，认为可以从以下几个方面去认定：①申请人是否明显缺乏真实使用意图，无正当理由大量或重复申请商标；②申请人是否具有申请与他人具有较高显著性、市场知名度的商业标志相同或近似且情节严重的情形；③申请人是否在不相同或者不类似商品或服务上申请他人已注册商标；④申请人是否具有以牟取不当利益为目的，向商标在先使用人或者他人索要高额费用的行为；⑤申请人是否恶意大量申请具有一定知名度的景点名称和建筑物名称等。如果注册商标申请人具有以上几个方面的行为和主观意图，就可以认定其不以使用为目的，因为这些行为本质上违背了商标制度的设计初衷，严重破坏了正常的市场竞争秩序，驳回申请合理合法。

如何界定《商标法》（2019年修正）第4条"不以使用为目的"与"恶意"之间的关系？《商标法》（2019年修正）第4条第1款新增"不以使用为目的的恶意商标注册申请，应当予以驳回"的规定，在适用该条时如何理解？是否需要同时满足不以使用为目的与恶意两个要件才可以驳回商标申请？不以使用为目的与恶意是两个并列的要件，还是有主次之分？如果是并列要件，从文字上解读似乎有重合之处：不以使用为目的的商标注册申请，主观上即含有恶意的成分；如果将"不以使用为目的"的注册行为指向商标抢注和商标囤积，其主观上也存在恶意，是否需要另行规定恶意的要件？另外，针对大规模"傍名牌"的抢注行为，即使以使用为目的，其主观恶意也显而易见，此时的恶意的要件是否还有必要规定？那么，为何《商标法》（2019年修正）第4条第1款新增部分要规定恶意？其立法目的何在呢？笔者认为，从文本解释层面分析，不以使用为目的是作为恶意的定语或者修饰语的，两者并非同等要件，申请人具有恶意才是商标申请予以驳回的主要理由。诚实信用原则作为民事法律的基本原则，也构成社会的普世价值。恶意注册违背诚实信用原则，构成商标禁止注册的绝对事由。这也吻合了我国《商标法》（2019年修正）为规制商标恶意注册，实现关口前移的制度设计，在申请阶段初期，将恶意抢注的商标和囤积行为挡在外面。但在商标审查环节，申请人主观恶意往往难以界定，需要借助申请的商标是否以使用为目的来判断,故而,在法条中,将不以使用为目的作为恶意的定语或者前提来说明。或者说,即使是以使用为目的的申请,如果能证明是恶意的,商标管理机关也可将该申请予以驳回。换言之,在《商标法》(2019年修正)第4条的具体适用中,不能将该条理解为要同时满足不以使用为目的和恶意的两个条件,否则会提高适用的门槛,应该以恶意作为判定标准,以商标是否以使用为目的作为考虑的主要因素。如此,既可以将正常的防御性商标申请注册排除在外,也可规范那些以使用为目的的"傍名牌""搭便车"等行为,防止他人规避法律。

二、《商标侵权判断标准》相关内容解读

2020年6月15日,国家知识产权局为深入贯彻落实党中央、国务院关于强化知识产权保护的决策部署,加强商标执法指导工作,统一执法标准,提升执法水平,根据《商标法》《商标法实施条例》的有关规定,制定出台了《商标侵权判断标准》(以下简称《标准》)。

(一)出台背景和目的

2018年国家机构改革,中央明确国家知识产权局负责对商标执法工作的业务指导,明确要求制定并指导实施商标权确权和侵权判断标准。《标准》的制定,既是落实国家机构改革要求、加强对商标执法业务指导的现实需要,也是落实《关于强化知识产权保护的意见》的具体举措。需要指出的是否,《标准》不仅是国家知识产权局实现对商标执法业务指导的有效途径,也是一线商标执法人员的指引需求。《商标法》从自身功能定位出发,对商标侵权的规定较为原则化。现实中一线商标执法人员水平参差不齐,对商标侵权判断没有较为清晰的标准。加之社会发展日新月异,互联网、大

数据、人工智能等技术形式崛起或成熟，商标侵权形式日趋多样化、复杂化。制定《标准》，有利于完善商标保护规则体系，解决执法实践中面临的新情况、新问题，为执法部门依法行政提供具体操作指引，从而进一步提升商标执法保护水平，为市场主体营造透明度高、可预见性强的知识产权保护环境。

（二）《标准》亮点内容解读

1. 明确商标侵权判断步骤

《标准》的整个条文顺序分布和内容揭示了商标侵权判断的具体方法和步骤。首先，明确商标法意义上的商标使用。《标准》在篇首位置明确了判断商标侵权应以构成商标性使用为前提。第3条明确规定："判断是否构成商标侵权，一般需要判断涉嫌侵权行为是否构成商标法意义上的商标的使用。"相比较《商标法》将商标性使用置于文本较后的位置，《标准》第3条对指引基层商标执法人员有重要的方法意义。其次，明确是否未经商标注册人许可。《标准》第8条列举了未经商标注册人许可的具体情形，包括未获得许可或者超出许可的商品或者服务的类别、期限、数量等。再次，判断是否构成同一或类似商品、服务。《标准》第9～12条明确了判断构成同一或类似商品、服务的认定方法、认定标准、具体情形以及参考依据。最后，判断是否构成相同或近似商标，以及是否容易导致混淆。最后一个步骤涉及内容较多，亦是认定商标侵权的难点，《标准》第13～21条花了最多篇幅对认定商标构成相同或近似的方法、标准、参照依据、容易导致混淆的情形等内容作了详细规定。这些条款是商标执法部门处理、查处商标侵权案件的适用标准，是针对商标执法人员的特点，在执法规则层面上建立的一个相对闭合、科学的商标侵权判断步骤、方法，为行政执法中商标侵权案件的办理指明了道路和方向，对统一行政、司法机关商标侵权判定标准有重要意义。

2. 细化商标侵权具体情形

实践运用中《商标法》《商标法实施条例》中一些条款出现的争议给执法工作带来许多困扰。《标准》针对这些痛点，对相关条文中的细节进行了明确。例如，对可以认定涉嫌侵权商标与他人注册商标相同的具体情形进行了明确，具体根据文字商标、图形商标、文字图形商标、立体商标、颜色组合商标、声音商标等不同类型商标的特点进行比对，如达到相同或基本无差别的标准，可进一步认定涉嫌侵权商标与他人注册商标构成相同。又如，对销售不知道是侵犯注册商标专用权的商品的情况进行了限制，明确了五种情况下应当认定当事人为明知或应知，不得适用不知情销售进行免责，同时明确对于因涉嫌侵权人提供虚假或者无法核实的信息导致不能找到提供者的，不视为说明提供者，也不能适用免责。这样就可以有效防止销售侵权商品者滥用法律漏洞、逃避行政责任，更好地保护商标权利人和消费者的利益。❶ 再如，《标准》对"个别新兴信息载体上使用商标是否构成商标性使用的问题"作出明确回应。《标准》第6条规定了商标用于广告宣传、展览以及其他商业活动中的具体表现形式，其中包括商标使用在二维码等信息载体上的情形。我国二维码应用技术处于世界领先水平，不少不法分子利用二维码等信息载体侵犯他人合法利益，这要求法律法规对该类不法行为进行规制。《标准》明确规定了借助二维码侵犯他人注册商标权的非法性。这对一线商标执法人员遇到涉及该类信息载体如何处理有着较大启示作用，同时也弥补了法律空白。

---

❶ 沈涛.《商标侵权判断标准》的三大亮点［EB/OL］.（2020-07-17）［2021-06-17］. http://www.cnipa.gov.cn/art/2020/7/17/art_2092_151135.html.

3. 化解商标侵权执法疑难问题

国家知识产权局广泛征求意见后，归纳总结出商标侵权执法中遇到的问题，《标准》予以明确回应。如权利交叉案件的执法权属问题，在商标权与专利权、著作权存在冲突的案件中，商标执法部门是否具有管辖权？针对该问题，《标准》第32条规定在"注册商标的申请日先于外观设计专利申请日或者有证据证明的该著作权作品创作完成日"的情况下，商标执法部门可以对商标侵权案件进行查处。该规定再次明确商标执法部门的案件管辖范围和功能定位，即商标执法部门对商标侵权案件具有执法权，但对侵犯在先专利权、著作权的案件不具有执法权。再如，《标准》第25条明确了打击承揽人使用侵犯注册商标专用权商品的行为。在专修行业、建筑行业，许多承揽人为赚取收益，降低成本，违背合同约定，低价违法购入侵权产品，使用侵犯他人注册商标专用权的商品。该类行为不仅破坏了商标市场秩序问题，同时还涉及房屋建筑安全问题。在实务中，对于该种行为到底属于何种商标侵权行为也存在较大争议。《标准》第25条明确将前述行为规定为销售侵犯商标专用权商品的侵权行为，列入商标执法部门查处范围。当前侵权手段愈发隐秘、多样，《标准》第25条针对承揽人使用侵权商品的问题进行规制，解决了现实执法疑难。

（三）《标准》出台的意义

在党中央和国务院战略部署下，加强知识产权保护，优化各项法律法规，强化执法力度已经成为各机关、部门的共识和重要工作内容。司法保护和行政执法是我国知识产权保护的两大重要途径，而行政执法具有程序简、效率高、成效快的特点，一直是我国知识产权保护的特色，尤其是在解决商标侵权纠纷和商标权益保护等方面起着重要的作用。依法行政原则、合理行政原则是行政法的基本原则，也是商标执法过程必须遵循的基本原则。制定完善商标侵权判断标准的法律法规，营造良好的行政法规环境，是贯彻加强知识产权保护政策、落实知识产权保护制度的重要途径。商标侵权判断标准是商标侵权处理和查处的关键，对于商标专用权的保护和统一执法具有至关重要的影响。商标侵权判断标准不只是一种抽象的判断准则，更是一套缜密的判定规则。对于幅员辽阔、发展程度各异、执法人员素质不同的我国来说，统一商标侵权判断标准有助于商标行政执法的确定和统一，必将有力促进商标专用权的保护和营商环境的优化。❶

三、《刑修（十一）》相关刑事责任的解读

2020年12月26日，第十三届全国人民代表大会常务委员会第二十四次会议通过《刑修（十一）》，该修正案自2021年3月1日起施行。每次立法、修法活动都是对人民群众需求的回应，都是党中央治国政策的具体体现。明确《刑修（十一）》的相关政策导向和蕴藏的价值追求，特别是有关知识产权保护的政策导向，对于正确理解适用《刑修（十一）》的相关内容，正确处理侵犯知识产权犯罪案件具有重要意义。同时《刑修（十一）》也是对立法、司法活动的再次确认，是对20世纪90年代初以来《商标法》《著作权法》《反不正当竞争法》的立法文本、基于刑民交互适用的法律形式推理逻辑、已有相关司法解释以及司法判例经验的一种选择性确认。❷

---

❶ 王太平. 突出行政执法特色，统一侵权判断标准 [EB/OL]. （2020 - 07 - 03） [2021 - 06 - 28]. http：//www.cnipa.gov.cn/art/2020/7/3/art_2092_150200.html.

❷ 张建，俞小海. 侵犯知识产权犯罪最新刑法修正的基本类型与司法适用 [J]. 上海政法学院学报，2021，36（5）：37 - 53.

(一)《刑修(十一)》政策导向

1. 贯彻以人民为中心的法治建设要求,落实总体国家安全观

2020年11月16~17日,习近平总书记在中央全面依法治国工作会议上指出:"社会主义法治建设必须为了人民、依靠人民、造福人民、保护人民。全面依法治国最广泛、最深厚的基础是人民,必须坚持为了人民、依靠人民。要把体现人民利益、反映人民愿望、维护人民权益、增进人民福祉落实到全面依法治国各领域全过程。要积极回应人民群众新要求新期待,系统研究谋划和解决法治领域人民群众反映强烈的突出问题,不断增强人民群众获得感、幸福感、安全感,用法治保障人民安居乐业。"2014年4月15日,习近平总书记在中央国家安全委员会第一次会议上首次提出总体国家安全观重大战略思想,强调"既重视传统安全,又重视非传统安全,构建集政治安全、国土安全、军事安全、经济安全、文化安全、社会安全、科技安全、信息安全、生态安全、资源安全、核安全等于一体的国家安全体系"。《刑修(十一)》多个条文内容,无疑都体现了以人民为中心的法治思想内容和贯彻落实总体国家安全观的要求。例如,从关于惩治食品药品犯罪可以看出《刑修(十一)》维护人民权益、回应人民要求、用法治保障人民群众生产生活安全的目的。再如,由于多起性侵案件引起群众强烈反响,民众对严惩性侵未成年人犯罪的呼声越来越高,《刑修(十一)》加大了有关性侵未成年人犯罪的惩罚力度,这正是落实国家社会安全要求、倾听人民群众呼声的体现。《刑修(十一)》对侵犯知识产权犯罪条文的修改,也体现了对经济安全的重视和保障。

2. 持续优化营商环境,加强知识产权保护

2019年10月22日,国务院公布了《优化营商环境条例》,强调持续优化营商环境,平等保护市场主体,加大知识产权保护力度。2019年11月，中共中央办公厅、国务院办公厅印发了《关于强化知识产权保护的意见》，强调加大刑事打击力度，研究降低侵犯知识产权犯罪入罪标准，提高量刑处罚力度，修改罪状表述，推动解决涉案侵权物品处置等问题。2021年1月，习近平总书记发表的重要文章《全面加强知识产权保护工作 激发创新活力推动构建新发展格局》，强调提高知识产权保护工作法治化水平，强调要完善刑事法律和司法解释，加大刑事打击力度。《刑修（十一）》共涉及6个侵犯知识产权犯罪条文的修改，新增1个侵犯知识产权罪名，修改主要提高了法定最高刑和最低刑，加大《刑法》对侵犯知识产权犯罪的打击力度，与党中央加强知识产权保护的政策相呼应。其中涉及商标侵权的罪名包括假冒注册商标罪、销售假冒注册商标的商品罪以及销售非法制造的注册商标标识罪。下面将对这三个罪名进行重点解读。

（二）涉商标类犯罪条文修改解读

1. 假冒注册商标罪

《刑修（十一）》第17条规定："将刑法第二百一十三条修改为：'未经注册商标所有人许可，在同一种商品、服务上使用与其注册商标相同的商标，情节严重的，处三年以下有期徒刑，并处或者单处罚金；情节特别严重的，处三年以上十年以下有期徒刑，并处罚金。'"对比未修正之前的条文，《刑修（十一）》主要通过对犯罪对象、刑罚种类、量刑幅度的修改来实现对商标权益的扩张保护。关于犯罪对象，《刑法（十一）》明确将服务商标列入《刑法》的保护对象，弥补了《刑法》的打击漏洞，与《商标法》（2019年修正）保护对象保持一致，符合商标侵权纠纷司法实践，也符合WTO对商标权保护的基本要求。关于刑罚种类和量刑幅度，《刑修（十一）》删除了假冒注册商标罪所适用的刑种拘役，同时将第二档量刑幅度的最高徒刑期限升至 10 年，加大对假冒注册商标的打击力度，强化了对商标权益的保护力度。

立法加大对假冒注册商标的刑事打击力度后，假冒注册商标罪的具体适用问题是首个需要关注的问题。第一个重点问题是假冒商标种类认定问题。《刑修（十一）》将假冒注册服务商标的行为规定为假冒注册商标罪的行为类型，将服务商标纳入保护范围。在实践认定中，当服务商标和商品商标同时受到侵害时，法院面临商标种类和数量的判断问题。第二个重点问题是关于假冒服务商标情节严重和情节特别严重的标准问题。《刑修（十一）》对《刑法》第 213 条的修改，适当提高了假冒注册商标罪的刑罚，进一步加大惩治力度，假冒注册商标罪不仅适用于商品，还扩大到服务。该条中情节严重与情节特别严重的标准需要细化。

关于假冒商标种类认定问题，笔者认为既假冒服务商标又假冒商品商标的应当认定为假冒两种以上注册商标。假冒一件既是服务商标又是商品商标的商标的应当认定为假冒两种以上注册商标。具体理由是：根据《商标注册用商品和服务国际分类》《标准》，服务商标和商品商标本质上属于不同种类的商标。一件既是服务商标又是商品商标的商标其实是两件商标，分属服务商标和商品商标两个种类，只是文字内容相同或者其他构成部分相同，因此假冒一件既是服务商标又是商品商标的商标的当然也应当认定为假冒两种以上注册商标。

关于假冒服务商标情节严重和情节特别严重的标准问题，笔者认为可以参考《最高人民法院、最高人民检察院关于办理侵犯知识产权刑事案件具体应用法律若干问题的解释》有关假冒商品商标情节严重和情节特别严重的标准，根据我国社会经济发展的前后差异变化，适当提高入罪数额标准。

2. 销售假冒注册商标的商品罪

《刑修（十一）》第 18 条规定："将刑法第二百一十四条修改为：'销售明知是假冒注册商标的商品，违法所得数额较大或者有其他严重情节的，处三年以下有期徒刑，并处或者单处罚金；违法所得数额巨大或者有其他特别严重情节的，处三年以上十年以下有期徒刑，并处罚金。'"《刑修（十一）》对销售假冒注册商标的商品罪条文的修改，主要涉及认定行为危害性的标准、刑罚种类以及量刑幅度。关于认定行为危害性的标准，将原来以销售金额数额较大/巨大来认定行为危害性，改为了违法所得数额较大/巨大或有其他严重/特别严重情节，这更加符合该罪的营利性犯罪属性，同时也能打击其他具有严重危害性但违法所得不高的销售假冒注册商标的行为。关于刑罚种类和量刑幅度，为保持与假冒注册商标罪的刑罚种类、量刑幅度的一致性，《刑修（十一）》同样删除了销售假冒注册商标的商品罪所适用的刑种拘役，同时也将第二档量刑幅度的最高徒刑期限升至 10 年。

同样，销售假冒注册商标的商品罪的入罪标准也要需要细化。笔者认为，考虑到该罪实务中与假冒注册商标罪的密切关系，应保持与假冒注册商标罪的同步性，具体入罪标准的设计可以参照《最高人民法院、最高人民检察院关于办理侵犯知识产权刑事案件具体应用法律若干问题的解释》的内容，在相应幅度内提高数额巨大/数额特别巨大、情节严重/情节特别严重的认定标准，以适应社会经济发展状况。

3. 销售非法制造的注册商标标识罪

《刑修（十一）》第 19 条规定："将刑法第二百一十五条修改为：'伪造、擅自制造他人注册商标标识或者销售伪造、擅自制造的注册商标标识，情节严重的，处三年以下有期徒刑，并处或者单处罚金；情节特别严重的，处三年以上十年以下有期徒刑，并处罚金。'"《刑修（十一）》对销售假冒注册商标的商品罪条文的修改，主要是针对刑罚种类、量刑幅度的修改，删除了第一档量刑刑种拘役，提高第二档刑的最高法定刑至 10 年。这一修改是为了保持与假冒注册商标罪、销售假冒注册商标的商品罪的量刑幅度的同步性，也是加大对知识产权的刑法保护力度及对侵犯知识产权犯罪打击力度的重要体现。

第二节 侵权焦点问题的法律分析

一、侵害商标专用权纠纷中民行程序的先后问题分析

就同一商标侵权事实可能会引起的民事诉讼和行政诉讼，法律规定两者是独立并行的诉讼程序，不存在程序前置问题，但在商标侵权实务中，民事诉讼与行政诉讼程序交叉问题突出。为了避免就同一事实产生完全相反的论断，法官往往会作出先民后行或先行后民的选择，裁定中止一案，等待另一案件的审理结果。这样就会面临以下问题：当事人在对行政执法部门行政处罚决定书不服提起行政诉讼的同时，针对商标侵权行为又提起民事侵权诉讼的，行政案件的处理是否应以民事侵权案件中对商标侵权构成与否的认定为依据，据此再审查行政机关所作的行政处罚决定是否具有充分事实依据？换句话说，针对同一案件事实，不同诉讼主体引发的民事诉讼程序和行政诉讼程序同时启动时，两个诉讼程序的侵权事实认定应当以谁为准？诉讼程序是分别进行，还是有一定的先后顺序？民行交叉程序的顺序问题，已经成为行政执法部门和法院较为关注的问

题，同时也反映了我国知识产权行政管理和司法保护之间的复杂关系。❶

（一）行政诉讼案件中所涉商标侵权行为事实的认定

若当事人只提起了行政诉讼，未提起民事诉讼，行政诉讼仍然要对涉案的商标侵权事实存在与否进行认定和分析，才能对行政行为的合法性作出正确判断，如中国南玻集团股份有限公司（以下简称"南玻集团"）、东莞南玻工程玻璃有限公司（以下简称"东莞南玻公司"）因广西远大玻璃节能科技股份有限公司（以下简称"远大公司"）诉钦州市市场监督管理局商标管理行政处罚、钦州市人民政府行政复议一案。

［基本案情］南玻集团是第3818863号注册商标的所有人，东莞南玻公司是 商标的授权使用权人。2016年8月6日，亚厦公司委托远大公司生产项目所需的工程玻璃。远大公司根据合同约定，按亚厦公司提供的各项技术参数的要求进行生产带有该注册商标的工程玻璃。钦州市市场监督管理局认为，亚厦公司和远大公司都无法提供商标所有人南玻集团授权其使用的授权书，因此，认定远大公司生产侵权玻璃，构成商标侵权。远大公司不服，于2019年2月26日向钦州市人民政府申请行政复议。钦州市人民政府受理后，于2019年7月4日作出行政复议决定，维持了钦州市市场监督管理局作出的处罚决定。远大公司因不服行政复议决定，遂诉至法院。

［法院观点］一审法院审理认为，钦州市市场监督管理局作出的处罚决定忽视了该案存在的各种基础民事法律关系，主要采信南

---

❶ 黄学贤. 行民交叉案件处理之研究［J］. 法学，2009（8）：74-84.

玻集团单方作出的鉴定报告，以远大公司没有得到授权为由，直接认定远大公司侵犯南玻集团的商标权，属于认定事实不清，证据不足；钦州市人民政府作为复议机关，作出的复议决定，未能进一步查明案件事实，对上述处罚决定予以维持，同样属于认定事实不清，证据不足。南玻集团及东莞南玻公司认为，一审法院认定事实错误、认定证据错误、判决结果错误，遂提起上诉。

二审法院审理认为，钦州市市场监督管理局未对远大公司所主张不构成侵权的事实和理由作出判断，仅凭远大公司未能提供南玻集团或东莞南玻公司作出的明确、具体的商标授权的书面材料，就认定远大公司的行为构成商标侵权，钦州市市场监督管理局所作的事实认定不是建立在对全部证据进行综合分析判断的基础上，所作出的处罚决定属于主要证据不足的行政行为，故依据《中华人民共和国行政诉讼法》第70条第1项规定，以主要证据不足为由判决撤销被诉的处罚决定和相应的复议决定。❶

从该案可以看出，即使该案当事人未提起民事诉讼，但是行政诉讼案件中涉及的商标侵权事实存在与否应属于行政行为合法性的审查范围，必须对涉案的民事法律关系有较为清晰的判断，即涉案的民事法律关系、民事侵权事实属于行政处罚的事实依据，行政案件必须对行政处罚的事实依据是否清楚进行审查。这就要求统一民事、行政案件对同一事实、同一行为的判断。

（二）将民事侵权事实的认定作为行政处罚的主要事实依据进行审查

如前所述，民事侵权行为构成与否直接影响行政处罚的对错，进而影响行政判决的结果。这意味，在该类行政案件中认定民事事

---

❶ 广西壮族自治区高级人民法院（2020）桂行终882号行政判决书。

实既是必经程序，也是影响行政行为合法性判断的重要因素，要避免在民事诉讼和行政诉讼中出现"同事不同判"的相悖现象。

如在以上所提到的南玻集团、东莞南玻公司因远大公司诉钦州市市场监督管理局商标管理行政处罚、钦州市人民政府行政复议案中，广西壮族自治区高级人民法院认为，应从南玻集团、东莞南玻公司、远大公司、亚厦公司之间的各种基础民事法律关系来审查、分析和判断，钦州市市场监督管理局作出的处罚决定主要证据明显不足。远大公司与东莞南玻公司之间存在的基础民事法律关系，足以影响钦州市市场监督管理局行政处罚的合法性。❶

针对同一行为引起的不同诉讼程序，不同诉讼程序对该行为的判断不能相悖。根据行政审判司法实践确立的规则，行政处罚不能忽视、割裂被处罚者存在的与第三人的基础民事法律关系，被处罚者与第三人是否存在基础民事法律关系对行政处罚的合法与否产生决定性的影响。在民事与行政纠纷交织的情形下，行政处罚忽视、割裂基础民事争议等于忽视了案件事实，往往会导致对同一行为行政行为认定为违法而客观实际上民事行为却合法的冲突。法院审理商标侵权民事纠纷案件，行使裁量权时，既要保护商标权和商标权人的合法权益，又要平衡商标权人、其他市场经营者以及消费者的权益，依法促进市场经济的发展。商标权人无权禁止他人正当使用商标。

（三）先民后行的可行性

虽然上述案例中权利人未提起民事诉讼，但我们可知，如果当事人提起民事诉讼，民事诉讼和行政诉讼的先后顺序问题将成为审理法院亟待解决的首要问题。目前，针对商标侵权纠纷中的民行交

---

❶ 广西壮族自治区高级人民法院（2020）桂行终882号行政判决书。

叉程序问题，理论界也存在真空，实务界亦尚在探索，上述案例亦是广西壮族自治区人民法院以民事侵权查明事实撤销行政机关处罚决定的首个案件。笔者认为，先民后行的做法可以有效统一民行案件中同一行为侵权与否的认定标准，避免针对同一事实出现不同认定的"乌龙"事件。先民后行的做法有其合理性和可行性。

（1）事实层面

民事侵权事实是商标侵权纠纷的事实基础。商标权司法保护包含民事司法保护、行政司法保护和刑事司法保护，这三种保护路径分别对应不同的诉讼程序，但是都以民事侵权事实为基础。刑事司法保护不是本部分论述的重点，民事事实对民事司法保护的重要性自不必多言。行政司法保护是对行政执法的事后司法监督，是对商标执法部门作出行政行为的合法性和合理性的评判，其判断的重要事实依据之一就是涉案商标侵权事实存在与否。因此，就事实层面而言，先民后行具备可行性。

（2）合法性角度

我国《民事诉讼法》的有关规定，为先民后行预设了可行空间。该法第150条第1款第5项规定，本案必须以另一案的审理结果为依据，而另一案尚未审结的，中止诉讼。上文已经论述了民事事实是商标侵权纠纷行政案件的重要审理内容，符合诉讼中止的条件。

（3）证据采信标准

角度行政诉讼采信标准低于民事诉讼的采信标准。针对同一事实引起的民事诉讼和行政诉讼，由于行政诉讼涉及行政执法机关，其提供的证据有行政执法机关诚信背书，行政执法机关提供的证据更容易被人民法院采信。换句话说，在商标侵权案件中，民事诉讼涉案当事人构成商标侵权的，在行政诉讼中也应当被认定为商标侵权，但反过来不一定成立。因此先民后行从证据采信标准的角度出发，具备可行性。

部分地区在实务中已经采取相类似的做法，具体的立法设计和具体内容，将于本章第三节"立法完善与司法适用建议"部分予以论述。

二、商标混淆性的认定要素

商标的混淆性认定主要适用于商品构成类似和商标构成近似的情形。当被控侵权标识和所使用的商品与注册商标标识和核定使用商品构成近似或类似时，则需进一步认定两者是否达到一定的混淆程度，从而认定是否侵权。鉴于该问题情形多样、复杂，最高人民法院发布的司法解释专门对商标近似或商品类似的认定进行了原则性规定❶；由于该规范过于原则，在案例中发现法官裁判主观因素较为明显，自由裁量空间较大。因此，对"特定联系"和"容易造成混淆"的认定要素进行归纳研究，统一裁判标准，成为实践中亟待解决的问题。下文将针对商标的显著性、知名度和商标使用范围等要素如何影响商标混淆性进行重点说明。

（一）商标显著性、知名度对商标混淆性认定的影响

1. 商标显著性、知名度越高给予其的保护越强

商标显著性大小和市场知名度高低直接影响商标权保护力度和保护力度的大小，进而影响商标混淆性认定。❷ 商标显著性越大、知名度越高，商标权保护力度就越强，相似商标更容易引起公众的

---

❶ 详见《最高人民法院关于审理商标民事纠纷案件适用法律若干问题的解释》（法释〔2002〕32号）第9～12条。

❷ 孔祥俊. 商标法适用的基本问题［M］. 北京：中国法制出版社，2012：52.

混淆；相反，商标显著性小、知名程度低的，商标权保护范围就越小，更难与相似商标构成混淆。在实务案件中，法官应充分把握法律给予裁判者的自由裁量空间，深刻理解商标显著性、市场知名度与商标混淆性认定的法律关系，实现对商标权的强弱区分保护，加大对恶意抢注商标行为的打击力度，主动发挥法官良性主观因素，实现办理案件社会效果和法律效果的统一。

类似的法律精神和裁判规则在司法政策文件中早有体现。《最高人民法院关于当前经济形势下知识产权审判服务大局若干问题的意见》指出："认定商品类似和商标近似要考虑请求保护的注册商标的显著程度和市场知名度，对于显著性越强和市场知名度越高的注册商标，给予其范围越宽和强度越大的保护，以激励市场竞争的优胜者，净化市场环境，遏制不正当搭车、模仿行为。"在法院的裁判中，类似的裁判规则也得到很好的体现，具体案例如下。

[**基本案情**] 在北京嘉裕东方葡萄酒有限公司（以下简称"嘉裕公司"）与中国粮油食品（集团）有限公司（以下简称"中粮公司"）商标侵权案中，中粮公司是第70855号注册商标的注册商标申请人，认为嘉裕公司行为构成商标侵权，遂诉至法院。

[**法院观点**] 法院判决理由之一：对于在特定市场范围内具有驰名度的注册商标，给予与其驰名度相适应的强度较大的法律保护，有利于激励市场竞争的优胜者、鼓励正当竞争和净化市场秩序，防止他人不正当地攀附其商业信誉，从而可以有效地促进市场经济有序和健康发展。尽管在现代汉语中"长城"的原意是指我国伟大的古代军事工程万里长城，但中粮公司第70855号"长城牌"注册商标中的"长城"文字因其驰名程度而取得较强的显著性，使其在葡萄酒相关市场中对于其他含有"长城"字样的商标具有较强的排斥力，应当给予强度较大的法律保护。据此可以认定嘉裕公司

使用的"嘉裕长城及图"商标与中粮公司第70855号"长城牌"注册商标构成近似。嘉裕公司所称中粮公司第70855号"长城牌"注册商标中的"长城"二字本身作为商标没有显著性,其"嘉裕长城及图"商标与中粮公司的第70855号"长城牌"注册商标不构成近似的主张不能成立。❶

该判决贯彻了司法政策,考虑到客观实际,对知名度较高的第70855号商标给予较强的保护力度,最终认定涉案双方商标容易造成混淆、构成近似。在绝大多数情况下,商标使用是一种市场行为,涉及市场经济关系。司法政策正确把握商标的核心内涵,对具有较高显著性、知名度的商标给予更大的保护力度,顺应市场经济的发展逻辑,有利于市场经济稳定,对故意混淆、"搭便车"等行为起到更好的规制作用。但在认定显著性、市场知名度的过程中,因未对认定标准和考量内容作出具体规定,法官在司法实践中具有较大的自由裁量空间。

2. 司法实务中对商标较高显著性和知名度的认定缺乏具体裁量标准

商标的显著性、知名度需要被证明达到什么样的程度,以及需要考量哪几方面因素,才可以被认为具有较高显著性和知名度,这是具体案件中裁判者必须面对的问题。由于最高人民法院尚未发布相关司法解释,且司法实务中当事人双方情况、证据情况以及其他客观实际各有不同,因此不同案件中认定涉案商标较高显著性、知名度的考量因素不尽相同,如中国黄金珠宝公司诉广西琛宝贸易有限公司(以下简称"广西琛宝公司")商标侵权及不正当竞争案。

[**基本案情**] 中国黄金集团公司拥有第5366862号商标专用权

---

❶ 最高人民法院(2005)民三终字第5号民事判决书。

和第5366859号注册商标专用权。中国黄金珠宝公司被授权许可使用。中国黄金珠宝公司认为广西琛宝公司未经许可擅自在相同商品上使用近似商标，构成商标侵权行为，遂诉至法院。

[**法院观点**] 广西壮族自治区高级人民法院审理认为，涉案商标通过中国黄金珠宝公司与案外人中国黄金集团公司的使用，获得了各项荣誉、具有较高的知名度，也与中国黄金珠宝公司以及案外人中国黄金集团形成了紧密的联系。广西琛宝公司在经营活动中未规范使用"老"商标，其使用的"中国老牌黄金"标识中，"老"系以图形表示，显著性较弱，有些使用方式又与"牌"字形成词组修饰"黄金"，进一步削弱了显著性。而"中国""黄金"则以较大的字号位于"老"图形、小字号的"牌"两边，显著性较强，系涉案标识的主要部分，其与中国黄金珠宝公司的第5366862号商标、第5366859号商标的主要部分即文字部分"中国黄金"文字、读音完全相同，容易导致实际混淆。❶ 法院主要通过商标所获得的各项荣誉来认定具有"较高知名度"，通过涉案商标具体构造来认定"显著性较弱"，进而认定"中国黄金"和"中国老牌黄金"构成混淆。

在该案件中一审法院和二审法院对认定具有较高知名度、显著性的考量因素未存在较大分歧，但是仅通过商标所获得的荣誉就认定"中国黄金"商标具有较高知名度，显然不具有较强说服力。如该案判决能结合中国黄金集团公司在中国黄金行业的市场份额和行业地位，认定"中国黄金"商标具有较高的显著性和市场知名度，裁判理由则更具说服力。

相反的案例是蒙娜丽莎集团股份有限公司（以下简称"蒙娜丽

---

❶ 广西壮族自治区高级人民法院（2017）桂民终109号民事判决书。

莎公司")诉广西成达行进出口有限公司(以下简称"广西成达行公司")侵害商标权纠纷案。

[**基本案情**]蒙娜丽莎公司持有第7778991号商标、第1476867号商标、第3263410号商标。蒙娜丽莎公司认为广西成达行公司在其相同或类似商品上作为装潢及商品名称和标识使用的行为构成商标侵权,遂诉至法院。

[**法院观点**]审理法院在认定涉案注册商标"蒙娜丽莎"具有较高知名度和显著性时进行了较为充分的说理。广西壮族自治区高级人民法院审理认为:蒙娜丽莎公司将其生产的陶瓷产品出口国外,还在中央电视台等媒体发布大量广告,宣传蒙娜丽莎瓷砖。《广东科技报》《陶城报》《南方都市报》等媒体对蒙娜丽莎品牌产品进行了宣传报道。广州恒意会计师事务所有限公司、天健会计师事务所(特殊普通合伙)广东分所分别作出专项审计报告,审计意见为2013～2017年,蒙娜丽莎公司分别支出广告宣传费1946.83万元、1626.07万元、1492.06万元、2934.91万元、7017.14万元。2010年1月5日,北京北方亚事资产评估有限责任公司作出资产评估报告,评估结论为在评估基准日2009年11月30日持续使用前提下,"蒙娜丽莎"品牌价值为240579万元。蒙娜丽莎公司于2014～2017年分别纳税61534528.46元、107063823.71元、138876512.73元、175079627.63元。2017年10月18日,中国建筑材料企业管理协会公布2017年中国民营建材企业100强,蒙娜丽莎公司位列第41位。2018年4月10日,广东陶瓷协会出具推荐函,推荐第1476867号商标延续认定广东省著名商标,推荐函记载蒙娜丽莎公司2015～2017年的销售额分别为151793.5万元、220322.12万元、275809.45万元。2006年10月12日,蒙娜丽莎公司使用在第19类瓷砖商品上的商标被原国家工商行政管理总局商标局认定为驰名商标。佛山市

中级人民法院于 2006 年作出的（2006）佛中法民三初字第 204 号民事判决以及广东省高级人民法院于 2014 年 7 月 17 日作出的（2014）粤高法民三终字第 364 号民事判决中，均认定第 1476867 号、第 3263410 号、第 3406138 号注册商标为驰名商标。2009 年 4 月 13 日，中国轻工业联合会作出批复，同意授予蒙娜丽莎公司创建的蒙娜丽莎艺术馆"中国蒙娜丽莎（陶瓷）艺术馆"称号。第 1476867 号商标分别于 2011 年 12 月、2015 年 1 月获评广东省著名商标。蒙娜丽莎公司生产的蒙娜丽莎牌地砖分别于 2011 年 12 月、2014 年 12 月被评为广东省名牌产品。蒙娜丽莎公司生产的蒙娜丽莎牌陶瓷板于 2014 年 12 月被评为广东省名牌产品。蒙娜丽莎公司分别被广东省人民政府、佛山市人民政府评为 2015 年度省政府质量奖、佛山市政府质量奖。❶

该案判决结合了涉案商标专用权人的广告成本投入、宣传渠道、纳税情况、品牌价值、涉案商标社会获奖情况、驰名商标认定情况等多个要素，并结合其他证据予以充分证明后，最终认定涉案"蒙娜丽莎"商标具有较高显著性和市场知名度，考量要素合理全面，理由充分。

综上，司法实务对具有较高显著性和知名度的考量因素和认定标准存有较大的差异。这需要出台具体的司法解释或其他法律适用意见规定，适当限缩法官自由裁量空间，统一司法裁判标准。

（二）商标使用范围对商标混淆性认定的影响

1. 商标使用范围影响混淆认定

知识产权法律保护具有地域限制，仅在注册国内享受保护。商标权不仅具有地域性，现实中其知名度或显著性还受使用范围的影

---

❶ 广西壮族自治区高级人民法院（2019）桂民终 800 号民事判决书。

响。商标使用范围,是指商标专用权人使用商标所在的地域范围。例如,广西壮族自治区某水牛奶品牌,其在广西壮族自治区内有较高知名度,在广西壮族自治区牛奶市场中占较大比例,但在其他较远省份内几乎没有商标使用记录(品牌许可经营店等),可以说,该商标使用范围主要在广西壮族自治区内。那么在类似情况下,尤其是在服务商标具有更明显的使用地域范围的情况下,如何区分处理商标专用权人在全国各地开展的商标维权诉讼,成为实务中一大难题。具体案例如"星河湾"商标侵权系列案。

[**基本案情**]广州星河湾实业发展有限公司(以下简称"广州星河湾公司")持有第1946396号商标,核定使用在第36类不动产管理等服务、第37类建筑等服务上。该商标被认定为广东省著名商标。广州宏福房地产有限公司获得使用第1946396号商标的许可,先后在广州、北京、上海、太原开发了"星河湾"地产项目,各项目均为高档商品房住宅。2011年广州星河湾公司分别在江苏、四川、天津等地提起商标侵权诉讼,控告当地房地产企业在楼盘上使用第1946396号商标,侵犯其注册商标专用权。

[**法院观点**]当地高级人民法院均认定不构成侵权,其主要原因即为房地产所具有的区域性。❶江苏、四川、天津高级人民法院从房地产的区域性角度阐述被诉侵权行为不会造成混淆:第1946396号商标、"星河湾"楼盘名称在广东、北京享有一定知名度,但由于房地产作为不动产,无论是房地产开发商对其开发楼盘的宣传,还是该楼盘的消费群体均局限于相对特定的地域范围内,第1946396号商标具有特定的使用范围。原告未举证证明其在被告所在区域有提升涉案商标知名度的行为,未证明第1946396号服务

---

❶ 最高人民法院(2013)民提字第3号民事判决书。

商标在被告所在区域的知名度。

还有一个较为典型的案例是"巴黎春天"商标侵权系列案，具体案情如下。

[**基本案情**] 北京巴黎春天摄影有限公司持有第 1789975 号"巴黎春天及图"商标，核定服务项目为第 42 类的"婚纱摄影、摄影"，并许可义乌、上海当地摄影公司使用。2011 年北京巴黎春天摄影有限公司针对不同被告的侵权行为，分别在江苏、山东提起商标侵权诉讼。

[**法院观点**] 关于商标使用范围对混淆判定、侵权判定的影响，两地高级人民法院认定完全不同。山东省高级人民法院认定被告不构成商标侵权，理由在于：涉案注册商标是服务商标，核定服务种类为婚纱摄影，而该类服务具有较强地域性特点，原告商标在义乌、上海等地使用，被诉侵权商标仅在青岛使用，原告无法证实其涉案注册商标在青岛地区具有较高的知名度。❶ 北京巴黎春天摄影有限公司与李村巴黎春天婚纱摄影商标所对应的相关公众并不重合，因此不会造成混淆误认。

"星河湾"商标侵权系列案件和"巴黎春天"商标侵权系列案中，较好反映了商标使用范围对商标混淆认定的影响问题。从这两起商标侵权系列案件可以看出，商标使用范围对商标混淆认定有较大影响，这种影响在服务商标混淆认定中尤为突出。商标使用范围对商标混淆认定所产生的影响，是由商标自身特性和市场经营活动特性共同决定的。商标尤其是服务商标一般具有一定的使用范围，大到全国乃至多国范围内，小至某一市县级区域范围内。市场经济活动参与者一般都是理性经济人，趋利性是其本质。部分商标使用

---

❶ 最高人民法院（2014）民提字第 29 号民事判决书。

人考虑到自身经营成本和客观实际仅在某一地区进行商标使用行为和市场经营，这就导致其商标的显著性和市场知名度只限于该使用范围内，其他地区的近似商标使用实质上不会侵害在先商标使用人的利益。这就是为什么上述案例中的法院认为被告不构成商标混淆的原因。

2. 弱化商标使用范围对混淆认定的影响

如上所述，审判实务中部分法院将商标使用范围作为商标混淆认定的直接考虑因素。这一做法逻辑上似乎存在矛盾，应当弱化商标使用范围对混淆认定的影响。如果仅以在先商标使用的地域范围为限，从而允许相同或近似的在后商标在其他地域范围进行使用，这就相当于直接将在先商标的权利范围限制在其此前使用的地域范围内，这明显与商标法律保护制度相违背。同时考虑到在互联网时代、数字经济时代，生产资料要素流通速度日益加快，商品和服务内容日益丰富，国内各地之间的区域壁垒慢慢被打破，过度强调商标的使用范围不利于商标专用权人未来扩大经营，会阻碍市场经济发展。笔者认为，在处理此类案件时，应当提高站位，顺应网络信息社会的时代潮流，综合考虑涉案双方商标使用情况，弱化商标使用范围对商标混淆认定的影响，同时，对那些明显利用商标法律制度谋取不当利益的恶意诉讼行为进行打击和规制。

"星河湾"商标侵权系列案件和"巴黎春天"商标侵权系列案的最终判决，也反映了些许弱化商标使用范围对商标混淆认定的倾向。"星河湾"商标侵权系列案件，最高人民法院经过再审认为，现代社会信息流通丰富快捷，相关房地产开发商在全国各地陆续开发系列房地产楼盘亦非罕见，被诉侵权标识容易误导公众，因此改判认定被告构成商标侵权。在"巴黎春天"商标侵权系列案中，江苏省高级人民法院认定被告商标侵权成立，理由在于：虽然有些服务类注册商标中提供的服务项目具有一定地域性特点，但并不意味着该注册商标的保护范围仅能覆盖至商标权人所提供的服务项目所在区域；服务商标知名度的覆盖区域，在商标侵权判定中不应作为混淆判断的重要依据，而应仅作为认定被控侵权人是否具有攀附他人商誉的故意以及确定损失赔偿数额的考量因素。随后，最高人民法院再审改判山东省高级人民法院关于"巴黎春天"商标侵权系列案的判决，认定被告构成商标侵权，理由与江苏省高级人民法院一致。

类似案例还有谊来陶瓷工业有限公司（以下简称"谊来公司"）与福祥陶瓷有限公司（以下简称"福祥公司"）商标侵权纠纷案。具体案情如下。

[**基本案情**] 谊来公司拥有"爱尔发"注册商标，"维纳斯"曾经是"爱尔发"注册商标下的一个系列名称。被告福祥公司于1995年取得"亚细亚"注册商标，1999年开始使用"维纳斯"作为"亚细亚"注册商标下的一个商品系列名称。谊来公司认为福祥公司在其产品上使用"维纳斯"商标构成侵权，遂诉至法院。

[**法院观点**] 审理法院认为：判断在同一种或者类似商品上将与他人注册商标相同或者近似的标志作为商品名称使用是否属于《商标法》规定的侵权行为，是否误导公众，是认定的必备条件之一；该案中，虽然福祥公司使用的"维纳斯"与上诉人的注册商标相同，且都用在瓷砖上，但其商品销售的渠道不同。福祥公司包装箱上印有"维纳斯"文字的商品，仅在沈阳陶瓷城的"亚细亚"店进行销售，普通消费者施以一般注意力就不会对"亚细亚"专卖店里出售的维纳斯系列商品与"维纳斯"注册商标的商品产生误认。❶该判决明确将销售地域，即"仅在沈阳陶瓷城的'亚细亚'店进

---

❶ 最高人民法院（2004）民三终字第2号民事判决书。

行销售"作为判断是否构成商标混淆的考量因素。

通过上述案例可以发现，在部分判决中商标的使用范围对商标混淆认定、商标侵权认定产生一定影响，尤其是在服务商标中。由于服务商标的使用范围限制，服务商标一般仅在一定的使用范围内对商标权人具有直接经济价值，其知名度一般限于服务商标所使用的区域范围，在使用范围以外的区域进行商标维权，难免有恶意诉讼、过度维权的嫌疑。这就导致部分裁判者在面对类似案件时，会着重考虑商标使用范围以及商品和服务的特性，防止商标专用权人获取不当利益，从而认为不会造成混淆。但与此同时，过度考量商标使用范围对商标混淆认定的影响，或者将商标使用范围作为认定混淆的直接因素，会影响商标专用权人对商标的使用，且其内在逻辑与商标法律保护制度相悖。这就需要我们适当弱化商标使用范围对商标混淆认定的影响，在打击恶意维权的同时，还要顺应互联网经济时代的要求和趋势。

三、商品、服务是否类似的判定因素

认定商品、服务是否类似是商标侵权诉讼的焦点问题。商品、服务的多样性决定了认定其构成类似的复杂性。商品、服务类似的认定要素内容、适用参考依据的合理性和规范性，都是需要深入研究探讨的问题。本书针对商品、服务构成类似的认定要素内容、参考适用《商标注册用商品和服务国际分类表》（以下简称《分类表》）和《类似商品和服务区分表》（以下简称《区分表》）的合理性与规范性等内容，结合实务案例，进行以下粗浅分析研究。

（一）认定要素研究

1. 司法实务中的认定要素

认定商标、服务构成相同或类似是商标侵权的构成条件之一，最高人民法院出台了相关司法解释对类似商品、服务的概念内涵和认定要素作出说明。《最高人民法院关于审理商标民事纠纷案件适用法律若干问题的解释》第 11 条规定:"商标法第五十七条第(二)项规定的类似商品,是指在功能、用途、生产部门、销售渠道、消费对象等方面相同,或者相关公众一般认为其存在特定联系、容易造成混淆的商品。类似服务,是指在服务的目的、内容、方式、对象等方面相同,或者相关公众一般认为存在特定联系、容易造成混淆的服务。商品与服务类似,是指商品和服务之间存在特定联系,容易使相关公众混淆。"

在具体实务中,法官主要从哪几个方面来认定商品、服务构成相同或类似,需要从具体案例中进行分析,例如南宁市加州八珍烧鸡店与南宁市鸿典餐饮店侵害商标权及不正当竞争纠纷案。具体案情如下:

[**基本案情**] 南宁市加州八珍烧鸡店成立于 2001 年,注册有第 1722641 号商标。经过近二十年的经营,在南宁开设有多家门店,并获得"广西名小吃金奖"等多项荣誉。南宁市鸿典餐饮店擅自使用"家吉加州八珍"作为店面招牌,商铺内柜台左上角标识有"家吉"字样,柜台正中间位置标识有"加州八珍"字样,加州八珍烧鸡店为此提起侵权诉讼。

[**法院观点**] 针对涉案的商品与服务是否构成类似,审理法院认为,在该案中,南宁市加州八珍烧鸡店第 1722641 号商标虽注册在商品类别,但是由于死家禽、肉、猪肉食品等作为餐饮业的食材,消费对象主要为喜爱禽肉食品的普通消费者,而具体消费方式通常为品尝由餐饮类经营者采取一定方式烹饪加工后提供的禽肉食品,上述消费渠道、消费对象、消费方式的相同使得提供禽肉食品与提供烹饪禽肉食品服务之间产生密切联系,极易导致相关公众对

于两者产生混淆。根据《最高人民法院关于审理商标民事纠纷案件适用法律若干问题的解释》第11条第3款的规定,商品与服务类似,是指商品和服务之间存在特定联系,容易使相关公众混淆,故南宁市鸿典餐饮店提供的餐饮服务与南宁市加州八珍烧鸡店第1722641号注册商标核定使用的商品类似。❶

分析该案判决可知,南宁市中级人民法院在认定涉案商品和涉案服务构成类似时,主要从消费渠道、消费对象、消费方式等几个要素进行考虑,并最终认定涉案服务和商品容易导致相关公众产生混淆。该案判决较好地遵循了《最高人民法院关于审理商标民事纠纷案件适用法律若干问题的解释》中的有关规定。

2."相关公众一般认知"与"区分表"的有机结合

现实生活中,由于商品、服务种类多样,不同种类的商品、服务之间的细微差距一般人难以区别,需要法官准确把握"相关公众一般认知"的标准,结合具体案情考虑客观实际,来争取正确判断涉案商品、服务是否构成相同或类似,如柳城县许氏食品厂(以下简称"许氏食品厂")与柳城县太平聚龙食品厂(以下简称"聚龙食品厂")、苏某、莫某侵害注册商标专用权纠纷案。具体案情如下。

[**基本案情**] 许氏食品厂持有第3801882号商标。原告许氏食品厂认为,聚龙食品厂在该商标保护期限内突出使用"许师傅"文字在牛腊巴肉制品上,会使相关公众认为是原告产品,或者与原告"许师傅"品牌存在某种特定关系,从而使相关公众产生误认混淆,构成商标侵权,遂诉至法院。

[**法院观点**] 该案二审对是否构成侵权的审查重点是使用了被

---

❶ 广西壮族自治区南宁市中级人民法院(2019)桂01民初1494号民事判决书。

诉侵权标识的被诉侵权商品与请求保护的第3801882号注册商标核准使用的商品是否相同商品或是否类似商品并容易导致混淆。在商标侵权纠纷案件中，认定商品是否相同，对于国内商品应当依据《区分表》来判定，在《区分表》（第十版）中，"肉脯"与"腌腊肉"同属于第29类商品中的2901类似群，商品代码分别为C290006和290137，其中"肉脯"商品代码C290006中的"C"表示该种商品为未列入世界知识产权组织制定的《分类表》的我国常用商品，因此，作为国内商品，"肉脯"与"腌腊肉"不是相同商品。一审判决认定"肉脯"与第3801882号注册商标核准使用的商品是相同商品错误，二审法院予以纠正。对于是否构成类似商品，应当根据《最高人民法院关于审理商标民事纠纷案件适用法律若干问题的解释》第11条第1款和第12条的规定来判定。根据上述规定，类似商品是指在功能、用途、生产部门、销售渠道、消费对象等方面相同，或者相关公众一般认为其存在特定联系、容易造成混淆的商品。认定商品是否类似，应当以相关公众对商品的一般认识综合判断，《分类表》《区分表》可以作为判断类似商品的参考。从一般公众的认知来看，"肉脯"与"腌腊肉"都是经过加工便于保存食用的非鲜肉制品，其用途都是肉类食品，由食品生产厂家加工生产，在市场肉类食品区销售，一般都视为相类似的商品。如果参照《区分表》，"肉脯"与"腌腊肉"同属2901类似群商品，根据《区分表》编制方法，同一类似群内的商品原则上判定为类似商品，除非特别注释说明不相类似。而2901类似群没有特别注明"肉脯"与"腌腊肉"为不相类似商品，因此，按照《区分表》对类似商品的划分，"肉脯"与"腌腊肉"为类似商品。综上，结合相关公众对商品的一般认知和参考《区分表》对类似商品的区分，

可以认定"肉脯"与"腌腊肉"在国内商品中属类似商品。❶

该案有效诠释了类似商品的主要判定标准及与《区分表》的有机结合。为解决这一问题，部分法官选择从具体认定要素内容（如商品材料、用途、加工生产销售渠道等）来确定"相关公众的一般认知"，部分法官则是将《分类表》《区分表》与"相关公众的一般认识"画等号。显然前一做法更加符合司法解释《最高人民法院关于审理商标民事纠纷案件适用法律若干问题的解释》的规定精神。但鉴于现实中法官对法律的理解适用不一致，对过于宏观和抽象的司法解释的规定在具体案件中仍掌握不一，因此对于商品或服务类似的认定，需要进一步细化认定标准和认定要素内容，这对商标的行政管理也具有积极意义。

（二）参考适用《分类表》《区分表》的合理规范性研究

《分类表》是根据《商标注册商品和服务国际分类尼斯协定》制定的商标类目分类表，《分类表》定期修订，一是增加新的商品，二是将已列入分类表的商品按照新的观点进行调整，以求商品更具有内在的统一性。以《分类表》为基础进行调整划分的《区分表》亦存在定期更新、随着社会行业发展不断修订完善的特点。这是上述司法解释规定商品类似的判断以"相关公众的一般认知"为标准，《分类表》《区分表》仅作为参考的重要原因之一。然而审判实践中对《分类表》《区分表》的适用把握理解不一，存在过度依赖《分类表》《区分表》，将《分类表》《区分表》与"相关公众的一般认知"画等号的现象。此种实践作法值得思考。本书就实践中下列两种情形进行分析。

---

❶ 广西壮族自治区高级人民法院（2017）桂民终15号民事判决书。

1. 《分类表》《区分表》与行业标准发生冲突时的考量

商标侵权纠纷案件涉及各行各业，法院在参考《分类表》认定涉案商品或服务是否构成类似时，应结合相关行业规定知识，从行业角度进行充分理解与适用。下面以成都华美公司提起的全国商标系列维权诉讼为例对相关问题进行探讨。

[**基本案情**]❶ 成都华美牙科连锁管理股份有限公司（以下简称"成都华美公司"）经受让，于2015年取得涉案第1687940号和第3588191号注册商标专用权，两商标核定服务项目分别为第42类"医疗诊所、牙科"和第44类"按摩（医疗）、医院、保健、整形外科、头发移植、芳香疗法、疗养院、休养所、护理（医务）、心理专家"。2017年开始，成都华美公司陆续在全国范围对重庆华美整形美容医院有限公司（以下简称"重庆华美"）等提起侵权诉讼。诉讼期间重庆华美针对第3588191号注册商标向国家知识产权局提出撤销申请，国家知识产权局作出商评字［2020］第68571号《关于第3588191号"华美"商标撤销复审决定书》，决定撤销第3588191号商标在"整形外科、头发移植、疗养院、休养所、心理专家"服务上的注册。成都华美公司对该撤销复审决定不服，引起该案行政诉讼。

[**法院观点**] 北京知识产权法院一审认为，案件争议焦点为诉争商标于指定期间内在"整形外科、头发移植、疗养院、休养所、心理专家"服务上是否进行了真实、合法、有效的商业使用。该案中，原告行政阶段提交的证据仅涉及口腔医院、牙科、诊所，上述服务属于对"4401医疗服务"中牙科服务的使用。虽然牙科服务

---

❶ 北京知识产权法院（2020）京73行初6581号行政判决书，北京市高级人民法院（2021）京行终1132号行政判决书。

与医院服务处于同一类似群，但在《区分表》明确载有牙科服务的情况下，口腔医院所提供的牙科诊疗服务不在"4401 医疗服务"的涵盖范围内。鉴于诉争商标并未注册"牙科"服务，故上述证据所涉服务不属于诉争商标核定使用的服务。原告主张证据 5、13～15 中金华华美美容医院股份有限公司（以下简称"金华华美医院"）、苏州华美美容医院有限责任公司（以下简称"苏州华美医院"）、衢州华美美容医院有限责任公司（以下简称"衢州华美医院"）的网络和报纸宣传、广告等材料可以证明诉争商标于指定期间内在"医院、整形外科"上的使用。北京知识产权法院认为，上述三家公司的多处宣传证据中显示"华美"二字或与其他图形共同使用，或以商号组成部分出现。同时即便进行了网络宣传或发布了广告，但原告未能提供任何证据证明上述公司在指定期间内实际提供了服务，进而证明消费者能够在广告发布后的合理期间内通过正常渠道获得标有诉争商标的服务，起到实际区分服务来源的作用，因此仅凭上述证据不能证明诉争商标于指定期间内在"医院、整形外科"服务上进行了《商标法》意义上的使用，故判决驳回成都华美公司请求撤销复审决定的诉讼请求。

成都华美公司不服，提起上诉。北京市高级人民法院二审审理认为，成都华美公司提交的证据可以证明，诉争商标在口腔医院上已实际使用，而口腔医院是医院的下位概念，在口腔医院和医院未被《区分表》同时作为独立服务项目的情况下，诉争商标在口腔医院上的使用应当视为在医院上的使用。现有证据也可以证明，成都华美公司与金华华美医院合作期间，金华华美医院实际为患者提供了美容整形服务，而医院、牙科、整形外科均属于"4401 医疗服务"，故诉争商标在指定期间已经实际使用在"医院、整形外科"服务上。鉴于"头发移植、心理专家"与"医院、整形外科"均属于"4401医疗服务"中的第一部分，故诉争商标在"头发移植、心理专家"上的注册应予维持；而"疗养院、休养所"属于"4401医疗服务"中的第二部分，"4401医疗服务"项目中明确记载，该类似群各部分之间服务不类似，故诉争商标在"医院、整形外科"服务上的使用不足以维持其在"疗养院、休养所"服务上的注册。因此，成都华美公司有关诉争商标在"医院、整形外科"等服务上应维持有效注册的上诉理由成立。

上述两个法院对案件争议焦点问题的不同认定给我们引发思考，一是涉案商标在牙科、口腔医院的使用能否等同于在医院上的使用；二是对于《区分表》"4401医疗服务"中第一部分并排列举的医院、牙科、整形外科、头发移植等服务类型，能否理解为类似服务。从医疗行业规定看，根据国务院颁布的《医疗机构管理条例》、原国家卫生和计划生育委员会修订的《医疗机构管理条例实施细则》、原卫生部下发的《医疗机构诊疗科目名录》等规定，首先，医疗机构主要划分为医院、卫生院、疗养院、门诊部、诊所、卫生所等；医院类别分为综合医院、中医医院、中西医结合医院、民族医院、专科医院、康复医院等，没有口腔医院的类型。其次，在医疗机构诊疗科目中，口腔科与医疗美容科属于并列的诊疗科目名录，可知在医疗行业内，口腔科与医疗美容科在服务类别上区分是明确的。在行业标准已明确区分两类服务的情况下，能否以均属于《区分表》"4401医疗服务"的第一部分列举的服务内容认定属于类似服务？进一步说，虽然"医院、牙科、整形外科"均属于"4401医疗服务"的第一部分，但第一部分所列举的服务内容有十几种，如果将十几的医疗服务均当然理解为类似服务，比如"440185心理专家服务"与"440156整形外科"、"440194人工授精"与"440156整形外科"，似乎不符合相关公众的一般认知。关于《区分表》"4401 医疗服务"中注明的"本类似群各部分之间服务不类似",应理解为第一部分与第二部分之间服务不类似,还是各部分内列举的服务不类似,需要明确。笔者认为,随着社会的发展,在日常生活中,在相关公众已足以明确区分"医疗服务与医疗美容服务""医院、牙科及医疗美容整形"等服务类别的情况下,上述二审法院对服务类似的分析理由,抑或会与"相关公众的一般认知"标准不一。此种情况下,法院应依据行业标准,还是应依据《区分表》分类标准对类似服务进行判定,需要深入研究与明确。

2.《区分表》的突破性理解适用

关于突破《区分表》认定构成类似服务的问题,实务中案例也有体现,比如南宁市百安居涂料店与广西睡宝涂料有限公司(以下简称"睡宝涂料公司")、宾阳县丞坤睡宝装饰材料部侵害商标权纠纷案。

[基本案情] 南宁市百安居涂料店认为,其是第 8185191 号注册商标的注册人,其享有的注册商标专用权受法律保护,睡宝涂料公司、宾阳县丞坤睡宝装饰材料部未经其许可,在类似商品上使用与其注册商标近似的商标,容易导致相关公众混淆,侵犯了其注册商标专用权,构成商标侵权,随诉至法院。

[法院观点] 广西壮族自治区南宁市中级人民法院一审认为:南宁市百安居涂料店涉案注册商标核定使用的商品为第 17 类补裂缝用化学化合物、补漏用化学合成物、防水隔热粉等。被控侵权产品 JS 水泥基防水涂料、瓷砖胶、三合一防裂宝是防水补漏、补裂缝、粘贴瓷砖的建筑材料。由此可以看出,睡宝涂料公司生产的 JS 水泥基防水涂料、瓷砖胶、三合一防裂宝已非第 2 类颜料、染料和防腐制品中的油胶泥、白色(染料或涂料)、涂料(油漆),而应归于第 17 类商品。因此,睡宝涂料公司在其生产的被控侵权产品

上使用其获得的注册商标范围已实际超出了其注册商标核定使用的第 2 类商品的范围。同时，从相关公众的一般认知来看，被控侵权产品 JS 水泥基防水涂料、瓷砖胶、三合一防裂宝与百安居涂料店 JS 聚合物水泥基防水涂料、瓷砖黏合粉剂、防裂宝的功能、用途基本相同，均达到防水补漏、补裂缝、粘贴瓷砖的目的；从销售渠道、消费对象来看，由于二者产品功能、用途基本相同，销售渠道、消费对象等方面也基本相同。无论是直接消费南宁市百安居涂料店产品或睡宝涂料公司产品的相关公众，还是与涉案产品营销有密切关系的经营者，均易认为二者相互间存在特定的联系，容易产生混淆和误认。

睡宝涂料公司提出上诉，认为：被控侵权商品与涉案商标核定使用的第 17 类商品不是《区分表》（第十一版）中的同一类商品，并且两者在原材料、产品的生产方式、产品形状、产品的功能用途上存在显著区别，一审法院突破《区分表》（第十一版）认定两者为类似商品属于明显错误。二审法院认为：首先，可以认定被控侵权商品 JS 水泥基防水涂料属于《区分表》（第十一版）第 2 类 0205 "涂料、油漆及附料" 类商品中 C020012 防水粉（涂料），因 0205 防水粉（涂料）与 1705 防水隔热粉属于类似群商品，南宁市百安居涂料店认为 JS 水泥基防水涂料已超出第 2 类商品范围，属于第 17 类商品的主张没有依据，不能支持；其次，上诉人举证主张被控侵权商品瓷砖胶、三合一防裂宝是胶泥类商品，类似于第 2 类 0205 "涂料、油漆及附料" 类商品中 C020013 树脂胶泥；而南宁市百安居涂料店认为瓷砖胶、三合一防裂宝与其核定使用第 17 类商品的补漏用化学化合物、补裂缝用化学合成物构成类似，但根据《区分表》（第十一版）的记载，第 17 类补漏用化学化合物及填缝材料归类于 1702 "非金属密封减震制品" 中，可见从功能及用途上看，瓷砖胶、三合一防裂宝并非减震制品，而与0205胶泥类商品更具有相似性。据此，南宁市百安居涂料店主张被控侵权商品瓷砖胶、三合一防裂宝亦超出第2类商品使用范围，属于第17类商品没有依据，不予支持。❶

由上述案例可以看出法院对突破《区分表》的谨慎态度。理论界和实务界都认为，《区分表》作为长期大量商标审查实践的总结，具有较高的权威性，原则上应予遵守，不能随意突破。要突破《区分表》必须符合一定的条件，遵循必要的原则，否则将不利于商标注册秩序的稳定和商标权人合法权益的保护。❷ 关于突破《区分表》需要遵循什么原则，满足什么条件，目前尚未有统一论断，还需要各方努力进一步明确。

四、商标权的权利界限及相关商业主体的权益保护

世上没有绝对自由，也没有绝对权利，权利也必须有界限，自由应当以他人自由为界限（称为相对自由），权利也应当以他人权利为界限。商标保护法律制度在立法技术上赋予了商标专用权人较大的权利，但权利界限并不清晰，这就导致实务中出现商标诉权滥用、商标专用权与商标商誉的权益冲突、商标使用侵犯企业字号权等诸多问题。

（一）商标诉权的滥用

商标权利人为谋取不当利益，滥用商标诉权屡见不鲜，其通过大量重复诉讼行使诉权，导致涉诉企业无法正常开展其他经营活

---

❶ 广西壮族自治区高级人民法院（2018）桂民终235号民事判决书。
❷ 薛明华. 突破《类似商品与服务区分表》的考量因素 [J]. 中华商标，2016 (8): 32-33.

动,同时极大地浪费司法资源和社会资源。遵循民事法律基本原则,明确商标权利界限,正面规制商标诉权滥用的行为,避免恶意第三人利用商标制度谋取不正当利益,维护其他商业主体权益。

实务中,商标专用权人滥用诉权的行为屡禁不止,如广西宝婴汇商贸有限公司(以下简称"宝婴汇公司")在受让取得商标专用权的几个月内在全国提起了近百起诉讼,是否属于滥用诉权,相关审理法院给予了正面回应,具体案情如下。

[基本案情] 宝婴汇公司以其拥有第 22584405 号"宝婴"文字商标专用权为由,起诉了被告广西翔鸿一心堂药业有限责任公司(以下简称"一心堂药业公司")等药店销售"婴宝"等护肤品侵害其注册商标专用权。

[法院观点] 广西壮族自治区高级人民法院二审针对宝婴汇公司的滥诉行为做了如下分析:《商标法》(2019 年修正)第 7 条第 1 款规定,申请注册和使用商标,应当遵循诚实信用原则。诚实信用原则作为经营者申请注册和使用商标时应遵循的基本准则,其一方面鼓励经营者通过诚信经营来培育和壮大自身产品的品牌,保护经营者在此基础上产生的财产性权益,以及基于合法、正当目的支配该财产性权益的权利;另一方面,诚实信用原则要求经营者在经营活动中应讲究信用、诚实不欺,在不损害他人合法利益和社会公共利益的前提下追求自身利益。同样,诚实信用原则也是民事诉讼活动应遵循的基本原则。《民事诉讼法》第 13 条第 1 款规定,民事诉讼应当遵循诚实信用原则。一方面,诚实信用原则保障当事人有权在法律规定的范围内行使和处分自己的民事权利和诉讼权利;另一方面,诚实信用原则要求当事人应善意、审慎地行使自己的诉讼权利,不能损害他人合法权益和社会公共利益。任何违背法律目的和精神,以损害他人正当权益为目的,恶意取得并行使权利、扰乱市

场正当竞争秩序的行为均属于权利滥用，其相关主张不应得到法律的保护和支持。综合该案情形判断，宝婴汇公司提起诉讼的行为已超出了正当维权的界限，系对注册商标专用权和民事起诉权的滥用。一是宝婴汇公司明知标有"婴宝"标识的被诉产品已于2016年开始在市场生产销售，但是其在2019年6月27日受让涉案注册商标后，短短几个月的时间即提起近百起诉讼，主观恶意明显。二是宝婴汇公司并未将其涉案注册商标商品投入市场，被控侵权行为并未产生侵占其商品市场份额的损害后果，也没有证据证实因被控侵权行为所产生的实际经济损失。且宝婴汇公司明知可通过只起诉被诉侵权产品生产公司从而制止其侵权行为的情况下，却选择以销售被诉侵权产品的药店、母婴店在全区各地开展系列诉讼索赔，明显具有通过制造系列诉讼获取多重赔偿的意图，实质是通过司法诉讼来谋求不当利益。三是宝婴汇公司通过大量重复诉讼行使诉权的行为，直接或间接地造成涉诉的企业无法正常开展其他生产经营活动，也极大地浪费了有限的司法资源。因此，被上诉人关于宝婴汇公司构成恶意诉讼的抗辩成立，对宝婴公司借用司法资源以商标权谋取不正当利益之行为法院依法不予保护。❶

　　法院通过个案认定恶意维权，对当地企业经营起到了良好的示范效果。审理法院综合考虑了宝婴汇公司的提起诉讼情况（几个月内提起近百起）、主观恶意（企图获得多重赔偿）、造成影响（直接或间接造成多家企业无法正常开展生产业务）等情形要素，最终认定宝婴汇公司违背诚实信用原则，构成恶意诉讼，属于司法审判中少有的案例。但如何在倡导加强知识产权保护意识的同时又杜绝违背诚信、滥用权利企图谋取不当利益的行为，需要立法进行

---

❶ 广西壮族自治区高级人民法院（2020）桂民终126号民事判决书。

规制。

同样的问题在全国知名的"优衣库"商标滥用诉权案也有体现。

[**基本案情**] 2014 年 3 月,广州市指南针会展服务有限公司(以下简称"指南针公司")委托北京盈科(广州)律师事务所向优衣库商贸有限公司(以下简称"优衣库公司")发出律师函,称在"天猫商城"及各地经营的"优衣库"专卖店销售的涉案商品突出使用第 G1133303 号标识,侵犯了其享有的涉案注册商标专用权,要求优衣库公司立即停止侵权并作出合理赔偿。之后,指南针公司、广州中唯企业管理咨询服务有限公司(以下简称"中唯公司")以优衣库公司及其下属分公司侵害指南针公司、中唯公司涉案注册商标专用权为由,分别向全国多家法院提起诉讼。

[**法院观点**] 最高人民法院认为:指南针公司、中唯公司以不正当方式取得商标权后,目标明确指向被告优衣库公司、迅销(中国)商贸有限公司(以下简称"迅销公司")等,意图将该商标高价转让,在未能成功转让该商标后,又分别以优衣库公司、迅销公司及其各自门店侵害该商标专用权为由,以基本相同的事实提起系列诉讼;在每个案件中均将优衣库公司或迅销公司及作为其门店的一家分公司作为共同被告起诉,利用优衣库公司或迅销公司门店众多的特点,形成全国范围内的批量诉讼,请求法院判令优衣库公司或迅销公司及其众多门店停止使用并索取赔偿,主观恶意明显,其行为明显违反诚实信用原则,对其借用司法资源以商标权谋取不正当利益之行为,法院依法不予保护;优衣库公司关于指南针公司、中唯公司恶意诉讼的抗辩成立,予以支持。❶

---

❶ 最高人民法院(2018)最高法民再 396 号民事判决书。

在上述判例中，最高人民法院肯定了在规制商标专利权人滥用诉权的行为时，通过援引诚实信用原则等法律基本原则去对滥诉行为进行否定评价。但在商标权以及其他知识产权权利范围不断扩张、保护力度不断加强的今天，依靠法律基本原则来规制滥诉行为充分说明了立法的漏洞与空白。要从根本上减少滥诉行为，节约司法资源，稳定市场秩序，需要推动立法完善，从立法上明确商标权利界限，对商标滥诉行为作出惩罚性规定，从而确保司法上能够给予滥诉行为强力回应，避免恶意滥诉人利用商标法律制度获取不当赔偿，维护法律秩序和权威，维护其他商业主体合法权益。

（二）商标专用权与品牌商誉创造者的权益冲突

1. 现实中商标权利人与商誉创造者的权益冲突

商标作为一种商业标识，其作用是识别不同的商品或服务来源，作为知识产权重要客体之一，是文字、图形、颜色等要素组合而成的具有显著性特征的标识。商誉（goodwill）是商标所承载的公共评价。商誉与商标相比更为复杂，它是一种具有评价性意义的文化资产，是消费者对商品或服务进行评价的总和，是社会公众对于某一商品或服务的质量、性能、等级的共识，是其好坏优劣的公共舆论，是关于商品/服务以及作为其供给者的厂商的一种特殊声誉。❶ 良好的商誉、口碑是企业的重要资产，是企业辛苦经营的回报，能为企业带来丰厚的利益。由此可知，商誉是商标长时间使用的产物，对企业至关重要。

相关案例如黄某诉广西爱民餐饮管理有限公司、柳州市爱民餐

---

❶ 吴元元. 在所有与使用之间：商誉保护的制度逻辑：以广药集团与加多宝公司系列争讼为中心［J］. 东方法学，2020（2）：65-78.

饮管理有限公司、何某等侵害商标专用权纠纷一案❶，具体案情如下。

[**基本案情**] 黄某与何某系婶侄关系，双方最初一起在柳州经营螺蛳粉生意。2007年何某经申请注册，取得涉案商标。原告黄某知晓后，于2011年受让取得涉案商标专用权，并于2013年8月30日成立柳州市鱼峰区黄爱民螺蛳粉店开展经营。原告发现，何某及何某成立的公司在未取得黄某许可的情况下，即以"爱民螺蛳粉"品牌在广西各地经营或许可他人经营。原告起诉主张被诉店面在店面门头招牌、美团网页宣传上使用被控侵权标识"爱民螺蛳粉"，及在美团网页宣传上使用被控侵权标识"爱民及图"的行为侵害其注册商标专用权。

[**法院观点**] 该案中一审法院认定被诉店面在美团网页宣传上使用被控侵权标识"爱民及图"的行为构成商标侵权。案件争议焦点为：被诉店铺门头招牌、美团网页宣传中使用被控侵权标识"爱民螺蛳粉"文字标识是否构成商标侵权。

广西壮族自治区高级人民法院认为，首先，从整体比对来看，被诉侵权标识"爱民螺蛳粉"以文字的形式表现，而涉案注册商标以类似印章造型的图形呈现，二者在整体视觉上有很大的差别。其次，从商标主要部分的比对来看，涉案注册商标的主要识别部分为"爱民"文字及图形的组合，被诉侵权标识"爱民螺蛳粉"中"螺蛳粉"三字是广西柳州地方特色小吃的名称，不具有识别服务提供者的作用，其主要部分是"爱民"二字。通过对主要部分的比对，虽然两者"爱民"读音相同，但是字形不同，并且前者"爱民"二字与图形组合使用，二者不构成相同或相近似。最后，从注册商

---

❶ 广西壮族自治区高级人民法院（2019）桂民终1050号民事判决书。

标的显著性和知名度来看,"爱民"二字本身具有关爱百姓之意,属于普通词汇,显著性较弱,上诉人黄某未能提交证据证明通过其长期使用和广告宣传之后,涉案注册商标已经成为知名商标或驰名商标,在广西或者全国范围内具有较高的知名度,被诉店面使用"爱民螺蛳粉"文字的行为可能造成消费者的混淆和误认。该院因此认定被诉店面在门头招牌、美团网页宣传上使用被控"爱民螺蛳粉"的文字标识不构成商标侵权。

最高人民法院对该问题的认定却持不同的观点。❶ 最高人民法院认为,关于门头招牌、美团网页宣传上使用被控侵权标识"爱民螺蛳粉"的行为是否构成侵犯商标权的问题,涉案商标"爱民"为其主要呼叫部分,"爱民"虽为非臆造词,亦具有关爱百姓之意,但其文字内容与餐饮服务关联性不强,用在餐饮服务类别上难以认定显著性较弱。被诉侵权标识"爱民螺蛳粉"与涉案商标的显著识别部分均为"爱民",两者在读音和含义上完全相同,构成近似。以相关公众的一般注意力为标准,容易导致消费者对服务的来源产生混淆,侵犯黄某的注册商标专用权。

该案中,我们看到了商标实际使用情况与品牌市场价值的形成过程。笔者认为,法院裁判既要注重加大对知识产权的司法保护力度,又应充分考虑如何平衡注册商标专用权人与其他市场经营主体的利益;既要保障商标权利人的利益,又要充分保障、发挥商誉应有的经济功能,带动、引领健康良好的市场经济行为,促进产业不断发展壮大。

2. 有效维护商誉创造者的权益

随着知识经济时代的到来,商誉已成为商业主体的核心竞争力

---

❶ 最高人民法院(2020)最高法民申 6651 号民事裁定书。

之一。❶ 在面对商标商誉实际创造者与商标专用权人等一些主体不同的情况时，秉持公平正义理念，作出公平合理的裁决，这让裁判者的职业素养和专业水平面临极大挑战，特别是在现有法律体系还未对该种情况作出规定的背景下。因此，笔者认为，在处理商誉与商标之间利益冲突的案件时，只有明确处理案件的核心要点，才能做到科学裁判。在处理商标与商誉的利益冲突案件时，就必须明确谁是商誉创造者，谁对商誉的贡献大。如前所述，良好商誉是企业、个人的无形资产，需要长时间经营、使用才能形成稳定、良好的商誉。谁对商誉贡献越大、使用频率越高意味着其付出的成本越大，作为回报，谁就越有资格获得商誉带来的利益。

在凉茶行业中，发生在加多宝饮料食品有限公司（以下简称"加多宝公司"）和广州医药集团有限公司（以下简称"广药集团"）之间的系列诉讼案件，双方核心争讼点就是商标商誉。1997年广药集团在注册申请了"王老吉"商标后，将该商标授权于鸿道（集团）有限公司使用，鸿道（集团）有限公司又授权其旗下子公司加多宝公司使用。经过加多宝公司精心的经营和品牌推广战略，"红罐凉茶"王老吉已经成为中国家喻户晓的凉茶饮料，❷ "怕上火，喝王老吉"的广告语深入人心，这些成绩都离不开加多宝公司的贡献。后因商标授权使用合同续展问题，加多宝公司失去了"王老吉"商标的使用权，由此引发了加多宝公司和广药集团之间商标侵权纠纷系列案件。从商标专用权利制度来看，广药集团不再授权加多宝公司继续使用"王老吉"商标，加多宝公司自然无权再使

---

❶ 范敦强. 商誉权的法律属性及其保护模式 [J]. 上海政法学院学报（法治论丛），2015（3）：52-58.

❷ 杨延超. 加多宝对"王老吉"的贡献如何保护 [EB/OL]. (2012-05-29) [2020-03-02]. https://finance.qq.com/a/20120529/000441.htm.

用。但从商誉创造者角度来看,"王老吉"商标一直都是加多宝公司在使用,也是使"王老吉"商标成为全国知名品牌的主要贡献者,其对"王老吉"商标上所负载的商誉有突出贡献和决定性作用。加多宝公司的品牌战略可谓非常成功,在商标、包装装潢、广告语上都付出了较大的智力投入和经济投入,且都易被消费者识别。如果仅从商标专用权利角度看待这一问题,那么不再授权加多宝公司继续使用"王老吉"商标明显违背基本法理,违背公平原则。因此在审理涉及商标与商誉权益冲突案件时,就需要司法裁判者在利益分配中格外慎重,在当下法律规范的框架下充分理解商誉对企业的重要意义及商誉生成过程,构建商标主体与商誉主体之间的利益平衡机制,兼顾商标所有者和商标增值期间的商誉创造者的权益,充分发挥司法裁判定分止争、合理分配利益的作用,对商标商誉创造者给予恰当的法律保护,从而为培育、维护商誉创造的持久激励提供制度推力。

(三)企业字号使用行为的侵权研究

1. 企业名称的不规范使用

注册商标和企业名称之间的冲突涉及民事侵权、商标侵权、不正当竞争等法律问题,最高人民法院通过司法解释和司法政策解决了有关商标使用侵犯在先企业名称的问题。《最高人民法院关于审理注册商标、企业名称与在先权利冲突的民事纠纷案件若干问题的规定》第1条第1款对于注册商标和企业名称之间的权利冲突的受理问题规定:"原告以他人注册商标使用的文字、图形等侵犯其著作权、外观设计专利权、企业名称权等在先权利为由提起诉讼,符合民事诉讼法第一百一十九条规定的,人民法院应当受理。"《最高人民法院关于审理商标民事纠纷案件适用法律若干问题的解释》第1条第1项规定,将与他人注册商标相同或者相近似的文字作为企业的字号在相同或者类似商品上突出使用,容易使相关公众产生误认的,亦属于侵害注册商标专用权的行为。由此,擅自使用他人注册商标作为企业字号,构成相关侵权行为的,法院可以根据原告的诉讼请求,要求被告承担侵权责任。处理该类案件时,法院如何把握问题本质,正确处理解决该类纠纷是实务中的重点突出问题。

判断企业名称是否侵犯他人注册商标的关键在于是否存在突出使用他人注册商标的行为。商标主要功能和目的是识别商品来源。《商标法》(2019年修正)第48条规定:"本法所称商标的使用,是指将商标用于商品、商品包装或者容器以及商品交易文书上,或者将商标用于广告宣传、展览以及企业商业活动中,用于识别商品来源的行为。"企业名称作为一种标识,其功能是区分此企业和彼企业,其功能与自然人姓名类似。《企业名称登记管理规定》第4条规定,企业只能登记一个企业名称,企业名称受法律保护。所以,判断企业名称是否侵犯他人注册商标,其重点在于企业名称是否超越了本身功能设定,突出使用具有争议的企业名称,进而起到了识别商品来源的作用。

实务中如何区分商标性使用和企业名称使用,如何明确注册商标与企业名称之间的关系,可以通过具体案例来感受。如在携程计算机技术(上海)有限公司(以下简称"携程公司")与广西南宁携程旅行社有限公司(以下简称"南宁携程旅行社")侵害商标权及不正当竞争纠纷案,就较好地反映了现实中企业名称不规范使用侵犯他人注册商标的问题,具体案情如下。

[基本案情] 携程公司成立于1994年,其第1511948号"携程CTRIP"注册商标曾被认定为驰名商标和上海市著名商标,在旅游行业具有较高知名度。南宁携程旅行社成立于2014年,其12家分支机构在门店招牌上使用了"广西南宁携程旅行社"字样,其中

"携程旅行社"字体较大。

[**法院观点**] 法院认为,《商标法》第57条第2项规定,未经商标注册人的许可,在同一种商品上使用与其注册商标近似的商标,或者在类似商品上使用与其注册商标相同或者近似的商标,容易导致混淆的,属于侵犯注册商标专用权的行为。《最高人民法院关于审理商标民事纠纷案件适用法律若干问题的解释》第1条第1项规定,将与他人注册商标相同或者相近似的文字作为企业的字号在相同或者类似商品上突出使用,容易使相关公众产生误认的,亦属于侵害注册商标专用权的行为。该案中,南宁携程旅行社在其门店招牌、微信公众号上使用"广西南宁携程旅行社"字样,并将"携程旅行社"以较大字体进行使用,属于以突出方式使用"携程旅行社"标识,超出了其字号意义上的使用,构成识别来源的商标性使用。南宁携程旅行社经营范围包括旅行社服务、旅游信息咨询服务等,与涉案商标核定使用的服务在服务的内容、对象等方面均存在明显的重合,构成相似服务。涉案商标为中、英文结合商标,其呼叫部分主要在于中文部分即"携程"。在"广西南宁携程旅行社"中,广西南宁为地域名称,旅行社为服务类型,携程则为其标识的显著部分,该显著部分与涉案商标的中文部分的文字、读音均相同,鉴于涉案商标具有较高知名度及显著性,上述两标识构成商标相似。涉案商标在核定服务上具有较高知名度和显著性,南宁携程旅行社在类似的服务上使用与涉案商标相似标识,极易使相关公众误认其提供的服务来源于携程公司或者与携程公司有特定关系,故南宁携程旅行社违反上述法律规定,侵害了涉案商标专用权。❶

该案判决中,法院充分考虑了南宁携程旅行社使用"携程"标

---

❶ 广西壮族自治区南宁市中级人民法院(2019)桂01民初2024号民事判决书。

识的综合情况，认定其突出使用"携程旅行社"等标识字体，具有识别商品来源的功能，超出了企业名称使用的一般规范和意义，侵犯了原告商标专用权。具体认定步骤包括：首先，涉案"携程"商标具有创意新颖性、显著性以及较高知名度。其次，南宁携程旅行社经营范围包括旅行社服务、旅游信息咨询服务等，与涉案商标核定使用的服务在服务的内容、对象等方面均存在明显的重合，构成相似服务。再次，被告南宁携程旅行社在其各大门店上突出使用"携程旅行社"标识，构成商标性使用，具有识别商品来源的作用。最后，涉案商标与涉案企业名称的中文部分的文字、读音均相同，鉴于涉案商标具有较高知名度及显著性，法院认定涉案两标识构成商标相似，并最终认定被告构成侵权。该判决事实认定清楚，法律适用正确，程序合法，准确把握住注册商标与企业名称的本质区别，明确涉案标识的不同作用，公平合理地作出判决，达到良好的法律效果和社会效果，对解决同类案件有重要借鉴意义。

综上所述，规范企业名称使用行为的重要抓手在于，正确区分商标与企业名称之间的差异，其本质在于区分注册商标和企业名称的作用和功能定位。正确认识商标性使用的内在涵义和地位，有助于同时促进两个标识的规范性使用，还间接地明确商标权利界限，侧面保护商标权益。在理论界已有学者提出商标性使用是商标侵权构成中与混淆可能性并列的一个独立要件的观点[1]，明晰商标性使用的内在涵义，可以为企业名称等在先权利保护提供保障。

---

[1] 吕炳斌. 商标侵权中"商标性使用"的地位与认定 [J]. 法学家, 2020 (2)：73-87.

2. 与不正当竞争竞合问题的处理

（1）商标侵权与不正当竞争之间的关系

《商标法》和《反不正当竞争法》系专门法与特别法的关系，两部法律所保护的权益存在重合。实务中经常出现原告诉求认定被告同一行为构成商标侵权以及不正当竞争，由此产生了商标侵权与不正当竞争的竞合问题。如何处理商标侵权与不正当竞争的竞合问题存在分歧。一种观点认为，侵害商标权和不正当竞争纠纷在事实认定和责任承担上存在竞合关系，应在立案阶段由当事人择一案由起诉，法院根据该具体明确的诉讼请求进行审理并作出判决。另一种观点认为，侵害商标权和不正当竞争纠纷虽然在事实认定和责任承担上存在部分竞合关系，但以商标为载体的权利并不仅限于商标权，就民事权利的全面保护而言，不正当竞争行为的认定是对商标侵权行为认定的补充，具体情况应通过案件审理认定。

第二种观点在广西壮族自治区高级人民法院处理的南宁市加州八珍烧鸡店与南宁市鸿典餐饮店侵害商标权及不正当竞争纠纷案得到具体体现。法院对南宁市鸿典餐饮店的行为是否构成商标侵权、是否构成不正当竞争分别做了评价。这恰恰证明了广西壮族自治区高级人民法院认同上文所提到的第二种观点，认为商标侵权和不正当竞争不是择一关系，而是竞合或补充关系。

（2）正确把握商标侵权与不正当竞争之间的关系

上文明确了商标侵权与不正当竞争属于竞合关系，如何在实务中具体把握这一关系正确处理实务中的纠纷，是审判实务中的难题，还是要通过分析具体案例来了解实务中的做法。

在上述提到的南宁市加州八珍烧鸡店与南宁市鸿典餐饮店侵害商标权及不正当竞争纠纷案中，关于南宁市鸿典餐饮店的行为是否侵害南宁市加州八珍烧鸡店涉案注册商标专用权的问题，法院认为，南宁市鸿典餐饮店系以改变其主张的注册商标的显著特征、拆分等方式使用该标识，根据相关法律规定，可以在该案中按照《商标法》的规定判断是否构成侵权。该案中，南宁市加州八珍烧鸡店第1722641号商标虽注册在商品类别，但是由于死家禽、肉、猪肉食品等作为餐饮业的食材，消费对象主要为喜爱禽肉食品的普通消费者，而具体消费方式通常为品尝由餐饮类经营者采取一定方式烹饪加工后提供的禽肉食品，上述消费渠道、消费对象、消费方式的相同使得提供禽肉食品与提供烹饪禽肉食品服务之间产生密切联系，极易导致相关公众对二者产生混淆。最终法院认定，南宁市鸿典餐饮店在其店铺招牌、柜台以及美团外卖平台店招上使用的标识与涉案注册商标相近似，容易使得消费者对其提供的卤制食品来源产生误认。根据《商标法》（2019年修正）第57条第2项规定，未经商标注册人的许可，在同一种商品上使用与其注册商标近似的商标，或者在类似商品上使用与其注册商标相同或者近似的商标，容易导致混淆的，属侵犯注册商标专用权的行为，故南宁市鸿典餐饮店的行为构成了对南宁市加州八珍烧鸡店涉案注册商标专用权的侵害。❶

关于南宁市鸿典餐饮店的行为是否构成不正当竞争的问题，法院认为，《反不正当竞争法》第6条第2项规定："经营者不得实施下列混淆行为，引人误认为是他人商品或者与他人存在特定联系：……（二）擅自使用他人有一定影响的企业名称（包括简称、字号等）、社会组织名称（包括简称等）、姓名（包括笔名、艺名、译名等）"。企业名称、字号是用于识别市场主体身份的重要营业标识，消费者或者购买者可以通过不同的营业标识而识别不同

---

❶ 广西壮族自治区南宁市中级人民法院（2019）桂01民初1494号民事判决书。

的市场主体，最终用来识别商品或服务的来源。制止经营者擅自使用他人的企业名称、字号等，是为了防止市场混淆，即防止经营者擅自使用他人具有一定知名度的商业标识，制造市场混淆，攀附他人商誉。该案中，南宁市加州八珍烧鸡店于 2001 年 1 月 12 日注册成立，登记字号为"加州八珍"。经过南宁市加州八珍烧鸡店的诚信经营以及长期、广泛使用，"加州八珍"字号在该地区消费者中具有一定的知名度，为相关公众所知悉。南宁市鸿典餐饮店未经南宁市加州八珍烧鸡店的许可，擅自将"加州八珍"字号用于店铺招牌、柜台及美团外卖平台店招中，容易引人误认为其提供的卤制食品是南宁市加州八珍烧鸡店提供的商品或者与南宁市加州八珍烧鸡店存在特定联系，其行为构成不正当竞争。"❶

正确把握商标侵权和不正当竞争之间的竞合关系，合理分配行为人侵权责任和不正当竞争责任。上述案例中，法院综合案情对被告的行为做了两次评价，分别认定被告构成商标侵权和不正当竞争。分析判决文本可知法官裁判思路是：首先，认定涉案商标构成近似，容易使相关公众产生混淆，并最终认定被告构成商标侵权；其次，认定被告行为为擅自使用他人商标标志，制造市场混淆，属于不正当竞争。笔者认为在处理商标侵权和不正当竞争的竞合问题时，可以采取上述案例的做法。具体理由如下：一是更全面地评价侵权人的违法行为。正如上述案例中，南宁市鸿典餐饮店的侵权行为并不仅是商标侵权行为，作为市场经营者其行为扰乱了市场竞争秩序，属于不正当竞争行为，要实现对南宁市鸿典餐饮店行为的全面评价，就必须同时认定其构成不正当竞争。二是更全面地保护被侵权人的合法权益。上述案例中，若仅认定南宁市鸿典餐饮店负有

---

❶ 广西壮族自治区南宁市中级人民法院（2019）桂 01 民初 1494 号民事判决书。

商标侵权损害赔偿责任，有对被侵权人损失认定不足的可能，应在正确认定违法行为性质的基础上实现对商标的全面保护。同时，在责任承担上应当适当明确商标侵权和不正当竞争的责任比例，若行为人只实施了一个行为，不宜要求其承担过重的赔偿责任，需要在具体案例中灵活分配。

第三节 立法完善与司法适用建议

一、民行程序交叉问题的解决

民行程序交叉是指，在商标纠纷中，有关行政管理部门针对商标侵权与否作出认定后，当事人不服以行政管理部门为被告提起行政诉讼，同时，以商标纠纷中的另一方当事人为被告提起民事诉讼的情形。民行程序交叉问题需要重点关注的是先后顺序问题，其本质是为了避免两个诉讼程序出现相悖的事实认定的情形。民事诉讼程序与行政诉讼程序在理论上本无实质上的冲突关系，但实务中由于商标侵权的复杂性，不同法官对同一事实有不同的判断。笔者结合自身司法审判经验，考虑有关立法和商标行政管理现状，认为可以通过"先民后行"的做法来解决民行程序交叉问题。"先民后行"是指在民行程序交叉情况下，可暂时中止审理行政诉讼，待民事诉讼程序结束后，再继续进行行政诉讼程序。正如南玻集团、东莞南玻公司因远大公司诉钦州市市场监督管理局商标管理行政处罚、钦州市人民政府行政复议案中审理法院认为，法院审理行政案件时，应当将与被诉行政行为合法性相关联的民事争议作为被诉行政行为的主要事实进行审查和判断，不得以基础民事纠纷属于另一法律关系为由，对基础民事争议事实不予考虑直接作出行政实体判决。可见民事争议事实是构成案件的事实基础，由民事审判庭先审理民事争议事实，再由行政审判庭对行政行为合法性进行审理，符合诉讼逻辑，即可避免行政诉讼与民事诉讼的冲突，也为行政诉讼提供了事实依据。下文将对先民后行的必要性和可行性进行探讨，并对先民后行的具体运行机制进行初步设计。

（一）先民后行的必要性和可行性

先民后行的必要性在于防止出现同一事实出现不同的法律评价现象。一些现实案例往往让人哭笑不得。如当事人双方已经签订调解书，一方当事人已赔偿另一方当事人的经济损失，但最后专家评审一致认定不构成侵权。部分行政案件中，民事事实已经成为行政案件的基础，是行政案件重要审理内容。为避免在民行程序交叉时，行政诉讼对民事事实认定与民事诉讼对民事事实认定不一致，必要时可以采取先民后行的做法，灵活适用具体诉讼规则，提高诉讼效率。同时，将商标案件中民事事实认定工作交由民事审判庭处理，由行政审判庭负责认定行政行为合法性，更符合两类程序的审判职能设置，树立法院威信。

首先，先民后行的可行性在于立法为先民后行预设了可行空间，先民后行的做法不违反相关诉讼法及有关规则的规定。《最高人民法院关于执行〈中华人民共和国行政诉讼法〉若干问题的解释》第97条规定："人民法院审理行政案件，除依照行政诉讼法和本解释外，可以参照民事诉讼法的有关规定。"《民事诉讼法》第150条第1款第5项规定："本案必须以另一案的审理结果为依据，而另一案尚未审结的"，中止诉讼。这两项规定可以说是人民法院实行先民后行办案规则的主要法律依据，其为民行程序交叉情况下先民后行的做法提供了可行性。其次，审判实务中已有对先民后行的初步探讨。在前文所提到的南玻集团、东莞南玻公司因远大公司诉钦州市市场监督管理局商标管理行政处罚、钦州市人民政府行政复议案，也遇到类似民行程序交叉问题。实务中遇到的主要问题是涉案民事事实不清，当事人又未提起民事诉讼，承办案件的行政法官必须厘清民事法律关系，这对行政庭法官而言是一大难题。上述案件审结后广西壮族自治区高级人民法院民三庭对该案件展开研讨，认为，以后遇到类似案件可以民事审判为核心，优先进行民事诉讼，行政诉讼依据民事判决认定的事实来确认涉案行政行为的合法性。立法上的可行性和审判实务中对先民后行的初步探讨，为民行程序交叉下先民后行的做法提供了一定可行性。

（二）先民后行的运行机制

先民后行的运行机制具体设计应包括适用条件、适用程序两个方面。先民后行要求具备一定的适用条件，不是任何情况下都可以适用先民后行的办案规则。首先，必须是在民行程序交叉情况下才能适用。先民后行的前提条件必须是有民有行，只有在当事人一方就同一侵权事实同时或先后提起民事诉讼和行政诉讼，才能适用先民后行办案规则。其次，行政案件必须以另一案的审理结果为依据。《民事诉讼法》第150条规定内容为先民后行预设了可行空间，要中止行政诉讼就要达到必须以民事诉讼的审理结果为依据的标准。如果案件双方当事人对侵权事实没有争议，仅仅是对侵权责任分配或其他事项存在异议的话，就没有中止行政诉讼的必要。

先民后行也必须遵循基本的诉讼程序。首先，法官应当主动申请中止诉讼。对涉及商标民事侵权的行政案件，民事事实认定成为案件审理的关键。行政诉讼必须以民事案件结果为前提时，审理法官应当按照先民后行的原则，主动中止行政审理程序，而不是被动地应当事人的申请而中止。其次，是法官应当行使释明权。先民后行案件的特殊性在于民事事实成为行政诉讼的基础，为了厘清事实人民法院主动中止诉讼程序,而不是民事诉讼中的当事人认为必须撤销行政行为而主动申请要求法院中止民事诉讼。因而,在审判实践中,法官应当行使释明权,将这一情况及时向当事人进行释明,说明该案行政争议的处理应当以民事纠纷的审理结果为依据,需要暂时中止行政诉讼程序的进行,先对当事人之间的民事纠纷进行审理;然后根据民事纠纷的处理结果,审查行政机关的具体行政行为是否合法,再对行政诉讼案件作出裁判。❶

二、明确商标混淆性的认定规则

商标混淆认定囊括了商品、服务构成相同或类似和混淆认定两大板块的内容。正如上文所述,在司法审判实务中存在不同的裁判人员认定商品、服务构成相同或类似所考量的要素内容存在差异,以及参考依据本身存在不足与对参考依据定位错误的问题。笔者认为,应当在现有立法基础上,结合审判实务情况,总结细化商品或者服务相同或类似的认定要素,完善参考依据的内容,避免出现因立法过于宏观进而导致同案不同判的问题,促使审判人员正确认识参考依据的功能定位,发挥《分类表》《区分表》的价值功能。针对商标混淆认定,要细化商标混淆认定的司法规则,明确不同要素对商标混淆认定的影响,强化商标显著性、市场知名度对商标混淆性认定的影响,弱化商标使用范围对商标混淆性认定的影响,保障法院规范认定商标混淆。

---

❶ 卢国伟,魏少永. 民行交叉案件"先民后行"原则的适用 [EB/OL]. (2017 - 06 - 05) [2020 - 01 - 02]. http: // blog. sina. com. cn/s/blog_6affaaf90102xct5. html.

（一）商品、服务构成相同或类似的认定要素和参考依据

1. 明确各认定要素具体内容

笔者考察现有法律本文，参考已生效判决，认为目前商品、服务相同或类似的认定要素需要在立法上进行细化。《最高人民法院关于审理商标民事纠纷案件适用法律若干问题的解释》第11条规定："商标法第五十七条第（二）项规定的类似商品，是指在功能、用途、生产部门、销售渠道、消费对象等方面相同，或者相关公众一般认为其存在特定联系、容易造成混淆的商品。类似服务，是指在服务的目的、内容、方式、对象等方面相同，或者相关公众一般认为存在特定联系、容易造成混淆的服务。商品与服务类似，是指商品和服务之间存在特定联系，容易使相关公众混淆。"该解释明确了认定类似商品、服务的主要参考要素包括对象、渠道、功能、用途等，还规定了将"相关公众一般认为存在特定联系、容易造成混淆"作为认定商品、服务构成类似的核心标准。正如上文所提到的南宁市加州八珍烧鸡店与南宁市鸿典餐饮店侵害商标权及不正当竞争纠纷案，反映了实务中认定商品、服务构成相同或类似存在多个认定要素。法院判决在认定构成类似商品主要基于一般公众的认知和《区分表》，这显然过于宏观和抽象，实务中不好精准把握，因此，及时总结细化商品和服务相同或类似的认定要素成为司法实践中亟待解决的问题。笔者建议，在立法上可以明确各认定要素具体内容，同时出台相应司法解释，细化认定的具体规则和要求，弥补《最高人民法院关于审理商标民事纠纷案件适用法律若干问题的解释》第11条规定的内容过于宏观和抽象的不足。细化主要从两个方面进行：一是扩大认定要素种类，以应对商标混淆认定中出现的新要素；二是细化考量各要素的标准，有助于法官把握

"相关公众一般认为存在特定联系、容易造成混淆的"这一核心标准。

2. 完善参考依据

完善细化《分类表》《区分表》，防止出现由《分类表》《区分表》不全不细而导致类似商品或者服务认定错误的现象。《区分表》是认定商品或服务构成类似的重要参考，实践中，法院只能在形式上理解《分类表》《区分表》的作用和功能，实质上还是将《分类表》《区分表》的内容作为一般公众认识的依据和来源，从而导致不规范地参考适用《区分表》的现象。笔者认为，商标侵权纠纷案件涉及各行各业，因为《区分表》自身存在缺陷，法院在认定涉案商品或服务构成相同或类似时，只能将《区分表》作为参考依据或者理由之一，同时还需要结合相关专业知识。

在适用《区分表》过程中，其本身的缺陷会导致对混淆认定产生较大分歧。如在上述提到的某牙科公司与某医疗美容公司商标侵权及不正当竞争纠纷案件中，某医疗美容公司提供的医疗美容服务与"华美"商标核准使用的服务类别"医院、牙科"是否属于同一类别产生较大争议，法官难以形成统一意见。该案反映出审判人员对《区分表》关于商品、服务的划分情况尚不能形成共识。鉴于商品经济和商品种类的复杂性和多样性，建议不断完善《区分表》体系和内容，不断巩固《区分表》法律权威地位，从而使其真正起到重要参考依据的作用。

3. 正确认识参考依据的功能定位

正确认识参考依据的功能定位，避免过度依赖《分类表》《区分表》。《最高人民法院关于审理商标民事纠纷案件适用法律若干问题的解释》明确规定《区分表》仅是认定商品或服务构成相同或类似的参考，也就是说《区分表》不是唯一参考，更不是认定标准。实务中，裁判者明显存在"偷懒"行为，直接依据《区分表》的规定作出裁判，明显不符合《最高人民法院关于审理商标民事纠纷案件适用法律若干问题的解释》对《区分表》的法律定位，容易凸显《区分表》本身的缺陷。笔者认为，应当完善有关法律法规，提高裁判者的意识，帮助其明确《区分表》的功能地位，避免过度依赖《区分表》而出现错误判决。

《区分表》不可过度依赖，亦不能随意突破。《区分表》作为司法解释规定的法律参考文件，在实务中具有较高的参考价值和权威，原则上不能突破《区分表》对商品、服务的分类，除非《区分表》规定的内容与相关公众的一般认知不一致。突破《区分表》的有关规定还要考虑诸多因素，如涉案商标的近似程度、侵权人的主观恶意程度、涉案商标显著性和市场知名度、侵权规模大小等因素。

（二）商标混淆性的司法认定规则

统一商标混淆性认定的裁判标准，扩大商标显著性和市场知名度对商标混淆认定的影响，完善认定商标具有较高知名度和显著性的标准，是实现商标保护的重要司法手段；同时弱化商标使用范围对混淆认定的影响，顺应互联网经济时代的发展趋势。

1. 扩大商标知名度、显著性对商标混淆认定的影响

《中华人民共和国电子商务法》出台意味着我国电子商务进入法治阶段，扩大商标市场知名度、显著性对商标混淆认定的影响，实现对商标的强保护，是电子商务经济时代下商标保护的必然要求。电子商务规模不断扩大，使得商标保护遇到新困境。电子商务的特征是普遍性、方便性，对不法分子来说电子商务有着隐秘性强、成本低的特点，也就是说在电子商务时代下，商标侵权更方便、快捷、安全，特别是显著性强、知名度高的商标更容易成为被

侵权的对象。《关于强化知识产权保护的意见》要求进一步强化知识产权保护，提高保护效果。在目前不断强调为企业营造法治化营商环境的背景下，强化商标显著性、知名度对商标混淆认定的影响，对显著性强、知名度高的商标提供更加有力的保护显得尤为必要。同时还要细化混淆认定的标准，明确认定因素的具体内容，确立混淆认定具体规则，为商标提供更加有效的全面保护。

笔者认为，认定涉案商标是否具有较高显著性和知名度需要综合多方因素考量。具体因素如：涉案商标本身的具体情况，涉案商标所获奖项、荣誉情况，涉案企业的规模大小和经营情况，涉案商标商品或服务的市场份额大小，涉案商标使用人的广告宣传投入情况等。以上所列因素是法官结合案件具体情况认定涉案商标是否具有较高显著性和市场知名度的依据，进而给予其不同程度的保护。当商标的知名度、显著性越高时，法院给予该商标更大的保护力度。但是在认定商标具有较高知名度、显著性时，应当有充分的依据和理由，并且需要有相应的证据予以证明。同时，笔者建议出台相关司法解释，细化认定商标显著性和知名度所考虑的要素以及具体标准和程度范围，适当限制目前过于宽泛的自由裁量权，为裁判提供更详细的参考依据。

2. 弱化商标使用范围对商标混淆认定的影响

上述建议既符合经济发展趋势，又与实务做法相吻合。随着社会经济和科学技术发展，传统的线下经济、实体经济逐步减少，而线上经济和电子商务经济成为主要经营模式。线上经济模式的优势在于可以打破区域壁垒，商家的经营信息可以被不同地区的消费者知悉，让商标的使用范围不断"扩大"。应顺应互联网经济时代趋势，弱化商标使用范围对商标混淆认定的影响。在互联网、数字经济时代下，生产资料要素流通速度日益加快，商品和服务内容日益丰富，国内各省份之间的区域壁垒慢慢被打破，过于强调商标的使用范围，不利于商标专用权人未来扩大经营，阻碍市场经济发展。笔者认为，在处理此类案件时，应当提高站位，顺应网络信息社会的时代潮流，综合考虑涉案双方商标使用情况，弱化商标使用范围对商标混淆认定的影响，同时，对那些明显利用商标法律制度谋取不当利益的恶意诉讼行为进行打击和规制。

在"巴黎春天"商标侵权系列案件中，江苏省高级人民法院认定被告商标侵权成立，理由在于"虽然有些服务类注册商标中提供的服务项目具有一定地域性特点，但并不意味着该注册商标的保护范围仅能覆盖至商标权人所提供的服务项目所在区域。服务商标知名度的覆盖区域，在商标侵权判定中不应作为混淆判断的重要依据，而应仅作为认定被控侵权人是否具有攀附他人商誉的故意以及确定损失赔偿数额的考量因素。最高人民法院再审时也同意江苏省高级人民法院的判由。江苏省高级人民法院弱化了商标使用范围对商标混淆认定的影响，虽然涉案服务仅发生在一定区域范围内，但不认为商标保护范围仅能覆盖到商标权人使用区域范围。由此，在立法上弱化商标使用范围对商标混淆认定的影响，特别是在涉及大型网络运营商、网络商品服务的案件中，可以更大限度保证商标专用权人的权益，避免侵权人利用使用范围要素来规避对商标权的侵权责任。

三、确定商标权利界限的立法和司法建议

明确商标权利界限，协调商标与不同标识之间的冲突关系，维护其他商业主体权益。商标权利界限过大，间接引起商标滥诉行为，企业名称、字号权利范围被迫限缩，商标与商誉之间利益的难以平衡，直接导致商标商誉主体权益遭到侵害。商标权利界限过

小，与企业名称、字号和商标商誉之间的冲突也难以得到缓和。因此必须要在立法上确立商标权利范围、明确其与其他商业标识和有关权益主体的关系，在司法实务中正确理解商标权利本质，考虑不同主体的利益，确保作出公平公正的判决，发挥司法裁判定分止争的作用。下文将从商标使用与企业名称使用的区分、商标与商誉的利益平衡机制以及如何有效规制商标滥诉行为等三个方面分别论述，以期能对解决商标实务前沿问题有些许启发。

（一）区分商标使用与企业名称使用

现实案例中，侵权人不乏是从企业名称权角度进行说理以对抗被侵权人的控诉，企图利用商标与企业名称之间的模糊关系来掩盖自身的侵权事实。商标与企业名称都属于商业标识，都具有识别来源的作用功能，但也有区别。❶ 任何能够将自然人、法人或者其他组织的商品、服务与他人的商品、服务区别开的文字、图形、字母、数字、三维标志、颜色组合和声音等，以及上述要素的组合，均可以作为商标申请注册。《商标法》（2019年修正）第8条对商标的规定，已经道出商标的功能性本质，就是用于与他人的商品、服务进行区分，从而能够识别商品、服务的来源。企业名称由行政区划名称、字号、行业或者经营特点、组织形式组成。❷ 一个企业只能登记一个企业名称，一个企业可以有多个注册商标，一个注册商标也可以由多个主体共有。总的来说，商标用于识别商品、服务来源，企业名称用于识别不同的企业。

商标与企业名称不同的作用和功能定位，决定了商标使用与企业名称使用的差别。商标使用是指商标用于商品、商品包装或者容

---

❶ 参见《商标法》（2019年修正）第8条。
❷ 参见《企业名称登记管理规定》第6条。

器以及商品交易文书上,或者将商标用于广告宣传、展览以及其他商业活动中,用于识别商品来源的行为。❶ 商标使用的例子在我们日常生活中随处可见,如电视播放的"飘柔"洗发露广告、街上看到"特步"专卖店、经常喝的"康师傅"饮料,如果单纯只看这些标识,消费者就能够轻松获取、过滤信息,准确识别不同商品,但无法知悉商品、服务背后是哪个企业。而企业名称的作用就是用于识别企业,如宝洁(中国)有限公司(飘柔)、特步(中国)有限公司(特步)、顶益(开曼岛)控股有限公司(康师傅),这些企业名称也可以用于商品、商品包装、广告宣传以及其他商业活动中,用于识别不同企业。现实生活中,存在企业名称的不规范使用,从而侵犯了他人注册商标专用权的情况。突出使用企业名称的字号且该字号与在先的注册商标构成相同或近似,是典型的企业名称不规范使用。

规制企业名称的不规范使用,关键在于案件审理者要理解商标和企业名称的功能性区别,并要明晰案件审理思路。审理思路包括几个方面:一是对企业名称是否进行突出性使用。企业名称突出性使用违背企业名称的功能定位,起到识别商品来源的效果,与注册商标的功能相重合,可能造成市场混淆。二是判断企业字号突出使用部分与他人在先的注册商标是否构成相同或近似。企业字号不规范使用的部分往往与在先的注册商标相同或近似,以此才有可能造成混淆,获取不当利益。三是企业名称、字号的使用是否容易引起他人混淆。应深刻理解注册商标与企业名称、字号这两种不同标识的作用,防止不当利用者利用企业名称的合法外衣侵犯他人在先商标权利。

---

❶ 参见《商标法》(2019 年修正)第 48 条。

（二）商标与商誉的利益平衡机制

商标与商誉之间的冲突问题，说明需要设计一套有效利益平衡方案，来平衡商标专用权人与商标商誉创造者之间的利益冲突。正如在上文所提到的"王老吉案"中，加多宝公司付出了巨大成本所创造积攒下来的商誉，随着商标授权许可使用合同到期都转移到了广药集团，考虑到加多宝公司对附着在"王老吉"商标上的商誉做了主要贡献，这无疑对加多宝公司是一个巨大损害，同时也违背了当初广药集团希望通过收取高额许可费来实现商标价值的初心。提出商标与商誉的利益平衡方案，发挥法院职能，为化解双方矛盾纠纷提供了空间。

1. 适当延长商标许可使用期限

加多宝公司无法继续使用该商标的本质原因是，双方现有的利益结构不符合一方或双方当事人的预期。法院可以判令适当延长商标许可使用期限，一方面，给双方当事人提供一个"分手冷静期"，为双方进一步协商、重新合作提供空间；另一方面，为被授权使用一方处理库存产品提供一定的准备时间。具体期限可以根据不同行业标准、产业规模、商标市场价值等因素来确定。但是，当事人双方不能在许可使用延长期中实施损害对方利益的行为，如捏造事实、诋毁商誉的行为，否则需要承担相应的法律责任。

2. 法官积极参与司法调解

在商标与商誉的利益主体存在冲突的案件中，审理法官应当积极参与司法调解过程，为双方和解出谋划策，提供切实可行的解决方案。商标与商誉的利益主体存在冲突关系的案件，大多数是发生在商标授权许可使用案件中，授权许可方期望通过收取许可使用费来实现商标价值，被授权许可方期望直接使用商标来实现商标价值，两者的出发点并不存在较大的利益冲突，存在调解的可能性。

这就要求承办案件的法官积极寻求当事人双方的共性，形成所有者和使用者的利益新格局，促进双方的长期合作。有学者❶提出可以将商标注册为证明商标或集体商标，以解决商标与商誉利益冲突问题。笔者认为这一方案需要商标所有者在所有权上作出较大的让步，但不失为一个可行之方案，能够充分激励被授权许可方的积极性，进一步扩大商标使用价值。

在现有的产权规则下，商标作为商誉的重要载体，难以从根本上解决商标与商誉的利益冲突关系，只能在案例中调和当事人双方的矛盾冲突。造成目前的办案思路的关键原因系对商誉缺乏系统的解读。商誉作为商业主体的一种无形资产，有别于传统商业标识的识别功能，其在为商业主体带来经济利益的同时，对市场经济秩序有极其重要的稳定作用。目前，理论界和实务界对商誉都缺乏系统、正确的认知，导致在具体办案中不能顾及商誉主体的利益，出现商标专用权人与商誉创造者利益不平衡现象。解决这一困境还需要各方努力。

（三）商标滥诉行为的规制

商标滥诉行为一直是司法实务中不断出现的难题，根本原因在于商标具有垄断性和排他性，直接原因是商标滥诉行为难以识别和规制。完善商标滥诉识别机制，建立健全商标滥诉的"司法识别+行政处罚"规制机制，有助于减少商标滥诉行为，节约司法资源，保护抗辩人的合法权益。

1. 商标滥诉识别机制

如何从实体层面识别商标滥诉行为，需要对商标滥诉行为进行

---

❶ 吴元元．在所有与使用之间：商誉保护的制度逻辑：以广药集团与加多宝公司系列争讼为中心［J］．东方法学，2020（2）：65-78．

实体剖析。商标滥诉是商标权利人通过提起大量诉讼的方式进行不当维权的行为,极大浪费司法资源。从行为的四要素来说,滥诉行为包括行为人主观因素、滥诉行为、滥诉结果、因果关系等,其中滥诉行为和行为人主观因素是识别的重点。

首先,滥诉行为存在合法外观,这是滥诉与恶意诉讼的重要区分。滥诉行为是行为人滥用法律所赋予的诉权,其以合法途径获取不当利益,同时极大浪费司法资源。滥诉行为客观表现为:首先,就同一侵权事实,短时间内针对不同侵权人提起批量诉讼,并且不同侵权主体之间因涉案商标存在一定联系。其次,行为人的主观因素要求行为人主观存在通过诉讼非法获取他人利益的恶意。这种恶意在实务中难以直接证明,需要通过行为人的具体客观表现来证明。如行为人有事先抢注或注册商标但未使用的行为,可证明行为人有滥诉的故意。再如,行为人可以只起诉其中一个侵权人从而制止其侵权行为的情况下就能达到维权目的,却仍然短时间内对其他侵权人提起大量诉讼,也可以证明行为人有滥诉的故意。行为人的主观因素是认定行为人构成滥诉的关键。上文所提到的"宝婴汇系列案"和"优衣库系列案",都对涉案企业具有滥诉故意做了分析。

2. 商标滥诉的规制机制

商标滥诉行为披着合法的外衣,规制商标滥诉行为需要从行政处罚、权利赋予、程序设置多方面进行,形成制度合力,节约司法资源。

(1)"司法识别+行政处罚"的商标滥诉规制机制

经过承办法官实质审理认定原告构成滥诉后,有关部门可以依据民事判决结果对商标滥诉人作出行政处罚,达到对滥诉人的预防和训诫的效果。关于行政处罚措施应当根据《中华人民共和国行政处罚法》《民事诉讼法》《商标法》的规定，但目前立法针对滥诉行为是否应当适用行政处罚，以及适用何种行政处罚措施，尚未作出规定，对滥诉行为适用行政处罚的可行性和必要性有待进一步研究。关于处罚力度，可以由行政部门根据案件标的、涉案主体数量等因素综合考虑，再具体作出行政处罚决定。

（2）赋予被诉侵权人商标滥诉抗辩权

如果某项行为处于合法或非法待定状态，亦应赋予向对方抗辩权，即赋予被诉侵权人商标滥诉抗辩权，由法院判断抗辩是否成立。反之，如果否定某项非法行为，则允许通过抗辩模式使基于该权利而产生的请求权自始不得发生；如果某项行为的效力处于合法与非法之间，则可设置附有抗辩权的形式。❶ 赋予被侵权人商标滥诉抗辩权，由法院判断抗辩是否成立，从而启动商标滥诉司法识别程序，有效对抗原告对诉权的滥用。

（3）充分发挥庭前程序的作用

充分发挥庭前程序确定争议焦点、促成调解和解、固定证据的作用，规制滥诉行为。《民事诉讼法》第133条主要规定了在开庭前，当事人要进行证据交换，确定适用程序、争议焦点。但是，由于我国"案多人少"的矛盾日益突出，庭前程序的作用不被重视。建议充分发挥庭前程序的作用，避免重复审理，节约司法资源，缓和"案多人少"的矛盾。

---

❶ 柳经纬，尹腊梅. 民法上的抗辩与抗辩权. 厦门大学学报（哲学社会科学版），2007（2）：89-96.

第五章 商业秘密侵权纠纷法律适用

第一节 商业秘密立法动态解读

一、《反不正当竞争法》第二次修改商业秘密部分内容解读

（一）补充了商业秘密定义与侵权情形等内容

围绕商业秘密侵权的手段方面，《反不正当竞争法》（2019年修正）第9条第1款进行了三个方面的修改。第一项修改是在以不正当获取权利人商业秘密的手段中，除了以往的盗窃、贿赂、欺诈以及胁迫这四项具体规定以外，新增一项为"电子侵入"，与之后开放式列举的"其他不正当手段"一起形成"具体事项＋开放式"列举型的条文。该修改意图颇具时代深意。随着社会信息技术发展的日新月异，进入大数据时代后，商业秘密的获取方式变得多样起来，商业秘密早已不仅仅是记录在纸质书册上的内容，随着企业的规模扩大，大量的商业秘密便转移到企业的计算机设备或上传至网络云端系统储存。而与此同时，计算机病毒技术、黑客技术也迅速发展。在这样的情形下，对于商业秘密的不正当获取可能更趋于技术化，这样的方式便大减少了人际接触获取的方式，不需要贿赂或

欺诈就能获取取得商业秘密的"钥匙",而是"自行开锁"获取。在司法审判中,有时又碍于技术上的认定,往往可能会难以将其定义为盗窃,因此,需要对该类获取方式有更为技术性、准确性的定义。先前《反不正当竞争法》的规定在时代的潮流下可能反而只规定了居于次要地位的手段,忽视了最重要的获取方式。这便会大大削弱对商业秘密权利人的保护,使其权利处于极不安稳之状态,也不符合该条规定所要达到的立法目的。❶ 第二项修改则是将原来规定违反保守商业秘密要求的相关侵权行为增加了部分内容。此次修改前第9条第1款第3项的规定中,只对于"违反约定或者违反权利人有关保守商业秘密的要求"的相关主体进行规制。这样的规定存在一定弊端,一方面对商业秘密的传播可能性没有给予足够的重视,未对商业秘密给予一个更为适当的保护。众所周知,商业秘密属于一种信息,信息存在遭到多次传播泄露的可能性,其传播群体也会随着时间而越来越广,很可能某种商业秘密的泄露,最终知晓其内容的人,大多与权利人毫无联系。如果必须要求权利人主动与其进行约定才能使其商业秘密得到保守,这无疑会大大增加权利人的负担,也不具有可操作性。例如,在实务中,有大量与企业进行合作的会计师事务所、律师事务所、公务机关的人员有知晓商业秘密的可能,这些人便成为侵权的潜在主体。因此,该项新增违反保密义务的主体也受到该条的制约,这样便无需当事人进行专门约定,而是通过法律统一规定的方式对潜在的泄密行为进行约束,该修订也与《中华人民共和国外商投资法》对于泄密内容的规定相呼应。第三项修改是在第9条第1款第3项之后新增了一项内容,与

---

❶ 孜里米拉·艾尼瓦尔. 试论反不正当竞争法修正案的商业秘密条款 [J]. 科技与法律, 2020 (2): 70-77.

上文立法修改的意图一样，是对原有条款考量上存在漏洞的内容的一种补正。增加了将通过教唆、引诱、帮助等方式使知晓他人商业秘密之人违反其应有义务或与权利人的约定的内容，对商业秘密进行不正当处置进行了约束。即该条亦考虑到了侵权方式的多样性，将侵权从原本只对直接侵权进行约束改为对起到推动等辅助作用的行为也进行规制。因为这样的间接侵权行为同样也对商业秘密的保护极为不利，如果不将其纳入法律考量范围，则会有大量教唆、引诱、帮助者肆意妄为。

　　此次修改对《反不正当竞争法》第9条第2款的内容进行了变更，新增内容虽然字数不多，但改动的实质却是影响极大的。该条款主要围绕责任主体进行规定，将经营者以外的其他自然人、法人和非法人组织纳入了规制对象，认为该类主体违反该条第1款法律规定的，也视为侵犯商业秘密。而之前的法律规定仅仅约束经营者。该规定属于一种法律拟制，即将原本不属于该类规定的行为也按该类规定统一处理。该条文的修法目的显而易见，是扩大侵权主体的范围，进一步保护商业秘密，因为现实中非经营者侵犯商业秘密的情况也屡见不鲜。但这样的拟制引发了一些学术上的争议。有观点认为该条的法律拟制过于简单粗暴，从法教义学来看，这是未能恰当地分析法律内在的逻辑性，是为了达到立法目的而进行的法律拟制，这样有可能会产生法律体系上的不自洽。该条款所增加的侵权主体与第9条第1款中增加侵权行为类型和方式不同。根据《反不正当竞争法》总则的相关规定可知，该法属于经济法，其立法目的本质上规制的是在生产经营活动中的经营者，保护的是与之相对的消费者，鼓励保护公平竞争，制止不正当竞争行为。由此可见，该条的修改有偏离《反不正当竞争法》立法宗旨之嫌，将经营者以外的主体也作为考量的对象，已经超出了该法所应当辐射的范围。这样的修改造成的后果不仅限于对法律体系的影响，对于规制商业秘密的各类法律法规或司法解释也产生了影响。就目前来看，对于侵犯商业秘密的行为的责任承担、赔偿数额等规定，尚未对经营者和非经营者进行区分。这也就意味着，所有适用于经营者的侵犯商业秘密的法律后果，非经营者同样也会承担。那么这样所产生的后果是否合理，还有待实践来检验，就目前来看，可能还需要更多的相关解释来进行完善。

《反不正当竞争法》（2019年修正）第9条第4款的修改是对条款最核心的定义进行了范围上的扩大。该款是对于"商业秘密"这个概念的阐释规定。该条款原为第9条第3款，将其转移至第9条第4款后，在原条款"技术信息和经营信息"后加了"等商业信息"5个字即将列举方式从封闭式规定转向了开放式规定。该修改充分体现了我国《反不正当竞争法》面对迅速发展的时代所作出的包容性回应。在法律最初规定商业秘密时，信息时代的发展才刚刚起步。对于一个企业来说，最为重要的就是技术信息与经营信息，这些内容决定了一个企业的竞争力和发展策略，对企业至关重要。然而时至今日，商业发展已不似以往，各种企业所产生的独有制度、商业手段等，都可能具有重大价值，这时再用技术信息和经营信息来概括所有的商业秘密已经落后于时代的发展。如今世界上许多国家，都抛弃对商业信息的死板化规定，尤其是美国的商业秘密相关规定中，更是对任何对商业具有价值的内容都采取包容式判断。而我国《反不正当竞争法》（2019年修正）第9条第4款经此修改，实际上将原来框定商业秘密的技术信息和经营信息变成了提示性的内容，而商业秘密则根据商业信息的概念和性质，可以将任何具有秘密性、保密性、价值性的内容囊括进来，如此就使得法条不再僵化，实务中适用法条时便能更灵活地根据信息的性质进行判

断。这样的修改无疑更适应世界潮流，更能回应企业的需求。❶

（二）提高侵权赔偿数额上限以及加重侵权处罚力度

对侵权数额上限及处罚上限的修改，主要体现在第 17 条与第 21 条上。《反不正当竞争法》（2019 年修正）第 17 条有两项修改。第一项修改是将法院根据侵权行为情节判决的赔偿数额的限度进行了相当幅度的上调，从原来的 300 万元以下的补偿性赔偿改为 500 万元以下的补偿性赔偿。这个增加的赔偿额度是相当可观的，这一方面体现了当今商业秘密侵权对权利人造成的损害越来越大，另一方面如此规定也能够更好地减少该类侵权行为的发生，由此可以看出我国对于日益猖獗的商业秘密侵权行为的规制力度和决心。

第二项修改则颇具争议性。第 17 条第 3 款在原条文的基础上，新增了先前从未在《反不正当竞争法》出现的惩罚性赔偿条款，规定恶意侵犯商业秘密的，法院可以根据是否达到情节严重这一程度，要求相关经营者在按照该条方法确定的数额的 1 倍以上 5 倍以下的区间内承担赔偿责任。同样是对于赔偿数额的相关规定，该条的修改虽同样表达了对于商业秘密的加强保护，这一目的在之前多次的立法提议中就反复出现，要补偿性赔偿与惩罚性赔偿两路并进，但却存在立法逻辑混乱之嫌。众所周知，《反不正当竞争法》规定的立法内容中有一部分内容是与知识产权相关内容紧密联系的，而在知识产权领域，通过惩罚性赔偿条款的规定来保护知识产权，已经成为学界共识。目前《商标法》（2019 年修正）、《著作权法》（2020 年修正）与《专利法》（2020 年修正）中已经有对于侵

---

❶ 卢纯昕. 反不正当竞争法商业秘密条款的修订研究［J］. 法治论坛，2017 (5)：218-228.

犯商标权、著作权或专利权的惩罚性赔偿条款。基于此,对于《反不正当竞争法》中知识产权的相关内容规定惩罚性赔偿似乎也并无不妥。然而该规定实际上是为了达到对知识产权相关权利保障的统一性而简单地规定惩罚性赔偿,却忽视了不同法律部门各自的职能内容。《反不正当竞争法》与《著作权法》《专利法》《商标法》属于不同的法律部门,《反不正当竞争法》属于经济法领域,其他三部法律属于知识产权法领域。对于知识产权领域中常见的惩罚性赔偿制度,在经济法这样通常不主张事前救济而往往采用事后补偿的法律中使用是不太恰当的,如此一来在《反不正当竞争法》中的其他侵权行为的责任承担便会与该条款形成鲜明区别,进而会导致法律体系的混乱。这种影响应引起重视。

《反不正当竞争法》(2019年修正)对第21条的修改除了呼应第9条对经营者以外的自然人、法人和非法人组织也进行了约束之外,还旗帜鲜明地增加了"没收违法所得"这一行政处罚手段,最后对罚款额度亦进行了显著提升,对常规处罚的上限从50万元上调至100万元,而对于情节严重的侵犯商业秘密行为,上限更是从300万元上调至了500万元。该条除了增加了处罚力度,更有利于保护商业秘密以外,新增的行政处罚方式也使得该条在实践操作中的运用相比以往更具有可操作性,有利于相关机关在判断处罚时根据不同情况和不同严重程度对处罚进行更细化的程度选择。

(三)更新了举证责任义务规定

《反不正当竞争法》(2019年修正)新增第32条关于民事审判中举证责任的相关内容在原法中是没有的,可以说是全新的规定,且规定了两款长度不短的条文,是此次修正的重点之一。该修改主要是以专门规定的方式排除了在商业秘密民事审判中"谁主张,谁举证"的传统举证方式,合理考虑到商业秘密权利人在诉讼中的弱势地位,旨在更好地保护权利人的商业秘密。第 32 条第 1 款规定了商业秘密权利人在关于其商业秘密权利受到侵犯的民事审判中,需要提供初步证据证明其对商业秘密已采取了保密措施,且商业秘密受到了侵害;而涉嫌侵权人则需要举证证明权利人所主张的信息不属于商业秘密,实际上也就是将商业秘密三个性质中的价值性与秘密性的证明责任转移给了涉嫌侵权人,权利人只需要证明保密性与侵权行为的存在。在实践中,大部分原告所主张的商业秘密都很难被法院认定为商业秘密,想举证证明一个信息不具有价值性和秘密性并不容易。言下之意,被告承担该条中所规定的举证责任实际上相当困难,几乎不能推翻原告的主张。这样的规定无疑大大减轻了原告的举证责任,增加了原告胜诉的概率。❶ 第 32 条第 2 款规定则是对第 1 款规定的进一步细化明确,一方面明晰了商业秘密权利人对其主张的其权利遭到侵害所需要提供的证据,另一方面同样将部分举证责任转移给了涉嫌侵权人。

首先,新增的第 32 条采取了一个程度上值得深入考量的词语,要求商业秘密权利人只需要提供足以"合理表明商业秘密被侵犯"的初步证据。那么什么是"合理表明"呢?通常的证明责任一般会要求当事人所举出的证据应当达到"足以证明"的地步,而该条对涉嫌侵权人提出的是"证明其不存在侵犯商业秘密的行为"的要求。通常学说认为,"证明"与"合理表明"上存在相当程度的不同:"证明"所要达到的是《民事诉讼法》中规定的证明标准,需达到高度盖然性,即所提出的证据能够证明该事实的发生是具有极

---

❶ 孙远钊. 论《反不正当竞争法》的商业秘密保护规制 [J]. 竞争政策研究, 2016(5): 5-23.

高的可能性的；而"合理表明"则并没有相应的规定。这也同时产生了一个问题：什么程度的"合理"才能够达到要求呢？由于我国法律没有明确的规定，那么在审判实务中就需要依靠法官的自由裁量权来进行判定。因缺乏一个明确的区间限制，自由裁量权将有可能因为失去制约而过大，甚至许多法官可能因为缺乏法律的明示，而继续依照原有的证明标准来要求权利人进行举证。如此一来就违背了本次修法的目的，未能合理分配举证责任。

其次，具体到第2款的证据内容规定中，在第1项要求当事人能初步证明涉嫌侵权人有渠道或机会能够取得该商业秘密，并且其使用的信息与该商业秘密在实质上是具有相同性的。根据知识产权领域相关法律的规定，一般认为这样的规定符合"接触+实质相似"的相关规定。通常来说，对于"接触"的要求，根据第1项所言"渠道和机会"，可知当事人只需要证明涉嫌侵权人存在能够接触的可能性即可，不需要证明有实际上的接触行为。这样的证明难度是相对较低的。而第2项的规定则更是将商业秘密的保护时机提前到了侵权行为发生之前，是一个较大幅度的改动。在过往对于商业秘密的保护，往往倾向于要求侵权行为实际发生，当事人才能采取诉讼的方式维护其合法权益，偏向于事后的救济。这样的保障与商业秘密的重要性显然是不相符的，商业秘密的侵权可能会导致严重的损害后果，对于一个企业的发展至关重要，甚至会导致企业员工失业，产生社会问题。因此如果让商业秘密权利人每次都必须等到商业秘密已经遭到泄露才亡羊补牢，恐怕为时晚矣。而此次修改后，只需要能证明存在商业秘密遭到披露或使用的风险即可采取措施。这样有利于防患于未然，全方面保护权利人的商业秘密。

二、《最高人民法院关于审理侵犯商业秘密民事案件适用法律若干问题的规定》内容解读

（一）明确了商业秘密的保护客体

《最高人民法院关于审理侵犯商业秘密民事案件适用法律若干问题的规定》（以下简称《规定》）第1条与第2条对于商业秘密的保护客体进行了相应的规定，其内容适应了信息技术的迅猛发展，展现了对于司法审判实务中出现的新情况的良好总结。首先，从技术信息来看，《规定》第1条对于属于技术信息的内容以列举式的立法方式将与技术相关的大量信息类型都囊括其中，尤其是在计算机领域的算法等内容，更是凸显了其包容性。这样的列举模式使得司法机关在实务中能更有针对性地引用法条进行案件分析，增加了技术信息认定的可操作性。该条同样对经营信息与客户信息采用了列举的方式，同样也兼顾了技术发展的现状，契合了时代的进步。《规定》第2条则通过明示的方法对一种不构成商业秘密的内容进行了明晰，即对于在商业交往中保持长期稳定的交易关系的客户，该特定客户信息并不能被认定为商业秘密。该规定旨在防止商业秘密保护的滥用，有助于对商业秘密边界的确定。立法者认为，对于特定客户的维系，不应当通过笼统的保护方式来进行，否则有悖于商业秘密的保护初衷。

（二）明确了商业秘密的构成要件以及保密措施认定标准

《规定》第3条、第4条明确了判断秘密性的时间点为被诉侵权行为发生时间，还分别从正反两个方面对于"非公知性"进行了界定和列举；且较之于《最高人民法院关于审理不正当竞争民事案件应用法律若干问题的解释》（法释〔2007〕2号，以下简称《解

释》),《规定》将"为公众所知悉"的信息经过整理、改进和加工后形成的新信息也认定为"不为公众所知悉"。这在一定程度上降低了"不为公众所知悉"的认定标准,降低了原告在该举证环节的举证难度。这也回应了实践中常见的问题。❶《规定》进一步扩宽了商业秘密的范围,有利于商业秘密保护制度和专利保护制度形成有效的区分和配合,进而更好地保护企业的智力成果。商业秘密不同于专利权的对世性和绝对性,其权利范围相对较小,对其界定不宜过高,否则,将可能导致诸多对企业发展至关重要的商业信息被排除于法律保护之外,不利于企业良性竞争与发展。对比《解释》第 9 条,可以看出《规定》系对《解释》第 9 条的一种继承,但是只保留了《解释》中的前五种"不为公众所知悉"情形,删除了第六种情形,即"该信息无需付出一定的代价而容易获得"。对于该内容,学术界产生了一些争议,有学者认为新《规定》删除"该信息无需付出一定的代价而容易获得"这个条件,并非降低了不为公众所知悉标准。对不为公众所知悉进行举证的时候,不但要对普遍知晓进行举证,还需要对容易获得进行举证,无形之中增加了举证负担。除此之外,《规定》第 5 条与第 6 条主要围绕保密措施的相关内容以及对于是否采取了保密措施的认定,第 6 条采取了列举的方式,该规定不仅有助于当事人更好地确认应当采取何种方式来达到采取保密措施的目的,同样也有助于法院对是否采取保密措施进行更好的判断,可以说大大增加了商业秘密保密的可操作性。《规定》第 7 条将不为公众所知悉和商业价值联系在一起,降低了当事人举证商业秘密存在价值的难度,且将在经营与生产中的

---

❶ 李治安,刘静雯. 由普通法观点论对商业秘密和机密信息的保护[J]. 交大法学, 2020 (4): 34 – 52.

阶段性成果也作为商业价值的认定内容之一。

(三) 明晰了商业秘密侵权判断的考量因素

《规定》第8条系关于侵权行为认定的规定。该条存在一定道德"法律化"的倾向，其规定即使没有违反法律规定，如果获取商业秘密的行为违背社会上公认的商业道德，也会构成商业秘密侵权。《规定》第9条则对于商业秘密获得后的使用行为进行了约束，主要是细化了使用的类型。《规定》第10条呼应了《反不正当竞争法》2019年修正时将第9条第1款"违反约定"调整为"违反保密义务"的立法安排，行为人的保密义务不再局限于合同约定的保密义务，还应该遵守根据诚实信用原则应当承担的保密义务。这与第8条规定的违反"公认的商业道德"一脉相承，充分考虑了商事行为的多变、快速更迭等特点。

司法实践中，由于员工尤其是企业高级管理人员离职、跳槽引发的侵犯商业秘密民事案件较为多见。关于员工、前员工，《规定》第16条进一步规定："经营者以外的其他自然人、法人和非法人组织侵犯商业秘密，权利人依据反不正当竞争法第十七条的规定主张侵权人应当承担的民事责任的，人民法院应予支持。"对于权利人而言，应该注意在员工的岗位设置、任务分配等相关用工过程中留存相应的证据，以便在主张权利时能够有针对性地进行举证。❶《反不正当竞争法》(2019年修正) 和《解释》均未明确实质上相同的判断标准。《规定》第13条对于"实质相同"的判断因素予以明确规定，一定程度上有助于司法实践中对于实质相同的判断。该条规定的考量因素部分来自司法实践的积累。

---

❶ 郑友德，钱向阳. 论我国商业秘密保护专门法的制定 [J]. 电子知识产权，2018 (10)：34-88.

(四) 明确了侵权责任

《规定》第 15 条与第 21 条分别围绕商业秘密诉讼保全与诉讼中的保密措施进行了相应的规定。从诉讼保全方面来看，第 15 条规定了当被申请的涉嫌侵权人的行为可能或已经造成商业秘密泄露的，权利人可以申请保全。在实务中，即使当事人已经提起商业秘密保护的诉讼，商业秘密的侵权行为依然持续发生。诉讼需要一定的审理过程，如果不采取一定的行为加以制止，那么可能会产生更严重的后果。因此，新增权利人对商业秘密采取保全措施，有利于遏制侵权行为的进一步发生，这也符合《民事诉讼法》的相关规定。关于诉讼中的保密措施，第 21 条规定了诉讼中相关当事人以及案外人出示的与商业秘密相关的证据等内容，法院都应当采取保密措施。《规定》充分考虑了商业秘密作为一种信息的特性，作为一种无形的财产，只要有人知晓其中的内容，就存在进一步传播的风险。因此为了防止商业秘密在审判过程中的再次泄密，避免不必要的纠纷，制止商业秘密不合理地"自由流通"是十分必要的。

《规定》第 17 条对于民事责任承担方式中"停止侵害"一项进行了时间段上的规定，即对于商业秘密这类侵权案件，侵权人需要停止侵害的责任承担应当一直持续到该商业秘密所涉内容为公众普遍知悉为止，且对于判决停止侵害的时间要求如果出现明显的不合理的，也进行了例外规定。第 18 条则对另外一种责任承担方式"恢复原状"进行了相应的规定。对于"恢复原状"方面，该条充分结合了实务中商业秘密的现实特性，即对于商业秘密这种信息而言，想要达到恢复原状，仅仅删除信息是绝对不够的。在当今时代，数据备份、复制以及转存的技术都已经相当发达，想要使删除的数据"再生"是任何一个稍微熟悉计算机操作的人都能做到的。因此，该条规定了侵权人必须要将存储商业秘密的载体进行处置，要么将其转移给权利人,要么进行销毁,以达到侵权人真正丧失对不正当获取的商业秘密的占有。《规定》第19～24条都围绕着责任承担中一个比较重要的内容,即涉及赔偿的方面进行规定。第19条规定了法院在确定赔偿数额时的参考标准,充分考量了商业秘密的"三性"原则,将该项责任承担方式与商业秘密的价值性联系起来。该标准能更有助于弥补权利人受到的损害。之后的条款则分别围绕商业价值及商业价值应该考量的因素、以商业秘密许可使用费认定实际损失时应该考量的因素、参照刑事裁判认定的实际损失和违法所得、侵权人拒不配合提供证据时的举证责任倒置等内容进行了规定。综合来看,该等条款加强了对商业秘密权利人的保护,减轻了之前实务中存在举证困难的相关问题。

(五) 细化了诉讼程序规定

《规定》第22～27条主要围绕关于商业秘密中刑事相关案件与民事相关案件产生交叉关系时应当如何处理的一些问题。例如第22条明确了在一些涉及刑事的商业秘密案件中,一些证据信息由于被公诉机关保存,存在一定的调查取证的困难,因此经当事人申请,法院可以批准调查收集。而案件一旦涉及刑事与民事之间的交叉,就必然存在两诉并存的可能性。为了防止诉讼之间存在冲突进而产生一些问题,❶《规定》第25条明确了如果当事人以刑事案件尚未审结为由请求中止审理商业秘密民事案件,若其要求确实合理,法院应当予以支持。侵犯商业秘密案件,尤其是侵犯技术秘密案件的事实查明难度大,法律适用较为疑难复杂。司法实践中,法院在民事案件中认定权利人请求保护的信息不构成商业秘密,或者

---

❶ 冯晓青,马彪. 民刑交叉视野下侵犯商业秘密罪边界的检视与厘清 [J]. 法治社会,2021 (3): 34-45.

被诉侵权人不构成侵权,但相关刑事案件中认定被诉侵权人构成犯罪的"倒挂"现象客观存在。

三、《刑修(十一)》商业秘密部分内容解读

(一)修改了侵犯商业秘密罪成立要件表述

《刑修(十一)》商业秘密部分的修改主要是围绕《刑法》第219条的相关内容。在犯罪构成方面,此次修改将对后果方面的考量"重大损失"和"特别严重后果"修改为"情节严重"和"情节特别严重",言下之意即是认为侵权人的侵犯商业秘密的行为不必非要产生实质的可量化损害后果,只要行为上有严重的情节,即可定罪量刑。

这样的规定是十分合理的。这从一定程度上考虑到了商业秘密相关案件对于损害后果的计算往往是较为困难的,况且仅以实际的损害数额来判断商业秘密的侵权是否构成犯罪实际上并不能客观真实地反映出商业秘密侵权的危害性。这样的情况在一些实际案例中亦有体现。例如,在电子领域的商业秘密侵权中,侵权人可能仅得到了商业秘密信息,而未采取任何转化为实际营利的手段,这样的情形下权利人可能不存在任何实际损失,但是由于商业秘密信息已经泄露,权利人的信息安全已经失去了保障,随时都存在权利受害的可能。《刑修(十一)》便是对这样的问题进行了回应。与之相配套地亦对量刑幅度进行了调整,从主刑的内容中删去了拘役刑,以有期徒刑作为量刑的起点,且相对应地提高了刑期的上限,将有期徒刑的量刑幅度从3~7年调整为3~10年。可以看出本次修改

体现了更为精准和严厉打击商业秘密侵权行为的目的。❶

（二）新增了商业秘密犯罪的侵权手段

除了在《刑法》第219条的概括部分中有修改，在下面的分项中亦有修改。其主要是围绕商业秘密犯罪侵权手段的细化来展开。首先是删除了第1项不正当手段中的"利诱"方式，而又新增了贿赂、欺诈和电子侵入这三种方式。该项内容实际上是呼应了当下相关法律的内容，如上文所提《反不正当竞争法》（2019年修正）的相关侵权手段规定中，亦有这几种侵权手段。因此，这并非《刑修（十一）》的原创内容，而是充分适应了商业秘密侵权随着数字化时代发展而日新月异的现实情况。法律必须进行细化修改来应对多元的变化，才能更加周延地进行规制。例如增加电子侵入这样的侵权方式，就与中美签署的《中华人民共和国政府和美利坚合众国政府经济贸易协议》的相关内容密不可分。在该协议中就明确提到了中国对于电子侵入方面的商业秘密侵权规定存在的不足。通过程序或黑客工具来绕过互联网的保护而直接获取商业秘密的行为往往具有高度隐蔽性，而且可以在极短的时间里获取大量信息，必须对这样的情况给予足够的重视，才能够有效地打击商业秘密侵权犯罪。❷

除此之外，为了应对随着时代发展而频繁出现的员工离职后利用在原工作单位工作所获得的商业秘密进行非法牟利的侵犯商业秘密的情形，《刑修（十一）》第2条将《刑法》第219条第3项规定的违反"约定"替换为违反"保密义务"，使得对于这类犯罪行

---

❶ 马天一. 电子侵入获取权利人商业秘密的刑法规制：以《刑法修正案（十一）》（草案）为视角［J］. 河北公安警察职业学院学报, 2020（3）：53-56.

❷ 夏朝羡, 贾文超. 民刑交叉视域下的商业秘密刑法保护：从《中华人民共和国刑法修正案（十一）》对侵犯商业秘密罪的修改切入［J］. 广西警察学院学报, 2021（1）：28-34.

为的打击有了更加明确的法律依据,也体现了商业秘密作为一种天然具有"保密性"的信息,其保密的行为应当无需特别约定。在上述几项规定之后,还规定了凡是知晓上述几项行为,仍对该商业秘密进行获取、披露、使用或者允许他人使用的,一律构成犯罪。

(三)删除了商业秘密的定义

《刑修(十一)》修改了《刑法》中关于商业秘密定义的相关规定,直接删除了"能为给权利人带来经济利益"以及"具有实用性"等表述。这一修改同《反不正当竞争法》(2019年修正)的表述是一致的。从《刑修(十一)》的修改和以往对于《反不正当竞争法》的相关修改来看,关于商业秘密定义的规定往往比较复杂且存在许多争议,考虑到商业秘密立法的统一性,必须扩大商业秘密的外延,这样才能有效扩大商业秘密保护的范围,所以本次《刑修(十一)》直接将商业秘密的定义全部删除了。在未来的司法实践中,司法机关应当主要参考《反不正当竞争法》的相关规定来保护权利人的利益,并对相关信息是否构成商业秘密进行认定,这样可以更好地应对未来案件处理过程中的复杂情况。《反不正当竞争法》(2019年修正)对商业秘密的认定主要围绕四个要件进行,所以对商业秘密的认定必须把握四个要素:一是不为公众所知悉;二是具有商业价值;三是经权利人采取了保密措施;四是系技术信息、经营信息等商业信息。❶

(四)新增了涉外商业秘密侵权犯罪规定

《刑修(十一)》第23条规定,在《刑法》第219条后新增一条,作为第219条之一,规定为境外的机构、组织、人员窃取、刺

---

❶ 刘介明,杨祝顺. 我国商业秘密保护的法律现状及完善建议 [J]. 知识产权,2012 (12):71-75.

探、收买、非法提供商业秘密的行为，亦构成犯罪。该罪的相关量刑规定与对侵犯商业秘密罪的此次修改有相似之处，亦是以有期徒刑为起点，对于该犯罪判处 5 年以下有期徒刑，并处或单处罚金，且同样是参考情节而非以损失为加重量刑的标准，规定情节较为严重的，则可能处 5 年以上有期徒刑，并处罚金。因此该罪属于行为犯，只要实施法律规定的违法行为，就有可能构成犯罪。该新增内容体现了我国为了应对经济全球化带来的机遇和挑战，不断作出调整。随着经济贸易交流的繁荣发展，打击境外的商业秘密侵权行为亦十分重要，这有利于营造良好的市场环境，促进公平竞争。

第二节　侵权焦点问题的法律分析

一、商业秘密认定相关问题

（一）商业秘密要素认定问题

探讨商业秘密的认定要素，要从商业秘密的构成要件入手，无非是围绕三大最重要的要件来讨论：第一，不为公众所知悉，即该商业秘密具有秘密性；第二，能为权利人带来经济利益，即该商业秘密具有价值性；第三，经权利人采取保密措施，即该商业秘密具有保密性。[1] 对于商业秘密的讨论无外乎这几点，学界的研究也十分丰富，本书不再就传统的观点进行讨论，而是结合新修法律以及案例，结合三大要件对产生的一些新问题进行重点剖析。

1. 与客户信息相关的信息作为商业秘密的要件认定

在商业秘密的认定要件中，与客户信息有关的信息是否构成商

---

[1] 李永明. 商业秘密及其法律保护 [J]. 法学研究, 1994 (3): 46-54.

业秘密是近年来热议的一个问题。2020年发布的《规定》也对这个热点问题进行了回应。将与客户有关的信息的新旧条文进行对比可以发现，在对客户信息、客户名单等的定义中，直接用客户信息的说法取代了客户名单，又进一步删除了区别于相关公众信息的特殊客户信息这一限制性规定。此外还删除了旧规列举的两种客户名单的具体情形，即汇集众多客户的客户名册和保持长期稳定交易关系的特定客户。除此之外，还另对判断与客户有关的信息的商业秘密的标准进行了明晰，即客户数量、交易时长并非客户信息成为商业秘密的必要条件。言下之意是希望法院在判断与客户有关的信息是否属于商业秘密时，还是应当回归到秘密性、保密性和价值性"三性"的审查。❶ 在司法实务中，对于与客户有关的信息是否构成商业秘密的认定，往往需要对信息的内容有更高的要求，因为相比于对于一个公司后续发展起至关重要的那些经营信息，或者能给公司带来强大竞争力的技术信息，通常来看，客户的信息似乎对于一个公司而言只不过是一些文件夹记录的内容。然而商业秘密毕竟不是普通的信息，因此在商业秘密侵权案件中，对于与客户有关的信息是否构成商业秘密来说，秘密性、保密性、价值性的认定是关键要素。相关案例如下。

[**基本案情**] 在2020年山东省高级人民法院判决的一起青岛雪人电子技术有限公司（以下简称"雪人公司"）、秦某等侵害商业秘密纠纷案❷中就对客户名单是否构成商业秘密进行了认定。该案系关于雇员离职后商业秘密泄露导致的纠纷。该案一审被告秦某、杨某系一审原告青岛瑞泰尔电子技术有限公司（以下简称"瑞泰尔

---

❶ 张玉瑞. 商业秘密的法律保护 [M]. 北京：金城出版社，2002：5-10.
❷ 山东省高级人民法院（2020）鲁民终2721号民事判决书。

公司")原雇员。该公司主要经营范围为:生产、加工电子产品;电器、电机维修;机械维修等。秦某于2016年9月起在瑞泰尔公司工作,任销售经理,2017年11月7日离职。杨某于2012年2月起在瑞泰尔公司工作,任业务员,2018年7月21日离职。2015年8月12日,杨某与瑞泰尔公司签订《员工保密协议书》。2017年8月10日雪人公司成立,法定代表人为秦某,股东为秦某与杨某。雪人公司经营范围为:电子产品、机械设备技术研发和技术服务,软件技术服务,电路设计及测试服务等。从2017年12月起该公司即开始使用瑞泰尔公司涉案客户信息与客户进行联系并进行了实际交易,谋取不正当的商业利益,损害了瑞泰尔公司的竞争优势,瑞泰尔公司认为其商业秘密受到了侵害,遂诉至法院。

[法院观点] 法院认为,商业秘密中的客户名单并非指可以从公共渠道获得的客户的名称、地址、联系方式等简单信息,更重要的是客户的交易习惯、意向、内容,甚至是客户的价格承受能力、负责人的个人联系方式、性格特点等。而这些内容需要在与客户长期的贸易往来过程中才能形成,且往往难以直接明确和固定。基于此,从商业秘密的秘密性这个方面来看,法院认为对于涉案的瑞泰尔公司所掌握的俄罗斯Refterminal公司、意大利Contrepairsl公司两家客户名单的背后是瑞泰尔公司与意大利客户、俄罗斯客户均存在长期稳定的交易,这种交易模式可以推定已经形成了一定的交易习惯、意向等特定内容,而这些需要通过长期积累才能形成,非交易实际参与者通过公共渠道难以获得,因此上述客户名单具有秘密性。而从价值性的角度来看,客户名单的价值在于增加交易机会、降低交易成本,最终实现企业的营利。上述客户名单可以为瑞泰尔公司提供竞争优势,带来经济利益,因此具有价值性。从保密性的角度来看,瑞泰尔公司与杨某签订了《员工保密协议书》,约定了

保密义务，因此可以认定瑞泰尔公司为防止商业秘密泄露，采取了保密措施。

结合《规定》第 2 条与学术界的观点可知，单纯的客户信息，也就是只包括客户的名称、地址、联系方式等公开领域几乎可以不花成本得到的信息，汇聚在一起并不能形成商业秘密。且根据《规定》第 2 条的规定，当事人仅以与特定客户保持长期稳定交易关系为由，主张该特定客户属于商业秘密的，法院不予支持。但该条系说明欲证明与客户相关的信息属于商业秘密，仅以此不够，该要件同样是不可或缺的因素，因为只有长期有交易关系的客户才可能形成商业秘密。那些短期的、潜在的、偶尔的客户关系，不能用商业秘密制度去保护和规制，要用其他方法去维护和适当规制。因此仅有长期的交易关系不行，但没有该条件同样无法构成商业秘密。通常来说，长期有交易的客户，必须添附上交易习惯、报价习惯、意向、交易内容等并不是公开领域可查询的信息，同时应当将这些客户形成客户名单，才能构成商业秘密。最后，对于客户名单的保护，应当纳入公司商业秘密的各项保护制度中，并且在所有的相关制度中具体指出或载明，即法律和司法解释所认为的采取相应的保密措施。

2. 获取途径的难易程度对秘密性认定的影响

对于商业秘密的认定中，保密性自然是表示这一信息属于秘密的核心内容，要采取一定措施使得商业秘密不为公众所知悉。而对于保密性而言，在商业秘密纠纷案件的发展历程中，往往基于两个方面来考量：第一，商业秘密开发者耗费的人力财力；第二，他人正当获取商业秘密的难易程度。而对于第二个方面"容易获得"，实务界和理论界都存在一些争议。通常来说，其具有双重含义，一方面，该商业秘密应该具有一定的创造性，即该商业秘密是非显而易见的;另一方面,该商业秘密应该具有一定的保密性,即权利人采取了一定的保密措施。商业秘密的创造性只要求其能够与普通信息保持最低限度的不同即可,这也是与新颖性紧密相连的。从操作层面来讲,秘密性的具体表现为秘密点的寻找和确定。寻找商业秘密点的原则是,能够涵盖被告所使用的商业信息,同时该秘密点在公开渠道无法获得。❶ 而《解释》的修正,对第二个方面他人正当获取商业秘密的难易程度进行了进一步规定。该司法解释第 6 条明确规定,权利人应当举证证明在被诉侵权行为发生以前所采取的相应保密措施。保密措施应当与商业秘密的商业价值、重要程度等相适应。商业秘密共有的,各共有人均应当采取相应保密措施。对于相应保密措施的认定,法院可以综合考虑下列因素:①商业秘密载体的性质;②权利人保密的意愿;③保密措施的可识别程度;④保密措施与商业秘密的匹配程度;⑤他人通过不正当方式获取商业秘密的难易程度。

对于获取商业秘密的难易程度究竟如何评判,我们可以具体到案件中来见分晓。

[基本案情] 烟台军恒工程机械设备有限公司(以下简称"军恒公司")诉烟台信人机电设备有限公司(以下简称"信人公司")等侵害商业秘密纠纷案❷中,原告军恒公司与被告官某于 2012 年 3 月签订劳动合同,合同约定官某自 2012 年 3 月 10 日至 2015 年 2 月 28 日在军恒公司工作,从事国际贸易工作。而在 2015 年 1~3 月,官某又同时在信人公司工作。根据军恒公司提供的证据显示,官某

---

❶ 李薇薇,郑友德. 欧美商业秘密保护立法新进展及对我国的启示[J]. 法学,2017(7):137-152.

❷ 山东省高级人民法院(2020)鲁民终 675 号民事判决书。

在军恒公司工作期间参与过军恒公司的 52 份合同交易。自 2012 年 8 月 27 日至 2014 年 9 月 25 日，军恒公司与意大利的 Hammer S.R.L 公司共发生液压破碎锤交易 13 次；自 2013 年 1 月 4 日至 2014 年 11 月 15 日，军恒公司与印度的 G.L 公司共发生液压破碎锤交易 13 次；自 2013 年 1 月 22 日至 2014 年 12 月 20 日，军恒公司与澳大利亚的 MunroEngineer 公司共发生液压破碎锤交易 12 次。其中，军恒公司主张上述交易合同中载明的买卖双方的公司名称地址、交易方式、货物品名、交易习惯、要货时间规律等信息均构成其公司的商业秘密。而官某非法将这些由军恒公司所有的商业秘密泄露给信人公司，使信人公司基于此与意大利的 Hammer S.R.L、澳大利亚的 MunroEngineer 和印度的 G.L 这三家公司发生交易。军恒公司认为，涉案三家客户的客户名称、联系方式、交易产品型号、交易时间、交易习惯等综合信息具有一定深度，可以初步认定是区别于相关公知信息的特殊信息，能给权利人带来经济利益，具有实用性，且采取了保密措施；尽管被告举证该信息中的两家客户信息（意大利 Hammer S.R.L 公司、印度 G.L 公司）可以通过海关数据平台（外贸公社）查询到，但无法证明系信人公司在开发客户时已产生，也无法认定信人公司为开发客户投入了大量人力、物力成本。

[**法院观点**] 法院认为，从该案已经查明的事实看，在海关数据平台（外贸公社，tradesparq）网站上，以"液压破碎锤"为商品项目对采购商进行搜索时，可以搜索到意大利的 Hammer S.R.L 和印度的 G.L 两公司的有关信息。进入两公司在该网站平台的相关链接页面，可以看到两公司详细的历史交易记录，包括两公司的名称、联系方式、每笔交易的供应商和采购商名称、货物名称、具体数量、价格、交易日期、运载方式、到达港口等。通过这些详细的

交易数据以及借助该平台自带的分析曲线图，亦可分析总结出上述公司通常的交易习惯、要货规律等深度信息，而这些信息涵盖了军恒公司在该案主张的关于两公司的商业秘密的所有内容。因此，这些事实足以认定军恒公司主张的其与意大利的 Hammer S. R. L 和印度的 G. L 两公司交易的相关商业秘密完全可以通过公开渠道获得，不满足《反不正当竞争法》中关于商业秘密定义中的不为公众所知悉的要求，从而不构成商业秘密。

由此可见，对于商业秘密而言，他人获取的难易程度直接影响了对商业秘密的认定，属于构成商业秘密认定要素的重要部分。该规定是对保密性的明确要求，对于企业而言，要求对自己的商业秘密达到足够的重视程度，保密措施的实施既要考虑常态下的日常管理，也要考虑非常态下的漏洞封堵及应急管理。关于保密措施的相关问题笔者将在下文继续深入探讨。除此之外，需要进一步明确的是，TRIPS 第 39 条第 2 款第 1 项规定，商业秘密作为一个整体或者作为其各部分的具体构造或者组合，不为通常触及此种信息的领域的人们普遍知悉或者容易获得。❶ 换言之，如果一项信息的各个组成部分虽然都可以从公开渠道分别获得，但是如果将这些大量的组成部分汇编整理出来并产生了某种效果或价值，他人不经过一定的付出和代价轻易不能获得，也可能构成商业秘密。例如，尽管每一地的木材价格数据在当地都是公开的，但每一地的相关领域人员对全国其他地点的相关数据则是不容易获得的，要整理获得全国范围的数据信息更是需要付出极大的调查成本，因此可以认为具备构成商业秘密的"秘密性"。

---

❶ 李薇薇，郑友德. 欧美商业秘密保护立法新进展及对我国的启示［J］. 法学，2017（7）：137-152.

（二）商业秘密认定中举证责任分配问题

随着互联网时代的发展，有价值的信息的保护变得愈发重要，而商业秘密侵权的案件也变得多了起来。但与著作权、专利权、商标权等权利不同的是，商业秘密由于是一种不公开的信息，其本身不具有公示性，相关权利人便无法像其他知识产权权利人一样"硬气"地争取权利，在诉讼中往往处于不利地位，其中最显著的便是举证困难的问题。相关案例如下。

［基本案情］ 在2020年一起上诉至北京知识产权法院的北京融七牛信息技术有限公司（以下简称"融七牛公司"）诉赵某等侵害商业秘密纠纷案❶中，原审原告融七牛公司认为被告赵某（为原告旧员工）将其所掌握的融七牛公司的相关"信用卡业务线"渠道商有关经营信息这一商业秘密，透露给了另一被告北京智源享众广告有限公司（以下简称"智源公司"）。该信息的excel表格中列明了融七牛公司从事金融业务推广营销服务所合作的渠道商名单，而智源公司未经许可使用该商业秘密与这些渠道商进行了沟通联系，严重侵犯了融七牛公司的利益。

［法院观点］ 北京知识产权法院引用了《反不正当竞争法》（2019年修正）第32条第1款相关规定，认为原审原告融七牛公司通过举证《劳动合同》《商业秘密及知识产权协议》《员工手册》表明其已经明确对赵某提出保密义务，法院认定其已经采取了保密措施。后又根据融七牛公司举证认定智源公司作为同行业竞争者，在明知赵某系融七牛公司员工且实际掌握融七牛公司涉案商业秘密的情况下，通过见面方式创造了直接接触赵某的电脑和手机的机

---

❶ 北京市朝阳区人民法院（2019）京0105民初2200号民事判决书，北京知识产权法院（2020）京73民终2581号民事判决书。

会。智源公司在获悉涉案商业秘密后,存在主动联系其中记载的渠道商寻求商务合作的行为,构成对于其获取的涉案商业秘密的使用。而智源公司无法对其掌握的涉案商业秘密说明其他合理来源,结合智源公司与赵某同时期的实际接触情况,原审法院认定智源公司获取的融七牛公司的商业秘密来自赵某。综上,北京知识产权法院认定该案中融七牛公司已经提供初步证据证明其商业秘密被侵犯,智源公司应当就其不存在侵害商业秘密的行为进行举证。

接下来笔者结合该案例,对商业秘密举证责任进行分析。

1. 商业秘密认定举证责任倒置的合理性

在过往的商业秘密侵权案件中,商业秘密权利人需要承担的是《民事诉讼法》中的一般证明义务,即对所提一切主张需要举证证明,并对无法证明的主张承担不利后果。而商业秘密案件中,证明商业秘密侵权,首先必须证明涉案信息属于商业秘密,即证明商业秘密所具有的三大属性——秘密性、保密性和价值性。其中产生问题较多的是商业秘密的秘密性这一核心问题,需要证明商业秘密不为公众所知悉,即在侵权行为发生时,该信息在一些诸如报刊、网站等公开渠道均无法获取,亦无法通过其他公开的形式轻易获得。在司法实务中,由于商业秘密的认定往往存在一定技术性,许多法官认为需要通过专业的结论来进行认定,这在不经意间抬高了秘密性的认定标准。商业秘密权利人需要花费大量时间、金钱去聘请专家对公开领域信息进行大范围检索,要对文章等进行细致的检索分析,确认不存在可能公开的情形,甚至需要能够证明在学术会议等公开场合亦没有公开过该商业秘密。而商业秘密本身又属于一种消极事实,需要证明"不存在"是一件十分困难的事。通过这样的手段才能获得胜诉使得许多权利人即使有胜诉的可能,也会碍于所花费的精力与所得的收益不成正比而放弃诉讼,这无异于助长了侵权人的肆意妄为，对于商业秘密权利人的保护是极其不利的。随着中美贸易摩擦不断激烈，商业秘密保护变得越发重要，因此2019年《反不正当竞争法》对第32条进行了修改。

新修法条明确规定："在侵犯商业秘密的民事审判程序中，商业秘密权利人提供初步证据，证明其已经对所主张的商业秘密采取保密措施，且合理表明商业秘密被侵犯，涉嫌侵权人应当证明权利人所主张的商业秘密不属于本法规定的商业秘密。"该条之修改对于商业秘密侵权案件中原被告双方的举证责任承担产生了显著的影响。在商业秘密认定方面，权利人只需要证明其对信息采取了保密措施，之后便对于是否构成商业秘密采取推定的方式，如果被告方无法证明该信息不是商业秘密，则法院将对被告作不利推定。言下之意，便是将秘密性与价值性的证明责任都转移给了被告。❶ 而在信息时代下，任何信息都很可能具有一定的价值。在司法实务中，证明商业秘密不具有价值性往往是走不通的，也通常不是涉案双方的争议焦点，因此该规定相当于把证明秘密性这一举证责任转移给了涉嫌商业秘密侵权的一方。这一观点与美国商业秘密相关法条的规定类似。在美国商业秘密案件中，秘密性要件也往往被摆在最基础和最核心的位置。有观点将该条款规定的内容称为举证责任倒置规则，但其实可以看出，法律对原告商业秘密的举证并非没有任何要求，仍要求其提供初步证据，不属于纯粹的举证责任倒置，而更倾向于一种法律责任推定。在上文的"融七牛公司案"中便可以看出，原告为支持其观点所举出的赵某与融七牛公司签署的《劳动合同书》中关于商业秘密及知识产权条款部分约定，以及相关《商业

---

❶ 吴汉东. 知识产权侵权诉讼中的过错责任推定与赔偿数额认定：以举证责任规则为视角 [J]. 法学评论，2014（5）：124-130.

秘密及知识产权协议》《员工手册》等内容均属于原告公司所控制的文件，是可以轻易获取的内容，因此不存在任何举证上的难度。在原告完成了对保密性的初步举证之后，法院便将举证责任转移到了被告智源公司。最终智源公司也因为无法提供相应证据证明该商业秘密属于已为公众所知悉且可以轻易获得而败诉。

有学术观点认为，为了保护商业秘密权利人而制定如此特殊的法律规定是否有矫枉过正之嫌。但从法律责任的合理分配角度来看，该条的修订虽然在一定程度上减轻了商业秘密权利人的举证负担，但实际上并未置涉嫌侵权人于十分不利的境地。因为通常来说，作为一种消极法律事实，证明商业秘密为公众所知的难度要远比证明商业秘密不为公众所知的难度要低得多，不像商业秘密权利人需要穷尽各种方式进行检索排除一切可能，从商业秘密侵权人角度看，其只需要证明可以从任一公开渠道轻松获得该商业秘密，如举证某一文摘中有相关信息等，即可认定该信息属于已经公开的信息，不构成商业秘密。因此，由于举证难度的先天不平衡，新修条文充分结合了各种司法实践中遇到的现实问题，对举证平衡性进行了调整。但该条的规定仍存在一些疑问，如初步证据要证明到何种地步，如果依然要达到《民事诉讼法》中所规定的举证责任标准，那么"初步"一词又当如何体现，此外还有实际适用中该条是否能够很好地与案例结合。这些问题都有待在具体案件中见分晓。

2. 商业秘密侵权行为举证责任困境

《反不正当竞争法》（2019年修正）第32条第2款还将另一举证责任转移到了商业秘密涉嫌侵权人一方，规定如果商业秘密权利人已经提供了初步证据能够合理表明其商业秘密遭到了侵犯，那么涉嫌侵权人就应当证明其行为并未侵犯当事人的商业秘密。不同于第 1 款的是，第 2 款还对证明遭到侵权的证据内容以"列举 + 兜底条款"的方式进行明晰，主要包括三项：第一项为有证据表明涉嫌侵权人有渠道或者机会获取商业秘密，且其使用的信息与该商业秘密实质上相同；第二项为有证据表明商业秘密已经被涉嫌侵权人披露、使用或者有被披露、使用的风险；第三项为有其他证据表明商业秘密被涉嫌侵权人侵犯。与第 1 款的修改一样，该款的修法目的同样是平衡举证双方不平衡的举证难度。在商业交往中，任何侵犯商业秘密的行为都必然是想尽一切办法采取不为人知的方式进行的，而且当下是大数据时代，大量的信息都是在虚拟的网络中流通的，黑客技术发展迅速，往往能通过许多不留痕迹的方式获取他人的商业秘密。那么对于原告来说，要证明存在侵权行为，恐怕只能使用同样的方法获取侵权者的信息才能做到，这显然是不合理的。因此，该条亦将是否侵权的证明责任交给了被告，而对于原告来说，只要求其证明侵权的实际存在或存在风险。该条实际上亦是遵循了知识产权案件中判断侵权常用的"接触 + 实质相同"的标准。❶ 司法实践中，部分法院就已经接受"实质性相同 + 接触"原则并广为应用了：原告如果证明了被告使用的商业信息与原告商业秘密相同或实质性相同，且被告接触了商业秘密，则由被告对其获得该信息的正当性进行举证；若被告不能举证，则推定其构成侵权。与司法实践类似，1995 年原国家工商行政管理局也明确接受这一推定规则，将行政执法机构证明商业秘密侵权的证明责任降低到证明"接触 + 相同"的程度。由此可见，此次修改亦是对实践经

---

❶ 王利明. 侵权行为法研究：上卷 [M]. 北京：中国人民大学出版社，2004：19 - 25.

验的一种回应。❶

在"融七牛公司案"中，法院对原告的初步证据要求也是完全遵循了《反不正当竞争法》（2019年修正）第32条所列的证据内容，原告证据证明了赵某系原告公司的员工，任职部门为市场部职务为商务拓展经理。而赵某又与被告智源公司的工作人员存在联系，曾经见面接触，因此智源公司能够接触到赵某的手机与电脑，而这也就使得智源公司能够"接触"到赵某手机与电脑中的商业秘密，至少足以使赵某所掌握的原告商业秘密陷入泄露的危险之中。这便符合了该条第2款第1项"有渠道或者机会获取商业秘密"以及第2项"有被披露、使用的风险"的相关规定。而对于商业秘密是否相同来说，证据反映了关于被告智源公司的相关职员范某同时期主动向原告的商业信息中所体现的渠道商寻求合作，以及范某在商务沟通中所使用的截屏与融七牛公司Excel表格二者具有对应性，这便足以证明原告的商业秘密与被告所获得的信息是相同的。这些证据能形成完整的证据链条，能够证实融七牛公司的涉案经营信息已经被智源公司获取和掌握。在原告的初步证据举证完成之后，举证责任则转移到了被告，被告需要举出能够推翻侵权行为存在的反证。这样的举证责任其实与举证责任倒置十分相似。只不过在侵权行为的举证责任倒置中，对于侵权行为是否存在是完全由被告进行举证，而原告则卸下了包袱；如果双方均不举证，则不利后果系由被告承担。但在该条中，相当于对举证责任倒置给予了一个前提条件，即原告需要提供侵权行为存在的初步证据。

但同样，这样的规定也可能给被告带来一定的负担，这些负担

---

❶ 吴汉东. 试论"实质性相似+接触"的侵权认定规则［J］. 法学，2015（8）：63-72.

不限于举证的难度上,可能还存在于对其固有权利的损害。首先,被告在提供反证的过程中,要被迫披露自己研发或经营管理过程中的很多商业秘密。其次,商业秘密侵权事实的法律推定与促进人才流动的公共政策会发生一定的冲突。再次,在侵权诉讼判决之前,被告并不清楚自己的证据是否足以否定侵权指控,作为理性的诉讼主体,被告会做最坏的打算,还必须提供其他能够否定侵权指控的证据。最后,不当行为的法律推定会普遍增加企业管理成本,因此这些问题都需要在法律适用中进行观察修正。如果产生了一定的法律问题,一定要及时进行立法上或司法解释上的弥补,学术界也应当对相关问题继续进行研究。

二、商业秘密保密措施的实施与认定问题

上文对于商业秘密认定的讨论主要围绕商业秘密的秘密性。诚然,没有秘密性,商业秘密也就无从谈起,因此秘密性自然是上述三个构成要件中最受关注的。但是仅关注秘密性是远远不够的,权利人为防止商业秘密被泄露而对内对外采取的与商业秘密相适应的措施也是商业秘密成立必不可少的要件。而这一要件在实践中往往没有得到权利人的高度重视。通常来说,我们认为保密措施是权利人为防止信息泄露所采取的与其商业价值等具体情况相适应的合理保护措施。❶那么究竟要采取何种措施才称为是采取了合理的保密措施呢?《规定》第 6 条对何种情况下的保密措施属于合理措施进行了开放式列举规定,一定程度上有助于对保密措施的法律适用。该条规定了六种具体情况:"(一)签订保密协议或者在合同中约

---

❶ 宋建宝. 美国商业秘密诉讼中合理保密措施的司法判断 [J]. 知识产权, 2018 (5): 89 - 96.

定保密义务的;(二)通过章程、培训、规章制度、书面告知等方式,对能够接触、获取商业秘密的员工、前员工、供应商、客户、来访者等提出保密要求的;(三)对涉密的厂房、车间等生产经营场所限制来访者或者进行区分管理的;(四)以标记、分类、隔离、加密、封存、限制能够接触或者获取的人员范围等方式,对商业秘密及其载体进行区分和管理的;(五)对能够接触、获取商业秘密的计算机设备、电子设备、网络设备、存储设备、软件等,采取禁止或者限制使用、访问、存储、复制等措施的;(六)要求离职员工登记、返还、清除、销毁其接触或者获取的商业秘密及其载体,继续承担保密义务的"。除了上面六项以外还有一项兜底条款。那么,具体的案例中,对于保密措施的适用究竟如何呢?《反不正当竞争法》(2019年修正)第9条最后一款的相关规定中,一方面对认定商业秘密的"三性"进行了规定,另一方面又以列举的方式对两类常见商业秘密进行了明晰,即技术信息和经营信息。下文以这两类商业秘密为重点进行分析讨论。

(一)关于对经营信息采取的保密措施问题

通常来说,商业秘密价值与保密措施的严密程度要相互匹配,然而在实务操作中往往会倾向于思考怎么样的保密措施能够达到匹配的程度,各地法院的判断标准不一。对此学术界有观点认为,由于保密措施是权利人主动采取的措施,因此主客观相一致很重要,商业秘密权利人对于商业秘密采取保密措施的主观意愿应当在考量范围内。更重要的是,既然商业秘密的认定中有该信息不能轻易为他人所获得的条件,那么相应的保密措施就必须达到足以阻止他人轻易获得的程度。然而一个商业秘密的重要程度、价值大小与一个信息是否容易获取存在必然联系吗?显然是不一定的。因此,由于存在诸多争议,在《规定》尚未发布之前,对于商业秘密不透露的约定往往被认为是一种重要的保密措施，因此对于经营信息，商业秘密权利人通常采取的保密措施是以签订保密协议等方式来进行约束，这也成为法院认定采取保密措施的一种常见标准。即便在《规定》发布之后，是否对员工约定了保密措施或行业限制亦对权利人是否能够胜诉至关重要。❶

在一起诉至河南省高级人民法院的石某等与山西华辉恒源防腐工程有限公司等侵犯商业秘密纠纷案❷，就围绕商业秘密的保密措施进行了分析。

[**基本案情**] 该案原告山西华辉电力设备有限公司（2014 年更名为山西华辉恒源防腐工程有限公司，以下简称"华辉公司"）是一家经营防腐保温工程、防磨工程施工以及耐火防磨喷涂金属材料的销售及技术服务、技术转让的公司。被告张某于 2007 年进入了华辉公司工作，2009 年担任项目技术负责人、项目负责人。被告石某 2012 年 6 月进入华辉公司工作，作为该公司项目负责人。张某、石某分别于 2012 年 12 月和 2013 年 2 月离开华辉公司到中防工程科技有限公司任职。后原告华辉公司发现，2013 年 5 月 27 日，石某代表中防工程科技有限公司与中海石油天野化工股份有限公司签订《中海石油天野化工 2013 年公用工程部 B 锅炉水冷壁管的喷涂服务合同》。合同单位报价为 1900 元/平方米，最终价格确定为 1700 元/平方米。工程喷涂面积为 145 平方米，合同金额为 246500 元。中防工程科技有限公司与中海石油天野化工股份有限公司签订《中海石油天野化工 2013 年公用工程部 B 锅炉水冷壁管的喷涂服务合同》的内容与华辉公司和中海石油天野化工股份有限公司签订的

---

❶ 刘芳. 企业商业秘密的法律保护 [J]. 中国远洋航务公告，2003（10）：69-70.
❷ 河南省高级人民法院（2016）豫民终 656 号民事判决书。

第五章 商业秘密侵权纠纷法律适用

内容、价格相同。中防工程科技有限公司投标书技术部分与华辉公司投标书技术方案、施工组织设计、新产品新技术鉴定验收证书前后顺序、分类、标题相同。因此，原告华辉公司以其商业秘密受到侵害为由诉至法院。但该案的诉讼过程中，被告石某认为原告所称的商业秘密并没有被采取相应的保密措施，不符合商业秘密的保密性规定，因此不属于商业秘密。其主张判定原告是否采取了保密措施，不是以签订保密协议作为依据，应当是以公司针对具体的对象是否采取具体的保密措施作为标准。而被告张某则更主张其与原告华辉公司签订的保密协议上无当时的法人签字，应为无效。

[**法院观点**] 对于上述主张法院认为，华辉公司提供了与张某签订的保密协议，虽然上面没有时任华辉公司法人签字，但有张某的签名及华辉公司当时的印章，故真实有效，对张某具有约束力。且作为共同侵权人的石某，与张某先后离开华辉公司，共同入职中防工程科技有限公司，共同用与华辉公司技术内容、指数、样式模板等基本内容相同的标书、合同等与华辉公司原客户进行交易，对所使用的相关材料、信息，华辉公司有相关保密要求应为明知。华辉公司还提供了与多名职员签订的保密协议。综上法院认为华辉公司提供的上述证据，可以认定对涉案的经营秘密采取了相关的保密措施。

从上述案件可以看出法院对于经营信息的保密措施的认定主要还是围绕在保密协议上，在认定了保密协议真实有效后，对于权利人的主张就能够予以采纳。不过进一步探究来看，尽管是否存在约定保密义务的书面协议就决定了是否采取了合理保密措施，但评判的标准也并非如此简单。通常来说，对于协议签订的内容，认定上一般有更高的要求，最终要的便是签订的内容必须能够限制签订者泄密。首先，条款的规定不能倾向于原则性的规定。因为原则性的规定并不具有约束的强度,不足以认定为是一种保密措施,而更像是一种提倡性规定。其次,约定的内容必须清楚明确。要让签订者通过约定能够知晓该信息是权利人采取保密措施的商业秘密,即明确规定商业秘密保密的范围,这样签订者才有遵守该约定的可能性。最后,对于签订的行为条款应当附带有若违反保密约定所承担的法律责任相关内容。因为责任不明晰则行为规定无意义。虽然保密协议是一个重要的约定,但是并非任何约定了保密义务的信息都会成为商业秘密。对于商业秘密来说,应当首先构成他人无法轻易获得的信息。这意味着即使签订了保密协议,也不应当随意将商业秘密在员工中公开,应当做到谨慎对待。对于商业秘密的透露应当在必要时进行,并且在结束后立即进行封存处理。只有这样,才可以说是采取了合理的保密措施。

(二) 关于对技术信息采取的保密措施问题

鉴于经营信息是一种较为普遍的商业秘密,对于经营信息类的保密措施也往往适用于其他的保密措施,因此本部分对于技术信息的保密措施的探讨,便不局限于常见的情形,而是对技术信息的一些特殊情形进行细致探究。由于技术信息具有一定的特殊性,在《规定》第1条就明确规定了法院认定的技术信息主要包括与技术有关的结构、原料、组分、配方、材料、样品、样式、植物新品种繁殖材料、工艺、方法或其步骤、算法、数据、计算机程序及其有关文档等信息。从以上规定可以看出,技术信息的认定往往有许多法律外的相关因素,而且从新增加的"算法、数据、计算机程序"这些内容也可以看到,随着时代的发展,技术信息往往更趋向于虚拟化、网络化。因此,对于技术信息保密措施的探讨往往要结合互联网时代的特点。❶ 技术信息所采取的保密措施与经营信息所采取的保密措施是不太一样的。因为某些技术信息实际上是"凝结"于以该技术所生产的商品之中，故而如果经营信息已经采取了保密措施防止透露，外人就很难通过公开合法的渠道来获得该信息。但是在实务中，即使当事双方已经事先约定了保密协议等相关义务内容，由于产品是要进行公开销售的，因此许多人往往仍然可以通过购买产品对零件进行拆解，并对产品结构和运作进行分析，进而可以通过逆向推导的方式获得技术信息。那么在这样的一种情况下，是否仍认定商业秘密权利人采取了合理的保密措施，则需要深入探究。我们可以从一起最高人民法院的典型案例❷来一探究竟。

[基本案情] 济南思克测试技术有限公司（以下简称"思克公司"）与济南兰光机电技术有限公司（以下简称"兰光公司"）侵害技术秘密纠纷上诉案中，原审原告思克公司认为其自主研发的产品 GTR-7001 气体透过率测试仪承载的技术系技术秘密，被告兰光公司非法获取了其技术信息的商业秘密并利用，属于严重侵害其商业秘密的行为；而兰光公司则认为其 C130H 气体渗透测试系统系兰光公司自主研发改良所得，兰光公司对其拥有完整的知识产权，兰光公司并未侵害思克公司的任何技术秘密。

[法院观点] 对此，最高人民法院认为，首先，原审被告是否侵害了原告之商业秘密，取决于该技术信息是否属于商业秘密，而最重要的即是该技术信息是否采取了足够的保密措施。其次，保密措施是由商业秘密的权利人所采取的，体现出权利人对其主张商业

---

❶ 郑勇，唐庭淼. 软件源程序的商业秘密保护模式研究［J］. 特区经济，2021（3）：87-91.

❷ 最高人民法院（2020）最高法知民终 538 号民事判决书。

秘密保护的信息具有保密的主观意愿。该案中，思克公司主张其产品 GTR-7001 气体透过率测试仪承载的技术系技术秘密。罗欣公司购买了 GTR-7001 气体透过率测试仪。思克公司主张，兰光公司通过法院对罗欣公司的 GTR-7001 气体透过率测试仪实施保全措施，以拍照和录像的不正当手段获取技术秘密后加以使用。GTR-7001 气体透过率测试仪系公开销售的产品，如果该产品承载了思克公司的技术秘密，思克公司在其售出的产品上应采取合理的保密措施以防技术被他人获取。对此，思克公司认为，其已经采取了足够的"对内保密措施"，如与员工签署包含保密条款的《劳动合同》与《企业与员工保密协议》，制定并施行《公司保密管理制度》，对研发厂房、车间、机器等加设门锁，限制来访者进出、参观等。但法院认为这些均与兰光公司是否不正当地取得并拆解思克公司 GTR-7001 气体透过率测试仪产品进而获得涉案技术秘密不具有相关性。换言之，思克公司所主张的"对内保密措施"均与其主张保护的涉案技术秘密及其载体不具有对应性。此外，思克公司还主张并举证认为，思克公司对于其售出的产品采取了设备购销合同及防拆标签的相关保密措施。但是法院亦认为该设备购销合同并未限制购买方对该设备进行转让，亦未要求购买方对该设备采取防盗或专人使用、产品废弃后的处理方式等专业的保密措施。GTR-7001 气体透过率测试仪流入市场后，其承载的技术即可轻易为人所获取。综上所述法院认为，思克公司未能对其主张的技术信息采取合理的保密措施，该信息不构成商业秘密。

由此可见，对于技术信息的保密措施来说，司法实务认定中往往有更高的标准。尽管对于通过技术的反向拆解来获得商业秘密并非对每一个普通人都是容易的，但法院依然认为，如果通过这样的方法便可以获得一个公司的技术信息，那么其就不能构成该公司的商业秘密，至少这说明了该公司对于如此重要的核心技术的重视程度不够，法律不能让权利人滥用法律的保护而怠于履行自己应尽的义务。一般来说，就像每个人应当珍视自己重要的财物一样，公司亦有义务对于自己重要的技术信息采取更合理的保密措施。在通常的技术信息的保密措施中，为了达到保密目的，一般要求对保密信息载体的场所隔离并设立警卫、解除涉密信息需要申请相应的权限并记录使用次数和时间等。那么这个案件中，最重要的是采取一定的涉密信息载体加密措施，使得当事人即使通过反向拆解的方法亦无法获得该技术信息，这样才能称为足以防止他人获得商业秘密的合理措施。❶

三、商业秘密刑民交叉案件问题

在我国的司法实务中，对于刑事案件与民事案件交叉的案件，传统方式往往是先审理刑事案件，再审理民事案件，以刑事案件所认定的内容作为民事案件的证据来使用。通常来说，在商业秘密刑民交叉的案件中，刑事案件的认定与民事案件的认定在事实、构成要件上往往没有太大的差别，而仅仅是对于情节所导致的后果认定上有一定出入，比如构成民事违法行为的情节往往不必然构成刑事犯罪，以及二者的处罚方式也因为情节和数额上的不同而不一样。民事的商业秘密案件要以确定商业秘密的构成要件和权利归属为前提，而刑事商业秘密案件同样要确定这些内容后才能进一步判断是否构成犯罪。但在商业秘密刑民交叉的案件中，较为特殊的情况在于商业秘密的权属往往较为混乱，这就导致了权属认定上存在一定的困难。在许多商业秘密案件中，刑事、民事两个案件的认定往往

---

❶ 王迁. 知识产权法教程 [M]. 5 版. 北京：中国人民大学出版社，2016：51-60.

无法完全照搬，因为有时仅仅是案件中的相关事实相同，但起诉的并非同一法律关系。例如有的商业秘密纠纷中民事案件是关于合同是否有效的问题，而非法侵害商业秘密的犯罪则涉及商业秘密侵权的问题，如果用一个逻辑进行审判，恐怕会产生不合适的结果。❶

《规定》的第22条、第23条和第25条对刑民交叉的案件进行了相应的规定。关于证据方面规定了法院审理侵犯商业秘密民事案件时，对在侵犯商业秘密犯罪刑事诉讼程序中形成的证据，应当按照法定程序，全面、客观地审查。而由公安机关、检察机关或者法院保存的与被诉侵权行为具有关联性的证据，侵犯商业秘密民事案件的当事人及其诉讼代理人因客观原因不能自行收集，申请调查收集的，人民法院应当准许，但可能影响正在进行的刑事诉讼程序的除外。关于刑民交叉存在冲突情形方面规定了当事人以涉及同一被诉侵犯商业秘密行为的刑事案件尚未审结为由，请求中止审理侵犯商业秘密民事案件，法院在听取当事人意见后认为必须以该刑事案件的审理结果为依据的，应予支持。关于刑民交叉的赔偿方面规定了当事人主张依据生效刑事裁判认定的实际损失或者违法所得确定涉及同一侵犯商业秘密行为的民事案件赔偿数额的，法院应予支持。上述条款也是对刑民交叉中较为热点的刑事案件与民事案件审理先后顺序以及二者的赔偿数额等方面的相关规定。那么具体到实务中具体情形如何则需要进一步探究。

（一）刑民交叉审理顺序问题

1. 先刑后民的合理化分析

在司法实务中，商业秘密案件采取先刑后民的审理方式往往不

---

❶ 高晓莹. 论商业秘密保护中的刑民分野与协调［J］. 北京交通大学学报（社会科学版），2010（4）：109－113.

存在什么障碍,因为正如上文所说,这属于一种通常的做法,不仅是法院的通常做法,也是商业秘密权利人在权利受到侵犯时通常会采取的行为顺序。由于商业秘密这种信息具有相当的商业价值,而信息的传播速度又极快,因此,越晚采取保护措施,商业秘密权利人受到的损失便越难以挽回,所以一般来说,企业在遇到商业秘密侵权时,第一行为往往是向公安机关报案,通过公权力的强制性来保护其权利,立即对侵权嫌疑人的行为进行限制,冻结泄露的商业秘密。此外,依靠公安机关的调查手段也能更方便地取证。在完成了这些之后,再提起民事诉讼,因此形成了先保护后赔偿的策略。根据我国关于诉讼证据的相关规定,通常来说由公权力机关调取的证据用于民事案件的举证,往往更容易获得法院的认可,因为其更具有权威性。如果在民事案件诉讼过程中当事人不能提供反证,或所提供的反证不足以推翻刑事判决的相关证据,那么就推定刑事案件中认可的证据为真实有效。这样的方式更为便利,这也是我国通常采取先刑后民的原因。甚至在许多民事商业秘密案件中,法院也会倾向于采纳刑事生效判决对民事案件进行判决。❶ 接下来让我们从一起案例中来看商业秘密纠纷中先刑后民的具体应用。❷

[**基本案情**] 在一起发生在上海的上海化工研究院(以下简称"化工院")诉昆山埃索托普化工有限公司(以下简称"埃索托普公司")等侵害商业秘密纠纷案中,原告化工院自主研发的 NO – HNO_3 化学交换法生产 ^{15}N 标记化合物研发最早开始自 1961 年,1989 年形成 1 号生产车间,1999 年起向国外出口该技术。该技术

---

❶ 冯晓青,涂靖. 商业秘密案件民刑交叉问题研究 [J]. 河南大学学报(社会科学版),2020(6):44–48.
❷ 上海市第二中级人民法院(2003)沪二中民五(知)初字第 207 号民事判决书。

被上海市高新技术成果转化项目认定办公室认定为上海市高新技术成果转化项目，化工院在当时是我国唯一生产 ^{15}N 标记化合物的单位。化工院为保护其自行研发的科研成果，于 1997 年 1 月制定了《科技档案借阅、保密制度与立卷及归档范围》，规定了科技档案的借阅和保密制度，后又制定了多项保密制度。化工院将 ^{15}N 技术的所有资料存档并列为"秘密"等级。被告陈某、强某、程某均是化工院单位的工程师，2001 年上半年，被告江苏汇鸿国际集团土产进出口苏州有限公司（以下简称"汇鸿苏州公司"）相关负责人与昆山市迪菲芳香油有限公司厂长王某等人共同商量出资成立一家生产 ^{15}N 标记化合物的公司，并通过程某介绍认识了陈某、强某。此后，这些人共同成立了被告埃索托普公司。之后三被告相继辞职并进入埃索托普公司，利用其在化工院工作时掌握的 ^{15}N 技术，为该公司筹建了与化工院相同的 ^{15}N 生产装置，并负责 ^{15}N 车间的生产管理，将生产的 ^{15}N 标记化合物均通过汇鸿苏州公司代理出口。2003 年 9 月至 2004 年 4 月，汇鸿苏州公司代理埃索托普公司出口各类 ^{15}N 标记化合物的销售总额为 201105 美元。化工院在发现其 ^{15}N 标记化合物从他处生产后，于 2003 年 3 月 14 日向上海市公安局普陀分局举报陈某、程某、强某、埃索托普公司涉嫌侵犯商业秘密罪。上海市普陀区人民法院和上海市第二中级人民法院分别于 2004 年 5 月 25 日和 2004 年 8 月 25 日先后作出了上述四名被告的行为均构成侵犯商业秘密罪的刑事一审判决和终审裁定。在刑事判决生效后，化工院提起了民事的商业秘密侵权诉讼，要求获得赔偿。

[法院观点] 在民事案件审理中，法院多次引用了刑事案件所认定的相关内容，依法认定了上海市科学技术委员会接受上海市公安局普陀分局的委托所出具的一份鉴定意见和三份补充意见。而这些鉴定结论直接认定了原告化工院使用 $NO - HNO_3$ 化学交换法生产

稳定性同位素^{15}N 的技术和生产装置存在不为公众所知悉的技术信息,以及被告埃索托普公司使用 NO – HNO$_3$ 化学交换法生产稳定性同位素^{15}N 的技术和生产装置与原告使用 NO – HNO$_3$ 化学交换法生产稳定性同位素^{15}N 的技术和生产装置基本相同;还有依据被告埃索托普公司提供的有关公知技术的资料,不可能设计形成该公司目前使用 NO – HNO$_3$ 化学交换法生产稳定性同位素^{15}N 的技术和生产装置。也就是说,对于该信息构成商业秘密以及被告存在侵害商业秘密行为已经给出了充足的证据。法院又认为埃索托普公司在刑事案件侦查、审查起诉及审理阶段均未向鉴定机关上海市科学技术委员会提供《小试报告》和《工业化设计》两份关键技术文件,认定当事人因为在刑事案件中未完成举证,而判定其在民事案件中也未完成举证任务。

由此可见,在先刑后民的商业秘密案件中,刑事案件的胜诉往往就意味着民事案件的胜诉。刑事案件认定的标准往往更为严格,在事实内容上必须达到排除一切合理怀疑,而民事案件只需要达到高度盖然性,如此就意味着在刑事诉讼中能够认定的事实大概率能使用在民事案件中。因此对于许多刑事案件内容的认定,民事案件审理法院都同样认可。这样审判的好处是一方面大大提高了司法效率,使得司法审判变得更为便利,有利于节约司法资源,对于同一事实的案件无需进行两次取证等过程;另一方面有助于保持刑事案件与民事案件的司法统一。

2. 先民后刑的合理化分析

尽管先刑后民是包括商业秘密案件在内的各种刑事案件与民事案件交叉时的通常做法,但由于其存在一些问题,因此仍受到许多的争议。学术界有一些观点认为,先刑后民并非一种十分恰当的做法,会产生更多需要解决的司法问题,因此直接将其作为一种判决惯例是极不恰当的。例如通常来说，在商业秘密侵权案件中，一个信息究竟是否构成商业秘密是需要双方进行举证分析的，但是刑事案件立案后，公安机关的事实调查与证据调取一般采取的是保密手段，因此常有原告方擅自将公有知识信息作为个人技术，而被告方又因无从知晓而不能申辩的情形。除此之外，尽管涉及商业秘密的案件可以申请不公开进行审理，但被告方为了免遭刑事处罚，必须证明其未侵犯当事人商业秘密，而除了证明对方的信息不构成商业秘密外，其中最重要的可能就是要对其拥有的信息进行是否实质性相同的核对，这也就意味着其拥有的信息必须要被一定程度地公开。这样也有可能使被告所拥有的商业秘密遭到泄露，导致在刑事案件判决后对民事案件的诉讼产生不利影响。❶ 相反，如果能够采取先审理民事案件再审理刑事案件的方式，则存在一些优势。相比于刑事案件主要集中于对犯罪行为的分析，民事领域对商业秘密认定的体系更为成熟完善。而是否构成商业秘密是刑事案件和民事案件共同的认定前提，因此，先进行民事案件的审理有助于确定商业秘密和权利主体，然后再进一步审理刑事案件才更为恰当。如果先审理刑事案件，民事案件审理法院很有可能为了达到审理的效率和便利，而直接采纳刑事案件的认定，这就有可能导致民事案件判决的错误；而如果不采纳，则有可能导致民事案件否认刑事案件认定的事实，产生司法裁判的不一致。具体可参考一起最高人民法院2019年审结的知识产权案件中精选的典型案件。

[**基本案情**] 原告浙江宁波某股份公司委托被告宁波某纺织机械有限公司加工零部件，并于2016年3月签署了《采购协议》和

---

❶ 陈兴良，胡建生，朱平，等. 关于"先刑后民"司法原则的反思 [J]. 北京政法职业学院学报，2004（2）：16-19.

附件《保密协议》。2018年11月,原告发现被告生产的电脑针织横机的部分部件与其委托加工的部件外观和技术要求相同,便认为被告违反协议中依据原告提供的技术图纸只能为原告生产加工横机设备零部件的约定,遂以技术秘密许可使用合同纠纷为由诉至法院,法院予以立案。2019年5月,原告又以侵犯商业秘密罪为由向当地公安机关报案,公安机关经审查予以立案。之后,当地公安机关致函一审法院并要求调卷。针对当地公安机关的函件,一审法院作出裁定称,根据《最高人民法院关于在审理经济纠纷中涉及经济犯罪嫌疑若干问题的规定》第11条规定:"人民法院作为经济纠纷受理的案件,经审理认为不属经济纠纷案件而有经济犯罪嫌疑的,应当裁定驳回起诉,将有关材料移送公安机关或检察机关。"第12条规定:"人民法院已立案审理的经济纠纷案件,公安机关或检察机关认为有经济犯罪嫌疑,并说明理由附有关材料函告受理该案的人民法院的,有关人民法院应当认真审查。经过审查,认为确有经济犯罪嫌疑的,应当将案件移送公安机关或检察机关,并书面通知当事人,退还案件受理费;如认为确属经济纠纷案件的,应当依法继续审理,并将结果函告有关公安机关或检察机关。"由于公安机关审查的事实涵盖了两公司签订的《采购协议》《保密协议》及相关图纸的内容,与法院审理的法律事实有重合之处,被告公司具有侵犯商业秘密罪嫌疑,故裁定移送公安机关处理。

[法院观点] 该裁定作出后,被告表示不服,便向最高人民法院提起上诉。最高人民法院审理后认为,原告以被告将其被许可的技术秘密用于合同约定事项之外为由提起诉讼,请求判令被告承担相应违约责任,可见原告以违反合同约定为由提起的合同之诉系技术秘密许可合同法律关系,而公安机关立案侦查的涉嫌商业秘密犯罪系商业秘密侵权法律关系。两者所涉法律关系不同,并非基于同

一法律事实所产生之法律关系,分别涉及经济纠纷和涉嫌经济犯罪,仅案件所涉事实具有重合之处。原审法院应将与该案有牵连但与该案不是同一法律关系的犯罪嫌疑线索、材料移送公安机关,但也应继续审理该案所涉技术秘密许可合同纠纷。

最高人民法院对于该案件的纠正便是体现了先刑后民案件中法院认定上存在一些错误。主张先民后刑观点亦不是人为将先刑后民的惯例扭转成先民后刑的审理程序,这有矫枉过正之嫌,而应当是在刑民交叉的商业秘密的案件中具体问题具体分析,明晰哪种审理程序的先后顺序对于该案的审理更优,采取先决原则进行审理程序的安排,抛弃"惯例必遵守"的固有思维,这样才更有助于此类案件的审理。

(二) 刑民交叉时赔偿数额认定问题

1. 刑民交叉赔偿计算方式的差异

通常来说,一个案件中的侵权损害赔偿数额可以根据权利人因被侵权所受到的损失及侵权人因侵权所获得的利益予以确定,这并不是一个十分难以认定的事。对于赔偿数额,通常不会产生学术和实务的争议。在刑事案件与民事案件交叉的商业秘密案件中,之所以需要讨论这个问题,主要是因为在损失数额上,此类案件中存在民事案件认定宽松与刑事案件认定趋紧的内在冲突,而刑事认定又往往为民事判决所采纳,这就导致了问题的产生。[1] 我们首先要明白对于商业秘密侵权纠纷的处理,有的商业秘密权利人先通过刑事诉讼程序取得相关证据,再通过民事诉讼程序请求赔偿;有的商业秘密权利人在通过民事诉讼程序维权成功后,发现侵权人继续从事

---

[1] 刘秀. 侵犯商业秘密罪中"重大损失"的认定 [J]. 中国刑事法杂志, 2010 (2): 50–62.

侵权行为，又启动了刑事诉讼程序。而这些顺序的区别在现实中会导致商业秘密刑民交叉案件的刑民判决结果可能存在许多冲突或者不协调之处。例如在先的刑事诉讼程序中，检察院以证据不足作出不起诉决定，而后可能在民事程序中法院判决被告赔偿原告 50 万元以上的损失。是什么原因造成了这些冲突与不协调呢？应当说，刑民两种诉讼程序的证据标准、程序要求或者刑事犯罪中"重大损失"与民事侵权的损害赔偿数额的计算方法不尽一致是造成这些冲突与不协调的部分原因。我们需要分析商业秘密刑事与民事诉讼程序制度上和实践操作中的不同，并在工作机制的安排上最大限度地减少上述冲突与不协调。商业秘密侵权民事诉讼与商业秘密犯罪刑事诉讼的区别主要有两点：一是两种程序中对商业秘密的成立及商业秘密侵权行为认定的举证责任和证明标准不同；二是经济损失是否作为构成要件及其计算方法有区别。前者因属于刑事诉讼与民事诉讼的普遍区别，此处不再赘述。对于商业秘密犯罪刑事诉讼中经济损失的认定，有的法院提出如下问题：研发成本是否可以纳入侵犯商业秘密罪中的重大损失的范围？研发成本纳入损失范围是否以《解释》第 17 条规定的已为公众所知悉为前提？如果可以的话，全部研发成本纳入损失范围是否合理？被控侵权产品未销售从而未造成损失不构成犯罪的抗辩理由是否成立？成立公司生产侵权产品所缴纳的出资是否应该依法予以没收？权利人支出的保密费是否应纳入侵权损失？对于成立公司进行侵犯商业秘密犯罪的，是否以单位犯罪论处？对于个人违反约定或者违反权利人有关保守商业秘密的要求，到其他公司任职，披露、使用其所掌握的商业秘密的，该公司是否应和个人作为共同犯罪主体或共同侵权主体？以上种种都是尚未得到很好解决的问题。[1]

具体到案件中，由于商业秘密本身具有价值难以清晰量化的特点，于是就产生了在商业秘密刑事案件中认定的侵权获利过低而民事认定中实际损害较高的情况。在上述上海化工研究院案中，原告化工院于2003年3月14日向上海市公安局普陀分局举报被告陈某、程某、强某、埃索托普公司涉嫌侵犯商业秘密罪。上海市普陀区人民法院和上海市第二中级人民法院分别于2004年5月25日和2004年8月25日先后作出了上述四名被告的行为均构成侵犯商业秘密罪的刑事一审判决和终审裁定。被告陈某被判处有期徒刑1年，并处罚金人民币3万元；被告程某和被告强某分别被判处有期徒刑9个月，并处罚金人民币2万元；被告埃索托普公司被判处罚金人民币30万元。而在民事案件的判决中，在赔偿承担形式方面，法院认为，在数额计算方面，根据《反不正当竞争法》（1993年通过）第20条的规定，给被侵害的经营者造成损害的，应当承担赔偿责任，被侵害的经营者的损失难以计算的，赔偿数额为侵权人在侵权期间因侵权所获得的利润。原告化工院要求按照被告埃索托普公司销售总额与原告同类产品的销售毛利率乘积确定原告同期的经济损失。根据上海司法会计中心有限公司出具的查证报告，被告埃索托普公司2002年7月至2003年8月的销售总额为人民币1499700.13元，原告化工院销售毛利率为67.72%，故原告同期的经济损失应为人民币101.5596万元。最终，法院依照《反不正当竞争法》判决被告陈某、程某、强某、埃索托普公司、汇鸿苏州公司于判决生效之日起至原告化工院稳定性同位素^{15}N技术商业秘密

---

[1] 吴国平. 商业秘密侵权救济程序规则的缺陷及完善对策 [J]. 知识产权, 2013 (11)：50-54.

权利终止之日止,停止对原告化工院上述商业秘密的侵害,在《新民晚报》上刊登启事消除影响,并连带赔偿原告化工院包括合理费用在内的经济损失人民币230万元。

之所以给予原告较高的赔偿,是因为该案先刑后民的特殊性,原告通过刑事程序取得的关于损失的证据较为充分。因刑事诉讼的先行,原告借助刑事诉讼程序能够向法院提供被告埃索托普公司财务账册的审计报告和从海关调取的报关单、装箱单和发票。法院的计算方法是根据被告埃索托普公司侵权产品销售总额与原告同类产品的销售毛利率乘积确定原告同期的经济损失。但问题在于,刑事案件中所认定的获利及损失,是否就等于民事案件中的获利及损失呢?由于刑事程序在认定损失时具有收紧性,会对间接损失和无关损失进行扣减,且刑事程序一般只计算直接损失,不考虑间接损失。而民事赔偿一般会将直接损失和间接损失都纳入考虑范围,认定的损失数额呈宽松化和上扬趋势。❶ 实际上,刑民案件的数额认定不同是一个客观现象,绝大多数刑事案件均依据鉴定或审计报告核算出的具体利润或研发成本;但在民事案件中,由于商业秘密是无形资产,被侵权后的损失难以查明,因此民事案件中多采用酌定方式确定损害赔偿数额,酌定即意味着主观性。❷

2. 商业秘密刑民交叉案件退赔具有复杂性

从刑事案件的赔偿认定来看,根据《刑法》第64条的规定,犯罪分子违法所得的一切财物,应当予以追缴或者责令退赔;对被害人的合法财产,应当及时返还。退赔在不同类型的案件中适用的

---

❶ 陈兴良. 侵犯商业秘密罪的重大损失及数额认定 [J]. 法律适用, 2011 (7): 32 – 34.

❷ 刘秀. 商业秘密的刑事保护 [M]. 北京: 知识产权出版社, 2014: 132 – 139.

状况及效果有所差异。普通刑事案件法院判令退赔较为容易，原因在于法院能够直接判断涉案财产是否为被害人的合法财产，诸如诈骗、非法集资等。对于一些暂时无法退赔的被害人损失，法院往往还会判令继续追缴。但在商业秘密相关的案件中，权利人的损失或者侵权人的违法所得很难与权利人的合法财产划等号。

即使成功论证权利人损失即属于权利人的合法财产，也很难量化具体数额来进行退赔。由于退赔的法律逻辑是非常简单直接的，即这一部分财物属于被害人所有，因此应当就被非法占有财物的自身价值进行返还或退赔。而知识产权的非法窃取或使用给权利人带来的损失，并非简单地通过返还即可消除损害。由于刑事案件的认定较为严格，在刑事案件中的实际获利是刑事判决所认为的证据确实充分的销售数额，并非侵权人的实际获利数额。而在民事案件中，根据《最高人民法院关于审理商业秘密民事案件适用法律若干问题的规定》第 20 条第 2 款的规定，法院依照《反不正当竞争法》第 17 条第 4 款确定赔偿数额的，可以考虑商业秘密的性质、商业价值、研究开发成本、创新程度、能带来的竞争优势以及侵权人的主观过错、侵权行为的性质、情节、后果等因素。因此，刑事案件的赔偿数额确定方式与民事的确定方式可能不尽相同，民事侵权的赔偿数额还需要综合多方面考虑，刑事上的损失是否是权利人民事上的财产，在不同的审判条件下是不一样的。与此同时，权利人损失的计算采取的也并非类似实物价值评估或金钱本息计算这类精准计算的方式，而是综合各种因素、通过法律拟制的方式计算出价值，只相对接近权利人的损失，不可能精准等同于权利人的损失。在刑事审判中要求法官进行此类测算，并非该法律程序设置的应有之义；同时，将测算出来的金额等同于非法占有之金额并且要求被告人退赔或追缴，法律层面也有诸多障碍需要突破。在司法实践中，有部分法院判决侵权人对商业秘密权利人进行了退赔。例如，在"林某侵犯商业秘密案"❶ 中，肇庆市端州区人民法院认为被告人林某为了获取非法利益，使用其所掌握的权利人的商业秘密生产同类产品并销售给权利人原有部分客户，给权利人造成重大损失，已构成侵犯商业秘密罪，被告人在犯罪中使用的作案工具及赃物应予没收，造成的损失应责令退赔。因此该法院判令被告人林某应在判决生效后15日内向肇庆市鼎湖仪表厂退赔237万元，二审法院维持原判。但在绝大部分知识产权案件中，许多法院为了避免产生这样的困扰，对被告人的违法所得通常是予以没收、上缴国库，极少数案件中权利人能够得到退赔。

第三节　立法完善与建议

一、商业秘密认定相关规定立法建议

（一）灵活考量与客户信息相关的商业秘密影响因素

在与客户信息相关的商业秘密要素认定方面，立法方面亦有可完善的空间。如上文所述，客户信息要作为企业的商业秘密保护，必须具备商业秘密的三个要件，即秘密性、价值性和保密性。那么接下来就需要结合当下立法现状，进一步阐释这三个方面可以进一步完善的地方。综合司法实践，以下三个方面仍需要进一步完善，这些内容也是认定客户信息商业秘密的重要因素。

1. 明确何为稳定的交易关系

在认定与客户是否具备相对稳定的交易关系中，对于交易关系

---

❶ 广东省肇庆市中级人民法院（2016）粤12刑终268号刑事裁定书。

的内容，有进一步的完善空间。一般情况下，权利人要求保护的客户信息，需权利人与该客户存在长期稳定的交易关系，而非偶然性或一次性的交易。但是在某些特殊情况下，权利人与该客户虽然没有发生过交易，但是权利人通过付出一定代价建立起的潜在客户信息，可能给权利人带来一定的竞争优势。考虑到客户关系的多样化形成因素，那么对于这一部分潜在客户信息来说，不能因为其没有稳定的交易关系就否定其商业秘密属性。因此，相关立法应当更多地去考虑多种情况，可以通过增加补充规定，结合具体情况以开放式或封闭式列举的方式，对于特殊情况进行列举，或者直接进行反向的排除式规定，即除了某些特殊情况导致无法形成商业秘密中的客户关系的情形确实无法认定为商业秘密外，其他渠道可以获得具有一定深度的客户信息的，应当具体情况具体分析，而不是直接否定其商业秘密属性。❶

2. 考量客户信息的特有性

除此之外，针对关于客户信息的特有性的相关问题进行有针对性的完善。我们都知道，不能轻易从公开渠道直接获取是客户信息的特有性。这个并不难理解，如果大家都很容易从公开渠道直接获取某一客户信息，那么该客户信息就不具有秘密性，不为某一经营者所特享权利。那么，如何去认定客户信息中具有特点的特有性内容呢？实践中主要围绕关于客户信息所显示的内容即秘密点来探讨。如上文所述，构成商业秘密的客户信息并不仅仅是客户的地址、电话等一般资料的记载，同时还包括双方对交易习惯、交易频率、偏好、价格接受度等具体事项的协商和确认。而这些并非通常从事有关该信息工作领域的人们所普遍了解或者容易获得的。那么

---

❶ 张今. 客户名单侵权纠纷的疑难问题探析［J］. 法学杂志, 2011（3）: 34.

这些内容在实践中，究竟是符合一个内容即可，还是需要同时由几类进行组合才可以认定构成客户信息商业秘密，现行法律并没有规定。尽管法律规定了企业名称作为客户信息中的一种，但如果一个名单中仅仅是企业名称的话，认定为具有深度的客户信息恐怕具有一定的困难。例如在一起商业秘密侵权案件中，法院就引用了《规定》第2条相关规定，认为原告在一审提交的客户订单、送货单等信息并未体现其客户的交易习惯、客户独特需求、客户要货时间规律、成交价格底线等具体的细化内容，也不能证明其区别于相关公知信息的特殊客户信息，那么一定量的企业名称显然也无法反映这些内容。无独有偶，在另一起案件中，法院引用了《规定》第1条第3款关于客户信息的相关规定，认为案件中原告提交的36条货主信息、11条船舶信息等内容，都没有相关运输价格信息，更没有交易习惯、意向、内容等"深度信息"。从该判决中的内容也可以看出该法院对于商业信息深度的要求。由此可见，对于客户信息相关的商业秘密的定义，尽管法律出于明晰的目的对客户信息的内容进行了罗列，却未明确认定的统一标准，这就有可能导致在司法实务中由于自由裁量权过大而认定不一，这对于司法体系性是不利的，立法应当对这些情况进行留意，出台相关的司法解释进一步定分止争。

3. 明确获取商业秘密代价的判断

通常来说获得我们所认定的客户信息商业秘密必须付出一定代价。作为商业秘密的客户信息既然不能轻易从公开渠道直接获取，那么自然需要权利人为开发客户信息付出一定的劳动、金钱和努力，比如商业谈判、产品改进等。根据法律规定，构成商业秘密的客户信息的秘密性并不是绝对的，只要在侵权行为发生时不为所属领域的相关人员普遍知悉和容易获得即可。那么问题就在于，在侵权行为未发生时，商业秘密究竟应当处于一个怎样的状态？法律并没有明确的规定，这就使得一个事实存在的信息处于一种标准不定的情形，将商业秘密的获取难度规定仅限于侵权时虽然有利于减轻原告的保密负担，但似乎也留有一些法律的空白，这可能也是需要增补的内容。❶

（二）明确举证义务规定含义

《反不正当竞争法》（2019年修正）围绕商业秘密举证责任方面的修法成为热点问题，也产生了一些争议，主要是围绕第32条的规定进行讨论。问题有诸如其到底规定的是举证责任倒置还是法律推定？不同的定义会导致当事人双方的举证难度不尽相同。在没有合理的法理基础的情况下，如果直接为了防止原告举证存在难度而将责任直接推给被告，是否会对被告造成不合理的困扰？这些都是需要考虑的问题。这样有可能导致举证方不断示弱，以获得不合理的举证优待。接下来我们对第32条进行具体分析。

首先，正如上文所说，《反不正当竞争法》（2019年修正）关于权利人对商业秘密被侵犯所列举的三项证据内容使用的字眼都是"有证据表明"而非"证明"，并不要求权利人对商业秘密侵权行为在客观方面达到某一证明程度。这样的举证规定实际上更侧重于权利人提供证据的责任而不包含证明说服责任，或者说只包含较低程度的说服责任。权利人此时只需证明权利基础的一个法定构成要件，再"合理表明"其商业秘密被侵犯或存在被侵犯的风险即可，而涉嫌侵权人却要就此承担对方不具有权利基础的举证责任。显然，商业秘密侵权诉讼实践中的权利人在举证责任方面占据优势，这种优势很可能导致双方在该场博弈中的诉讼负担明显不对等。

---

❶ 吴汉东. 知识产权本质的多维度解读［J］. 中国法学，2006（5）：97-106.

其次,《反不正当竞争法》(2019 年修正)第 32 条规定商业秘密权利人提供初步证据合理表明商业秘密被侵犯,其中"初步证据"与"合理表明"作为对权利人提出的证明程度要求,概念界定模糊不清。民事诉讼证据规则的存在应当能增强诉讼程序的可操作性,并能有明确具体的指向,同时能够约束裁判者的自由裁量权。但是,这里"初步"与"合理"的表述很难在客观方面予以明确,具有很大的主观性。因此不同法院、不同法官对"初步证据"与"合理表明"标准的把握难以统一,在司法裁判中可能会造成判决的随意性,给诉讼双方增加难以控制的法律风险。❶

从立法背景的角度来看,《反不正当竞争法》第 32 条的修订实际与之前愈演愈烈的中美贸易摩擦有关,我国本次对举证责任的修订也是为了适应与美国企业交易中的商业秘密规则。但是分析了美国法实践后,我们发现,美国法没有秘密性和不当行为法律推定或证明责任倒置的制度安排。回到《中华人民共和国政府和美利坚合众国政府经济贸易协议》第 1.5 条和《反不正当竞争法》(2019 年修正)第 32 条,美方在该协议第 1.5 条第 3 款确认协议内容符合美国实践,那么合理的解释应该是,该协议也没有对中方提出法律推定的要求。依据上述解释,只要中国法做到与美国现有实践的保护水平相同,就算满足了该协议的要求,而无需彻底倒置秘密性和不当行为的证明责任。如果我们将《反不正当竞争法》(2019 年修正)第 32 条解释为法律对事实的推定或彻底的证明责任倒置,则超出了该协议的要求,这是完全没有必要的。为了弥补上述缺陷,最高人民法院通过司法解释,可以做一些弥补工作。具体可能有两种选择:其一,澄清《反不正当竞争法》(2019 年修正)第 32 条

---

❶ 李国光. 知识产权诉讼 [M]. 北京:人民法院出版社,1999:3-15.

并非证明责任的倒置,而是原告提供初步证据后的举证义务转移。如前所述,《反不正当竞争法》(2019年修正)第32条规定的秘密性证明责任转移的前提是原告已经提供初步证据"合理表明商业秘密被侵犯"。但究竟要求原告证明哪些具体内容,并不清楚。在将来的司法解释中,最高人民法院可以进一步明确这里包含商业秘密的秘密性和不当行为的初步证明责任,如此便可在一定程度上弥补现有立法的缺陷。对于不当行为的证明,《反不正当竞争法》(2019年修正)第32条同样要求在权利人提供初步证据合理表明商业秘密被侵犯后,证明不当行为的责任转移到被告。最高人民法院在将来的司法解释中也可以将这里的"初步证据"解释为应该包含证明被告存在不当行为的初步证据,而非单纯"接触+相同"方面的证据。其二,维持现有《反不正当竞争法》(2019年修正)第32条的举证义务转移方面的模糊性,但是对于被告的证明责任作适当变通,降低证明标准,在被告对商业秘密的秘密性和不当行为提出反驳或质疑证据后,举证义务将重新回到原告一方。这可以减轻被告提供证据的压力,从而将法律推定规则的负面后果降到最低。❶ 实际上,《反不正当竞争法》(2019年修正)关于侵犯商业秘密的民事审判程序中举证责任及证明标准的规定,其立法本意在于加强商业秘密的保护。对于其中可能导致原被告的诉讼负担不对等以及证明程度含糊不清等问题,各级法院知识产权审判庭可以在诉讼实践中结合具体案例不断总结经验来解决。例如在常见的商业秘密纠纷案件中,原告对于举证方面通常遇到的困难,根据原告实际上的通常举证能力来总结出"表明"是否"合理"的标尺,以

---

❶ 陈贤贵. 论消极事实的举证证明责任:以《民诉法解释》第91条为中心 [J]. 当代法学, 2017 (5): 34.

及究竟何种证据可以被认定为初步证据等内容。除了法院的实务总结以外，面对这样一个对诉讼影响较大的问题，在立法无法迅速回应的情况下，可以由最高人民法院出台相关司法解释对该问题的规定进一步细化，明确侵犯商业秘密类民事案件在审判程序中的证明标准，明晰原告承担的是举证责任还是提出责任。这是一个很重要的问题，因为这决定了原告的举证是否要达到《民事诉讼法》规定的一般证明标准。这样既有利于司法审判中法院的适用，也有利于合理分配原被告的举证责任，指引当事人在商业秘密保护中的措施以及商业秘密案件诉讼的相应准备工作。

二、保密措施相关规定立法建议

《规定》第 5 条与第 6 条围绕保密措施的相关内容进行了规定，相较于旧的司法解释，《规定》中对在正常情况下足以防止商业秘密泄露的保密措施做了调整和扩充。《规定》第 5 条第 1 款规定了权利人为防止商业秘密泄露，在被诉侵权行为发生以前所采取的合理保密措施，法院应当认定为《反不正当竞争法》（2019 年修正）第 9 条第 4 款所称的相应保密措施；《规定》第 5 条第 2 款进一步将要素调整为"商业秘密及其载体的性质、商业秘密的商业价值、保密措施的可识别程度、保密措施与商业秘密的对应程度以及权利人的保密意愿"。但是是否只有在这些因素都符合的情况下才能达到被认为是采取了足以保密的措施，以及如何准确地判断保密措施与商业秘密的对应程度等，都是尚需进一步明晰的问题。《规定》第 6 条则采取了列举的方式来明晰保密措施的内容。该条明确："具有下列情形之一，在正常情况下足以防止商业秘密泄露的，人民法院应当认定权利人采取了相应保密措施：（一）签订保密协议或者在合同中约定保密义务的；（二）通过章程、培训、规章制度、书面告知等方式,对能够接触、获取商业秘密的员工、前员工、供应商、客户、来访者等提出保密要求的;(三)对涉密的厂房、车间等生产经营场所限制来访者或者进行区分管理的;(四)以标记、分类、隔离、加密、封存、限制能够接触或者获取的人员范围等方式,对商业秘密及其载体进行区分和管理的;(五)对能够接触、获取商业秘密的计算机设备、电子设备、网络设备、存储设备、软件等,采取禁止或者限制使用、访问、存储、复制等措施的;(六)要求离职员工登记、返还、清除、销毁其接触或者获取的商业秘密及其载体,继续承担保密义务的;(七)采取其他合理保密措施的。"❶ 但上述内容仍存在一些争议。为了更好地帮助商业秘密权利人确认应当采取何种方式来达到被法律所认可的保密措施,以及帮助法院明晰是否采取了保密措施的相关判断,我们需要对保密措施的相关立法提出完善建议。

(一)完善认定"足以防止信息泄露"相关规定

有学者建议,对于足以防止信息泄露的认定上,何谓"足以"的定义并不清晰,使得法院有时无法正确地进行判断。不过有人认为,《规定》第6条的相关规定已经在足以防止信息泄露的前面增加了前置条件,即在正常情况下,但是这只是一个情形的规定,并未有助于界定"足以"的概念内涵。我们会好奇,在《规定》中,与"足以"相呼应的词语应当是什么,因为必然不是能够防范一切商业秘密泄露的可能,否则就不存在商业秘密侵权纠纷了。结合《反不正当竞争法》(2019年修正)中商业秘密的相关规定,其有可能是达到让公众无法轻易获取的程度,但是法律中并未对其进行

---

❶ 北京市高级人民法院知识产权庭课题组.《反不正当竞争法》修改后商业秘密司法审判调研报告[J]. 电子知识产权, 2019 (11): 65-85.

明确，而且如上文所述，对于无法轻易获取的程度亦存在争议。由此可见，需要新增"足以"认定的标准来帮助法院引用时进行判断，且在明晰定义时不要将定义规定得过于狭隘或僵化，可以新增结合不同的情况进行具体分析的相应内容，以增加法条的灵活性，防止"一杆子打倒一片"的情况。基于此，我们可以结合司法实务中一些法院的认定进一步深入分析。❶

[**基本案情**] 在诉至重庆自由贸易试验区人民法院的一起关于侵害商业秘密纠纷的案件❷中，法院对于所采取的保密措施是否足以防止商业秘密泄露的分析中，首先引用了双方当事人在劳动合同中约定了保密义务的条款。双方当事人签订的《劳动合同》第8条第（8）项约定："乙方对在合同期间得到的有关甲方及其关联公司的情报、信息等商业秘密进行保密，不得将其泄露给任何第三者（亦包括无工作上需要的甲方雇员）。乙方违反保密义务则被视为严重违反本合同，并认为有足够的理由被辞退。此种保密义务在本合同终止或期满后的两年时间对乙方仍有约束力。"

[**法院观点**] 然而基于上述约定内容，法院却认为，权利人在劳动合同中对商业秘密范围界定过于宽泛和笼统，缺乏具体及明确的内容，因此该措施不足以达到防止信息泄露之目的。法院结合涉案信息的性质、信息载体等情况进行了分析，认为原告仅以在合同中约定保密义务的方式对相关人员进行约束，尚不足以防止商业秘密泄露，而除该约定以外，原告未能举证证明采取了其他有效保密措施，因此，便不能认定其采取了符合《规定》第6条所规定的相

---

❶ 李文江. 我国商业银行客户信息的秘密性及其保护[J]. 金融理论与实践，2018（10）：67-72.

❷ 重庆自由贸易试验区人民法院（2020）渝0192民初4681号民事判决书。

应保密措施。所以法院认为原告所主张的涉案信息尚不符合商业秘密构成要件，不能构成商业秘密，判决原告败诉。

在上述案件中，法院基于对于商业秘密范围规定的过于笼统而认为原告并未采取足以保护其信息的措施，主要在于不得透露的内容里只以"情报"以及"信息"这样的名词来约定商业秘密保密的义务，对于究竟是何种情报、何种信息并未详细规定。该案的判决引起了一些疑惑，例如，在司法实务中，法院需要原告将情报明晰到何种地步，才能认定为是不宽泛笼统的规定呢？由于信息的内容实际为各种内容的组合，在组合较为简单的情况下，有些时候可能"情报"二字就已经足以涵盖商业秘密的大致内容，这又应当如何认定呢？因此，相关部门可以通过相关的司法解释来进一步明确何种属于明晰的标准。这样才有利于定分止争，让法院能够更好、更准确地进行判决，而商业秘密权利当事人也能更好地判断何种情况下的约定是达到了较为明确的程度。对于这个问题的讨论进一步会联想到另一个问题，即除了是否足以防止涉密的规定因信息不同而存在不同标准以外，对于不同情况，该规定是否也可能存在遗漏的内容呢？毕竟保密措施可能随着社会环境、时代的变化而产生变化，可能在某种情形下的保密措施会突然变得无法达到保密效果。因此在《规定》的第6条中，有可能产生这样的疑问，即究竟何种情况属于"在正常情况下"？这可能也需要立法进一步完善。

（二）结合技术现状制定保密措施条款

1. 平衡涉密信息价值大小与合理保密措施要求高低的尺度

在保密措施的完善建议中，技术信息的保密措施亦是需要重点研究的问题。对于这个方面的完善，实际上有一个重要的作用，即有助于技术类商业秘密的保护，促进技术产业的科研活动以及相关发展。围绕技术信息，就逃不开什么是合理的技术信息保密措施。

有的技术信息十分复杂，技术十分高、精、尖，那么可能相应的技术保密措施就需要更高；而有的技术信息则较为简单。除了技术的含金量以外，不同类型的技术也存在破解难度高低的问题。❶

美国商业秘密相关案件的判例认可对不同的技术信息采取不同保密措施，例如可口可乐公司的保密措施，可口可乐的配方自1886年在美国亚特兰大诞生以来，已保密逾130年。截至2000年，知道这一秘方的不到10人。事实上，可口可乐的主要配料是公开的，包括糖、碳酸水、焦糖、磷酸、咖啡因、"失效"的古柯叶等，其核心技术是在可口可乐中占不到1%的神秘配料——"7X商品"。"7X商品"的信息被保存在亚特兰大一家银行的保险库里。它由三种关键成分组成，这三种成分分别由公司的三个高级职员掌握，三人的身份被绝对保密。同时，他们签署了绝不泄密的协议，而且连他们自己都不知道另外两种成分是什么。三人甚至不允许乘坐同一交通工具外出，以防止发生飞机失事等事故导致秘方失传。可口可乐配方的保密程度令人叹为观止。这样一个企业对商业秘密的管理最能凸显一个企业的人员管理和内控机制，亦值得其他技术型企业效仿。

但是我们也必须指出，一般的商业秘密并不需要达到如此高的保密程度才被法院认可。合理布置保密手段，重点是保密措施的强度达到合理的程度，例如将保存涉密信息载体的场所隔离并设置警卫、接触涉密信息需要申请相应的权限等。美国判例认为合理的保密措施包括：①把接近商业秘密的人员限制为必要的少数人；②利用物理障碍使非经授权人许可的人不能获取任何关于秘密的信息；③在可能的情况下，限定员工只接触商业秘密的一部分；④在所有

---

❶ 张吉豫. 软件反向工程的合法性及立法建议［J］. 中国法学，2013（4）：54.

涉及商业秘密的文件上，都用表示秘密等级的符号将其一一标出；⑤要求保管商业秘密文件的人员采取妥善的保护措施；⑥要求有必要得知商业秘密的第三人签订适当的保密合同；⑦对接触过商业秘密又即将解职的员工进行退出检查。❶ 我国对于技术信息保密措施的规定针对性不强，仍是停留在对于整体商业秘密保护的规定上，因此应当进一步明晰对于技术型保护措施应当有哪些方面的标准，并考虑多样化的情况，这样才能引导技术信息商业秘密权利人更好地保护其信息。可以考虑将涉密信息进行分类定级，根据不同重要性判断不同的保密措施，甚至可以在司法解释中新增针对不同主体如高低职位不同的企业员工来判断不同接触授权的合理性，要求企业应当做到避免各岗位相关人员接触到岗位范围之外的其他涉密信息，以及避免让一个员工完整地知悉某一完整经营环节的所有涉密信息。总的来说，就是在认定保密措施的标准中，起码要求企业制定和采取相应保密措施保护商业秘密，然后加以防范。这样一方面可以加强对技术信息商业秘密的保护，另一方面也可以促使企业履行职责和义务。

2. 新增涉及保密人员的职业操守的相关规定

通常来说，主要的商业秘密泄露途径有两种：一种途径是外部获取或盗取，另一种途径是内部合法知悉后非法披露。对于外部途径，一方面，权利人应尽可能防止秘密被内部知悉人员无意泄露。在这种情况下，如何提高相关保密人员的职业操守以及保密意识就极为重要。故而相关法律法规可以考虑规定企业要有对于秘密接触人员保密教育的相关措施。这样的措施，尽管可能不能构成一种保密措施的形式，但确实可以作为保密措施合理性的一种补充认定

---

❶ 张德龙，沈兵. 中美商业秘密保护之比较 [J]. 人民司法，2002（2）：63-65.

项，例如禁止在公开场合讨论秘密，避免错误传送，恰当处置秘密的载体等。另一方面，权利人还要防止外部盗取，所采取的措施应使得盗取行为难以实施。例如将秘密保藏在安全的地方，加密或安装防火墙，切断网络连接等。而对于内部途径来说，保密措施的相关规定应当考虑到一些有意或无意的泄露情形，以保密协议、限制知悉、限制访问、保密标记、接触记录、内外网监控等相关措施是否完备来认定保密措施更为妥当。法院在司法实务中应当尽量注意企业是否采取了诸如固定专用开发设备、授权密码登录、远程调用、复制下载的留痕等技术安排，以确保在研发人员工作期间，企业的技术措施符合合理保密措施的要求。对于那些从事软件行业的相关企业，由于软件源代码具有较强可复制性，载体灵活，可以要求离职研发员工进一步作出书面约定及承诺。

三、刑民交叉相关规定立法建议

（一）刑民交叉的当事人选择权制度构建

当同一行为或案件的情形既涉及刑法上的违法又涉及民事相关争论时，到底应该怎么办？不同的选择所得到的结果差异是很大的。许多学者认为，有必要修改相关法律，规定商业秘密中刑事与民事案件交叉的问题所涉及的程序，强化当事人的合法权益。在刑民交叉的案件领域中，有许多亟待解决和完善的地方，❶ 如先刑后民还是先民后刑等。在不同情况下选择不同的模式会有更好的效果。然而我国对于刑民交叉的商业秘密案件如何处理的相关法律法规一直较少，法院往往僵化地习惯性采取先刑后民的方式，这样就

---

❶ 王文华. 公诉案件被害人损失赔偿问题研究［J］. 南都学坛，2005（6）：90-93.

显得较为死板，不能应对多元化的情况。这主要是因为对刑事犯罪和民事违法的审理有一种僵化的习惯。之所以会如此，主要是因为二者实际上并非非此即彼的关系。中国人民大学刑事法律科学研究中心主任时延安认为，不同种类的审判虽然都有一个自己的审判制度，但实际上侵犯个人利益的罪行同时也是民事上的侵权。而且在确定侵害人身利益行为是否构成犯罪的过程中，刑事违法性的判断实际上也经常以民事法律判决的结论为依据。这也是为了达到兼顾法律统一和调整刑罚的平衡性的目的。故而在商业秘密的刑民交叉案件中，前案的判决结果往往会很大程度影响后续判决，往往一案胜诉后，也能获得另一案的胜诉。但这也产生了问题。由于刑事案件的认定往往相较于民事案件更加严格，因此即使民事诉讼中认定了构成商业秘密侵权，却不一定会导致在刑事诉讼中必然构成犯罪。然而由于先刑后民成为一种常见的审判处理方式，因此有些当事人很可能成为这个模式的牺牲品。当事人不能在诉讼中选择一种更有利于自己的方式，这有可能导致对于商业秘密案件中的一方造成不公平，而司法上的不公平会严重影响当事人对于法律的信任感，这对于商业秘密的保护亦是不利的。❶

北京大学法学院教授梁根林表示，对二者的关系要灵活地看待，具体到每一个案件看，如果民事案件处于更适合先进行审理的位置，则应当先民后刑；如果民事案件审理需要依据刑事审判审理结果，则先刑后民，而不是将二者僵化地直接联系起来，或者法院直接简单粗暴地决定审理顺序。尽管大多商业秘密权利人可能会先向警方报案，但还是要说，尊重当事人的选择很重要。因此，相关

---

❶ 李薇薇，郑友德. 欧美商业秘密保护立法新进展及对我国的启示 [J]. 法学，2017（7）：137-152.

立法部门应当充分考虑现实情况，对于商业秘密方面的刑民交叉案件，应当建立该类型案件的多元化处理机制，给予商业秘密权利人和涉嫌侵权人更多的选择方向，以便更正确地适用先刑后民的处理模式；完善相关分类标准，配合使用刑民并行的模式，在特殊情况下采用先民后刑的模式。英美法系的代表国家美国的相关司法制度已经认可了刑事选择权和民事选择权，但限于具体法律制度的规定，当事人往往仍采用先刑后民的方式来处理案件。这种选择的一个优点是在刑事诉讼过程中可以收集足够的证据，减轻民事诉讼的举证压力。所以，在民事部分依赖刑事判决认定的事实才能得出结论的情况下，自然应当选择先刑后民的处理模式。但当刑事诉讼部分对民事案件的认定影响不大或案件事实区分比较明确时，则先民后刑的处理方式可能大大提高诉讼效率，此外还可以让受害人更快地取得物质赔偿，降低损失难以弥补的风险。被告人可以以积极支付对被害人的赔偿的方式来减少其行为所造成的危害，对社会来说，这也有助于修复受损的社会关系。在现阶段，以三种模式结合的方式处理刑事部分与民事部分的冲突是较为合理的方法。公平是现代法律的灵魂，在尊重和保护被害人权利的基础上，强调当事人权利的保障，赋予当事人更多的选择权利。

（二）解决刑民交叉认定标准不一的问题

上述的法律完善建议亦会衍生出另一个问题，即如果法院真的僵化地采用了先刑后民的方式审理了不一定适合先刑后民的案件，法院的既判力是否仍应当严格遵守呢？由于法院的判决具有一定的统一性和权威性，因此判决结果是否能够得到有效执行是十分重要的，否则司法的权威性和公正性将受到人民的质疑。在许多最高人民法院审理的最新的刑事与民事交叉的案件中，最高人民法院往往认为刑事犯罪认定与合同无效无完全的因果联系，合同效力问题应当依据民事法律以及行政法规的规定进行审查判断。可见有些刑事犯罪案件的判决是不影响民事案件的审理的。也就是说,在刑事案件优先的情况下,民事案件仍然可以适用《民法典》。再者,在刑事与民事交叉的诉讼案件中,刑事判决与民事判决的审理进度不同,对侵权人责任的认定也不同,如何执行这些不同法院的判决也是司法实践的难点。

  对此,还是要回归一个最本质的问题,即从证据事实等相关内容上解决认定标准不一的问题,这其实也是产生刑民交叉的核心问题。比如,审理侵犯商业秘密的刑事案件时,法院必须首先通过审理民商事纠纷案件中商业秘密权利的主体之后,才能对刑事案件进行审查,确认犯罪嫌疑人是否构成犯罪;但是商业秘密权利主体的判定并不必然导致商业秘密侵权犯罪的发生,保护商业秘密权利人的民事权益与惩罚侵权人的犯罪行为两者并不存在矛盾之处,完全可以并行不悖。在实践中,解决刑事犯罪与民事纠纷往往是"一码归一码"。有专家认为,要维护正常的经济活动秩序,就要避免对每一类经济实体造成不应有的损害,必须建立一种均衡、合理的比例关系来看待刑法在民商事领域的活动。因此,就需要对于证据、案件事实、判决标准等多项内容的刑民交叉时的认定进行明晰,例如刑事案件中的证据是否可以直接用作民事案件认定的证据?即使证据进行了认定,对于一个胜诉的判决书,其有多大的作用可以用作对另一个案件胜诉与败诉认定的材料?鉴于针对刑事和民事案件各项内容的认定标准大有不同,建议从以下三方面进行明晰:第一,从证据方面来说,相关司法解释应当明确在商业秘密的刑民交叉案件中刑事诉讼已经确认的事实,在民事诉讼中应该得到举证的豁免,法官应当直接认定有关事实,无需当事人另行举证。例如对于是否构成商业秘密这个事实,由于民事案件的认定更具有体系化和专业化，因此对于民事案件已经认定好的商业秘密事实，就无需刑事法庭再来进行认定，这样无疑大大节省了审判资源。❶ 第二，对于事实这个方面，与证据认定相反，已经为刑事诉讼所否定的事实不必然成为民事诉讼中的免证事实。由于判断的标准不相同，这就更需要相关解释进一步确认，当事人不得直接援引刑事诉讼中的否定性结论，在刑事诉讼中被否认的事实，仍需以民事诉讼举证中的证据为准。第三，在刑事诉讼中收集的证据，应当视为法院为了最大限度保护被害人合法利益而收集的证据，应予采纳。由于先刑事的情况在商业秘密刑民交叉案件中较为常见，因此以上的相应建议主要都是围绕先刑事案件的情形下的，对此种情况进行重点规定，以更好地呼应现实存在的问题，解决最亟待解决的困境。

（三）妥善解决刑民交叉审判过程中的其他问题

1. 建立体系化案件合并审理规则

除了上述问题以外，还有一些关于法院审理方式方面的难题，从程序上来说，是否可以通过一些司法解释对法院处理刑民交叉的商业秘密案件进行一些指导，从这个方面促进案件更有效地处理。当制度上给予便利之后，人与人之间的沟通往往会变得更简单，这是法律所达不到的不一样的效果。在许多情况下，对于商业秘密方面刑民交叉案件刑事部分和民事部分，其实是可以考虑在同一审判组织进行审理。《中华人民共和国刑事诉讼法》第 78 条中规定："附带民事诉讼应当同刑事案件一并审判，只有为了防止刑事案件审判的过分迟延，才可以在刑事案件审判后，由同一审判组织继续审理附带民事诉讼。"所以相关立法部门可以考虑通过立法的相关

---

❶ 姚志坚. 知识产权民刑交叉案件审理模式的理性分析与路径选择［J］. 中国应用法学，2020（6）：98－110.

规定,把在刑事案件审结后单独提起民事赔偿诉讼的商业秘密案件,直接让法院将审判机构内部调整为审判民事与刑事案件合并审理的的司法机构,由同一审判机构审理刑事案件和民事案件,合理安排审判时间。这有助于避免对案件事实和责任的不同判断,减少了上述问题出现的可能。通过侧面控制人的变量来解决认定不一的问题,也是一个好办法,而且同时能避免审判资源的浪费。除此之外,这样的做法还能达到另一个好处,那就是避免产生下述情形:在一般的民刑主体交叉的诉讼中,民事诉讼对于刑事诉讼如果处于优先地位,而案件被告若自由受到限制,那么其诉讼权利不能得到很好的行使,这可能就会造成原告单方面将公共技术作为私人商业秘密保护,而被告对此无能为力。所以,将民事案件移至刑事审判庭,在同一审判庭适用不同程序,亦有助于防范出现这样的现象,防止虚假诉讼和滥诉的出现。❶

2. 健全案件移送制度

除了对于合并审理的相关规定可以增加以外,由于刑民交叉案件本身也未强制规定审理的先后顺序,在相关立法修正案中,考虑到当事人可能是分别以不同的事实与行为而涉及了民事纠纷和刑事犯罪,因此可以形成民事纠纷案件和刑事案件不分前后处理的情形。北京律协刑民交叉法律事务专业委员会主任温新明认为,如果当事人以同样的事实被控刑事罪名,不属于民事纠纷,就应当通过刑事程序处理。如果当事人依法必须承担民事责任和刑事责任,就应当同时承担刑事责任和民事责任。即使在先刑事后民事审理的模式下,民事诉讼或也应与刑事审判分离,刑事诉讼判不会强制性导

---

❶ 郭晶. 刑民交叉案件的民事基础法律关系判定 [J]. 中国检察官,2012 (16): 23 - 26.

致民事案件依附于其判决结果。在先民后刑的审判模式中，民事案件对刑事案件也没有约束力。在刑事诉讼与民事诉讼并行审理的审判方式中，法院应当合理确定每一案件的审理范围，并且其裁决在刑事、民事各自的领域分别生效。因此对于移送问题就需要注意，商业秘密的刑民交叉案件也应当考量公安部的相关规定，考虑健全刑民交叉案件移送制度。《最高人民法院关于在审理经济纠纷案件中涉及经济犯罪嫌疑若干问题的规定》第11条规定了案件的移送程序，但这一规定过于笼统和抽象。未来立法中应当对其移送方式和到期日没有具体规定的地方进行进一步明晰，除此之外还应明确程序性规定，如当事人的权利义务和救助方式等内容。在商业秘密的民刑交叉案件中，法官对案件的移送决定权过大，而且缺乏任何监督机制，这有可能使当事人的合法权益得不到及时保护。因此，法院应当合理规定移送公安机关的案件类型，明确限制法官自由裁量权的空间、审查期限和相关程序，合理保护当事人利益。

参考文献

[1] 曹慧敏. 前序部分的限定作用及与现有技术的关系 [J]. 人民司法, 2020（23）：8-11.

[2] 曹阳. 专利实务指南与司法审查 [M]. 北京：法律出版社, 2019.

[3] 曾彤, 高天, 李成蹊. 中药知识产权的法律保护：四川省的战略与对策 [M]. 成都：四川大学出版社, 2016.

[4] 昌智伟. 知识产权法基础 [M]. 昆明：云南大学出版社, 2014.

[5] 崔国斌. 专利法：原理与案例 [M]. 2版. 北京：北京大学出版社, 2016.

[6] 崔建远. 合同法总论（中卷）[M]. 北京：中国人民大学出版社, 2012.

[7] 郭美蓉. 中国专利强制许可制度的政治哲学研究：以可再生能源技术为中心 [M]. 北京：中国法制出版社, 2017.

[8] 国家知识产权局专利局专利审查协作北京中心. 发明专利初审典型案例释疑 [M]. 北京：知识产权出版社, 2016.

[9] 胡学军. 分合之道：两种方法发明专利侵权举证责任规则变迁评析 [J]. 当代法学, 2014（1）：99-109.

[10] 黄晖. 商标法 [M]. 北京：法律出版社, 2004.

[11] 姜南. 商标恶意诉讼的认定与法律规制 [J]. 江西财经大学学报, 2021（7）：125-134.

[12] 杰里米·菲利普斯. 商标法：实证性分析 [M]. 马强, 等, 译. 北京：中国人民大学出版社, 2014.

[13] 金福海. 惩罚性赔偿制度研究 [M]. 北京：法律出版社, 2008.

[14] 康添雄. 专利法的公共政策研究 [M]. 武汉：华中科技大学出版

[15] 孔祥俊. 商标与不正当竞争法：原理和判例［M］. 北京：法律出版社，2009.

[16] 全国人民代表大会常务委员会法制工作委员会. 中华人民共和国商标法释义［M］. 北京：法律出版社，2013.

[17] 李金宝. 公共与垄断：奥运传播中的知识产权研究［M］. 南京：东南大学出版社，2017.

[18] 李军. 专利侵权合理许可费赔偿制度研究［M］. 北京：中国社会科学出版社，2020.

[19] 李明德，许超. 著作权法［M］. 北京：法律出版社，2009.

[20] 李伟民. 视听作品法律地位之确立：以文化安全为视角［J］. 法学论坛，2018，33（2）：29－40.

[21] 李伟文. 论著作权客体之独创性［J］. 法学评论，2000（1）：84－90.

[22] 李扬. 商标法基本原理［M］. 北京：法律出版社，2018.

[23] 刘庆辉. 中国专利侵权诉讼指引［M］. 北京：中国法制出版社，2019.

[24] 刘铁光. 商标法基本范畴的界定及其制度的体系化解释与改造［M］. 北京：法律出版社，2017.

[25] 马忠法. 知识经济与企业知识产权管理［M］. 2版. 上海：上海人民出版社，2019.

[26] 秦立崴. 电子商务法［M］. 2版. 重庆：重庆大学出版社，2016.

[27] 任虎. 韩国专利法研究［M］. 上海：华东理工大学出版社，2018.

[28] 沈忆勇. 法径寻理［M］. 北京：新华出版社，2016.

[29] 世界知识产权组织. 保护文学和艺术作品伯尔尼公约（1971年巴黎文本）指南［M］. 刘波林，译. 北京：中国人民大学出版社，2002.

[30] 万志前. 面向生态文明的中国知识产权制度发展路径研究［M］. 武汉：武汉大学出版社，2017.

[31] 王慧. 我国音乐作品著作权维权困境的制度反思：以著作权集体管理制度为视角［J］. 电子知识产权，2015（4）：41－47.

[32] 王建文. 商法总论研究 [M]. 北京：中国人民大学出版社，2021.

[33] 王利明. 民法典体系研究 [M]. 2版. 北京：中国人民大学出版社，2012.

[34] 王迁. 网络环境中的著作权保护研究 [M]. 北京：法律出版社，2011.

[35] 王太平. 知识经济时代专利制度变革研究 [M]. 北京：法律出版社，2016.

[36] 王泽鉴. 侵权行为 [M]. 北京：北京大学出版社，2009：208-210.

[37] 吴汉东. 无形财产权基本问题研究 [M]. 4版. 北京：中国人民大学出版社，2020.

[38] 吴汉东. 知识产权多维度学理解读 [M]. 北京：中国人民大学出版社，2015.

[39] 吴汉东. 知识产权法 [M]. 北京：法律出版社，2007.

[40] 吴汉东. 知识产权前沿问题研究 [M]. 北京：中国人民大学出版社，2020.

[41] 吴太轩，谭和. 论电子游戏直播画面的作品属性及使用性质 [J]. 湖南行政学院学报，2020（2）：123-131.

[42] 徐明. 欧洲专利制度研究 [M]. 上海：华东理工大学出版社，2017.

[43] 杨立新. 侵权责任法 [M]. 北京：法律出版社，2012.

[44] 姚建宗，等. 新兴权利研究 [M]. 北京：中国人民大学出版社，2011.

[45] 尹腊梅. 知识产权抗辩体系研究 [M]. 北京：知识产权出版社，2013.

[46] 袁锋. 专利制度的历史变迁：一个演化论的视角 [M]. 北京：中国人民大学出版社，2021.

[47] 张立. 数字版权保护技术研发工程专利检索与分析 [M]. 北京：中国书籍出版社，2016.

[48] 张晓东. 专利诉讼实务教程 [M]. 上海：华东理工大学出版社，2014.

[49] 赵旭. 商标性使用作为商标侵权前提的反思 [J]. 知识产权，2021（9）：56-78.

[50] 郑小军. 专利法 [M]. 北京：中国法制出版社，2018.

[51] 最高人民法院知识产权审判庭,最高人民法院知识产权司法保护研究中心编. 知识产权司法实务新型疑难问题解析:专利、商标与著作权热点问题[M]. 北京:中国法制出版社,2017.

[52] Zhang N. A Confucian Analysis on the Evolution of Chinese Patent Law System [M]. Singapore:Springer,2020.

[53] Katerina S. Bioproperty, Biomedicine and Deliberative Governance:Patents as Discourse on Life [M]. London:Routledge,2014.

后 记

本书是我博士学习生涯的一个成果，亦是我对几年来知识产权审判的大致梳理与总结，"路漫漫其修远兮，吾将上下而求索"。

在此特别感谢给我提供帮助的所有老师和朋友，本书从选题到定稿，从资料收集到论证方法，都倾注着你们的一片厚爱之情；没有你们的鼎力相助，我不可能在这么短时间内顺利完稿。

感谢齐爱民老师泼墨提序。他知识广博，研究深厚，极具启迪的学术建议让我受益诸多。感谢广西壮族自治区高级人民法院民事审判第三庭领导和同事们的大力支持，正是你们的鞭策与激励，让我顺利完成书稿。

行文至此，反躬自省，实有诸多缺漏和不够严谨之处。对于本书存在的不足之处，希望读者和同仁们批评指正。

兰丹丹

2021年10月30日